LA POLITIQUE

RADICALE

OUVRAGES DU MÊME AUTEUR

L'ÉCOLE. 7e édition. 1 vol. in-18 jésus. 3 50
LE TRAVAIL. 6e édition. 1 vol. in-18 jésus. 3 50
L'OUVRIER DE HUIT ANS. 3e édition. 1 vol. in-18 jésus 3 50
LE DEVOIR. 8e édition. 1 vol. in-18 jésus. 3 50
LA LIBERTÉ POLITIQUE. 3e édition. 1 vol. in-18 jésus.. . . . . 3 50
LA LIBERTÉ CIVILE. 3e édition. 1 vol. in-18 jésus. 3 50
    Ces deux ouvrages sont une nouvelle édition revue et
augmentée de celui qui a paru sous le titre de *la Liberté*.
LA LIBERTÉ DE CONSCIENCE. 4e édition, entièrement re-
fondue sur un plan nouveau et augmentée de plus d'un
tiers. 1 vol. in-18 jésus. 3 50
LA RELIGION NATURELLE. 6e édition. 1 vol. in-18 jésus . . . 3 50
L'OUVRIÈRE. 6e édition. 1 vol. in-18 jésus. 3 50
MANUEL DE PHILOSOPHIE, par MM. A. Jacques, Jules Simon
et E. Saisset, 5e édition. 1 fort vol. in-8°, broché.. . . . . . 8 »
DISCOURS PRONONCÉS AU CORPS LÉGISLATIF sur la situation des instituteurs, sur la loi des coalitions et sur la
presse. Brochures à. . . . . » 10

PARIS. — IMPRIMERIE L. POUPART-DAVYL, RUE DU BAC, 30

LA POLITIQUE RADICALE

PAR

JULES SIMON

———∞∞∞———

PARIS

LIBRAIRIE INTERNATIONALE

15, BOULEVARD MONTMARTRE

A. LACROIX, VERBOECKHOVEN & Cᵉ, ÉDITEURS

A Bruxelles, à Leipzig et à Livourne

1868

L'impression des discours contenus dans ce volume a été autorisée en vertu de l'art. 89 du décret impérial du 3 février 1861.

Extrait du procès-verbal des séances des 26 juin 1852
et 28 mars 1862.

« L'autorisation accordée à un orateur de faire imprimer à ses
« frais le discours qu'il a prononcé, n'implique pas, de la part du
« Corps Législatif, l'approbation du discours dont l'impression a
« été autorisée. »

PRÉFACE

I

Il y a tant de partis en France, et tant de divisions dans les partis, qu'il ne reste pas un seul mot de la langue politique qui soit parfaitement clair.

On devrait être entendu quand on parle de politique radicale. Mais les absolutistes, — monarchiques ou jacobins, — qui mettent leur système au-dessus de la liberté, et les ultra-libéraux, qui mettent la liberté au-dessus de tout, prennent également, et avec une égale raison, le titre de radicaux, qui signifie seulement hommes de principes. Il convient donc d'ajouter que le radicalisme dont il s'agit ici, et dont ce livre est ou veut être l'expression, est le radicalisme dans le sens de la liberté. Nous voulons bien accepter un symbole : pourquoi ne le voudrions-nous pas? Ni en théorie, ni en pratique, il n'est salutaire d'hésiter, et la première condition pour faire son devoir, c'est de le connaître. Ayons donc, si nous le pouvons, un symbole; mais un symbole qui nous soit intelligible dans toutes ses parties, dont tous les articles nous soient clairement et invinciblement démontrés. Croire sans comprendre, ce n'est qu'abdiquer, ce n'est pas croire; ce n'est pas employer sa raison, c'est y renoncer. Il faut donc à la fois savoir ce qu'on fait, et savoir pourquoi on le fait; savoir ce qu'on croit, et pourquoi on le croit. Il m'importe peu que le symbole, politique ou philosophique, me vienne d'un prophète, ou d'une tradition, ou d'une majorité. Je ne crois qu'à ma raison; je ne me soumets qu'à la preuve. Prophète, tradition, majorité doivent comparaître devant ma raison, comme devant leur juge suprême. Que le prophète commence par me prouver qu'il a le droit de prophétiser; que la tradition établisse très-nettement qu'elle est autre chose qu'une erreur invétérée; que la majorité me convertisse à son opinion. Je n'aspire nullement, étant ce que je suis, à descendre dans l'échelle des êtres; je veux être une raison, une action, un homme, et non pas un simple instrument. Je demande pourquoi je serais obligé de déclarer que deux et deux font cinq; car si je le déclare sans y croire, je suis un menteur; et si j'y crois, je suis un fou. On m'objecte qu'un prophète l'assure? il n'est donc pas prophète, puisqu'il l'assure; car on ne peut être le maître de la raison humaine quand on est invinciblement condamné par elle. On veut que je le croie, parce que mes pères l'ont cru? Je serai donc obligé de croire que la terre est immobile, parce que mes pères l'ont cru; et les Chinois croiront qu'une éclipse de soleil est la lutte du soleil contre un dragon, parce que leurs pères l'ont cru. On invoque le nombre; on me propose de m'incliner devant le suffrage universel? C'est le même sophisme dans une autre dimension : c'est m'écraser sous la majorité qui est à côté de moi, au lieu de m'écraser sous la majorité qui est derrière moi. Exemple : nous sommes huit dans un wagon, et on demande d'aller aux voix pour savoir si, oui ou non, on fermera la fenêtre : c'est bien, c'est juste, à condition que nous aurons voix délibérative, et que, si nous sommes battus, nous aurons le droit de commencer immédiatement une campagne pour transformer en minorité la majorité triomphante; mais aller aux voix dans notre wagon pour savoir si les trois angles d'un triangle sont égaux à deux angles droits, ou si Corneille est un poëte de quelque mérite, ou si nous jetterons le plus faible des huit sur la chaussée après nous être partagé sa bourse, c'est le comble de l'absurdité. De même dans la société dont nous faisons partie, nous réclamons d'abord et avant tout le droit de penser et de parler; et quant à nos actes, nous les soumettons à la volonté générale exprimée par la loi, pourvu que nous puissions contribuer à faire la loi, et que, la loi faite, nous puissions, en lui obéissant, faire tous nos efforts pour en préparer la réforme, si nous jugeons qu'elle a besoin d'être réformée. Il est étrange que cette doctrine ait été exprimée pour la première fois dans la philosophie moderne par Descartes en 1637; qu'elle n'ait passé de la philosophie dans la politique qu'en 1789, et qu'elle ne soit pas universellement pratiquée après soixante-dix neuf ans de révolution. La France, éclairée par ses derniers malheurs, commence enfin à comprendre que la liberté seule peut lui donner la prospérité et le repos. Entendons bien qu'il ne s'agit pas d'une petite somme de liberté, ni d'une grande somme de liberté, mais de la liberté totale.

II

Le caractère propre d'une politique radicale est de repousser les transactions, les demi-mesures, d'aller, comme on dit vulgairement, jusqu'au bout de ses principes. C'est ce qui la distingue de la politique *sage*, qui se vante de savoir faire à propos toutes les concessions nécessaires. La première de ces politiques est une doctrine ; la seconde est surtout une habileté. Quand on croit posséder une vérité absolue, on ne peut ni la cacher, ni la renier, ni l'ajourner. On ne peut pas non plus en désespérer, car il faut que la vérité arrive : c'est une loi morale aussi infaillible que toutes les lois du monde physique. De là tous les caractères de la politique radicale : une adhésion ardente à la justice de sa cause et à la vérité de ses principes, une confiance opiniâtre dans l'avenir, un dédain généreux pour les expédients et les équivoques, l'ignorance volontaire des difficultés et des obstacles, l'habitude d'étudier trop rapidement les faits, et de ne tenir aucun compte des variations éphémères de l'opinion. On peut comparer les adhérents de la politique radicale à ces voyageurs qui ne se servent pas de cartes et ne suivent pas les chemins frayés, mais qui, l'œil fixé sur le but lointain qu'ils veulent atteindre, marchent vers lui en ligne droite, avec l'inébranlable résolution de ne jamais reculer, de ne jamais se détourner, de ne jamais s'arrêter. On les accuse de poursuivre des chimères, mais ils s'en consolent en comptant le nombre des chimères, longtemps raillées et conspuées, qui sont devenues des réalités et des réalités bienfaisantes. On leur reproche aussi, et quelquefois avec raison, de parler un langage inintelligible pour leurs contemporains, et de se condamner ainsi à l'isolement, et par conséquent à l'impuissance; mais ils répondent que les vrais conducteurs de foules ne sont pas ceux qui se penchent vers elles pour en être compris plus vite, mais ceux qui les appellent de haut. L'histoire ne justifie pas la réputation de maladresse qu'on voudrait leur faire; et l'enseignement suprême de la philosophie, c'est que la justice est la plus sûre et la plus habile des politiques.

Les radicaux des diverses écoles disent assez volontiers : *Tout ou rien*. Ils ont raison, s'ils veulent dire par là qu'ils ne se reposeront pas avant d'avoir obtenu la liberté totale. Ils ont raison encore si, par cette formule, ils se déclarent prêts à accepter toutes les libertés à la fois.

Mais on peut et on doit accepter les libertés partielles qui rendent plus prochain et plus inévitable l'avénement de la liberté totale. Quand une liberté partielle est établie par suite d'un commun accord entre l'école radicale et les autres écoles, ce n'est pas l'école radicale qui fait une concession; au contraire, c'est elle qui la reçoit. La politique est tout autre chose qu'une philosophie : sa condition est d'être pratique ou de ne pas être. La politique radicale aspire à la pleine et entière possession de la liberté; mais elle s'y achemine en conquérant successivement les libertés possibles. Elle est radicale parce qu'elle veut le tout, et qu'elle ne s'arrête pas avant d'avoir tout obtenu; mais elle n'a ni l'espoir de réformer le monde en une heure, ni la sottise de dédaigner des réformes incomplètes qui peuvent rendre plus facile la réforme définitive.

Prenons un exemple : un député radical commence la discussion d'une loi sur la presse par ces mots : « Je suis partisan absolu de la liberté absolue de la presse. » Cependant, quelques jours après, il vote une loi pleine de restrictions, et qu'il déclare lui-même détestable. Il a raison de la voter, si cette loi est un progrès sur celle qu'elle remplace. Il sera infidèle à son parti et à sa doctrine si, dès le lendemain de son vote, il ne commence pas à réclamer une loi meilleure et la liberté totale.

Il serait plus héroïque de repousser tout ce qui n'est pas l'idéal, et de dire à ses ennemis, et même à ses voisins : « Je veux la liberté : vous me la donnez à moitié; je la refuse. Vous me la donnez aux trois quarts; je la refuse. Vous me la donnez presque entière; il n'y manque qu'un point, un seul, et il n'est pas, à mon propre avis, de grande importance; cependant, pour cet unique point, je refuse encore. J'aime mieux rester dans l'oppression et attendre, au risque d'attendre toujours. » C'est là un fier langage, une belle attitude. Disons le mot propre, c'est un beau rôle. Il n'y a rien de plus beau pour une tragédie. Dans la vie réelle, il faut peut-être se souvenir un peu plus des conditions de l'humanité. Il suffit qu'on marche en avant sans relâche et sans défaillance. Les stoïciens eux-mêmes prescrivaient de faire le siége de chaque obstacle, et, après l'avoir vaincu, de le transformer en instrument de progrès.

Le petit groupe qui forme en ce moment (avril 1868), au Corps législatif, l'opposition de gauche, est composé de radicaux. Il est fort attaqué par ses ennemis, ce qui est tout naturel, et par ses amis, ce qui l'est à peu près autant. Ses ennemis lui reprochent de ne pas faire de concessions, et ses amis lui reprochent d'en faire. Il répond à ses ennemis tous les jours ; ce qu'il peut répondre à ses amis, c'est que, s'il s'agit de principes, il défie qui que ce soit de citer une occasion où il ait déserté les siens. C'est en les maintenant haut et ferme, en les rappelant avec énergie, en faisant appel à l'avenir, qu'il a quelquefois voté des mesures relativement libérales, mais qui n'étaient à la hauteur ni de ses espérances, ni de sa volonté. Quand cela lui est arrivé, dans quelques circonstances très-rares et très-connues, c'est que toute la France votait avec lui, — et même ceux qui ne se refusent pas l'innocent plaisir de faire du stoïcisme à ses dépens. Il ne lui est pas permis d'oublier qu'il est à la Chambre pour faire de la politique, c'est-à-dire de la pratique, et pour concourir à tous les progrès réels. Il n'a pas demandé et obtenu le mandat de député pour s'en tenir à l'abstention : ce serait, en vérité, trop commode et trop inutile. Il y a une grande différence entre accepter un progrès partiel et s'y arrêter, ce qui est le propre d'un tiers-parti, ou l'accepter à la condition de passer outre, ce qui est le devoir d'un

parti radical. Les membres de la gauche ont écrit
chacun leur programme dans leurs professions de
foi; ils en ont, jour par jour, répété les articles
dans leurs discours à la Chambre; il n'en est pas un
seul qu'ils aient abandonné, modifié ou ajourné. Ils
défendent aujourd'hui ce qu'ils défendaient il y a
cinq ans, il y a vingt ans, ce qu'ils ont toujours défendu. Si quelques-uns ont changé en quelques
points, c'est pour se porter plus hardiment en avant;
mais personne n'a reculé. Ils accomplissent scru-
puleusement, religieusement leurs promesses, non
pas seulement parce qu'ils les ont faites, mais parce
qu'en les faisant, ils avaient exprimé leur véritable
pensée et leur immuable résolution. Ils étaient et ils
sont le parti radical, — ce qui ne les oblige pas à
être l'opposition systématique. — La règle, pour les
esprits sensés, se formule ainsi : marcher sans cesse
vers l'idéal, et, chemin faisant, accepter tout ce
qui y mène.

Cette règle, qui est dictée par le sens commun,
ne souffre que deux exceptions, et ces exceptions
la confirment. Si une liberté concédée aux uns est
refusée aux autres, il faut la rejeter comme contraire au progrès; si un avantage offert est en contradiction avec les principes, il faut le repousser
comme une déception et un déshonneur. C'est qu'il
ne s'agit plus, dans ces deux cas, d'une liberté,
mais d'un privilége. Supposons un pays partagé
presque également entre deux religions, et qui
n'ait pas la liberté de la presse. Une loi nouvelle
donne à l'une de ces religions, mais à elle seule, le
droit d'écrire librement : aussitôt elle attaque la
religion rivale, qui n'a pas le droit de répondre.

Est-ce un acheminement vers la liberté totale?
N'est-ce pas, au contraire, une aggravation de tyrannie? Mais supposons que, dans un pays en possession de la liberté de la presse, une religion ennemie de toutes les libertés commence à faire des
progrès et à devenir menaçante : faudra-t-il supprimer pour les sectateurs de cette religion la liberté
de la presse, qui subsistera pour les autres citoyens?
Non; car ce serait réduire la liberté, qui est l'organe de la vérité, à n'être que l'instrument d'un
parti. La liberté, comme le droit, appartient à
tous. Elle perd son nom et son essence quand elle
est limitée à un homme, à une classe, à une majorité. La liberté de la fidèle noblesse, la liberté des
honnêtes gens, la liberté des enfants de Dieu, la
liberté du bien, qui tour à tour ont fait leur apparition dans la langue des partis, ne sont que la tyrannie sous des noms et des formes diverses.

En résumé, nous ne disons pas : tout ou rien;
nous ne disons pas : toutes les libertés ou pas de
libertés. Nous disons : toutes les libertés à la fois, si
l'on veut et si l'on peut; mais si le succès complet
et immédiat est impossible, toutes les libertés l'une
après l'autre, en attendant le règne de la liberté totale. Seulement, nous ne voulons pas être dupes des
mots, et prendre pour des libertés des aggravations
de priviléges.

III

La doctrine est la même pour les alliances. Le tiers-parti aime les alliances ; c'est tout simple ; il est pressé de réussir, et ne compte pour réussir que sur des expédients : — ceci doit s'entendre des expédients honnêtes, et non pas des manœuvres condamnées par la morale. — En général, il ne cherche pas à s'allier aux radicaux ; il a plus d'inclination, et trouve plus de profit à les combattre. Les railleries et les invectives qu'il dirige contre nous, et que nous acceptons de bonne grâce, ont à ses yeux le double mérite de lui ramener les conservateurs, dont elles flattent les passions, et de démontrer de plus en plus qu'il est plein de raison et d'expérience — et par conséquent *capable*, ce qui est son grand objectif. Cependant quand le tiers-parti voit ses espérances s'éloigner et la popularité nous venir, il nous propose de contracter avec nous l'union la plus étroite. Il nous traite alors un peu comme il traite la démocratie, dont il connaît à fond les défauts et l'incapacité, et qu'il aime tout juste assez pour se charger de la conduire. Nous lui donnerons notre bonne renommée et les voix dont nous disposons, et nous obtiendrons en échange tous les trésors de son expérience et de sa sagesse. Nous ne disons pas que le marché soit à dédaigner, et nous sommes pleins de reconnaissance pour la condescendance qu'on nous témoigne. Un point nous embarrasse :

c'est qu'il ne paraît pas facile d'être le parti radical et de se laisser aller à des compromis. Ou nous
ne sommes rien, ou nous sommes un principe. Si
nous sommes un principe, comment deviendrions-
nous un expédient? Le tiers-parti peut descendre
ou monter impunément, selon les circonstances, et
même il le doit, pour rester fidèle à sa théorie ;
mais nous, qui représentons l'absolu, si nous reculons d'une semelle, nous perdons notre raison
d'être, et jusqu'à notre nom. Il est bien malaisé,
dans des conditions pareilles, de contracter une alliance.

Et, en effet, nous n'en pouvons pas contracter.
Nous pouvons éprouver de la bienveillance et même
de l'admiration pour le tiers-parti, nous pouvons
applaudir à ses efforts et à ses succès. C'est lui
qui, dans les chambres et dans le pays, déplace les
majorités. Mais nous ne saurions sans abdiquer nous
confondre avec lui. Un puritain et un aspirant ministre, un libre penseur et un clérical, un démocrate
et un partisan des prérogatives politiques et sociales de la classe moyenne ne peuvent porter le
même nom et accepter une solidarité que rien ne
justifie. Avons-nous la même histoire, les mêmes
principes, le même avenir? Tenons-nous, soit comme
partis, soit comme individus, la même conduite?
Que résulterait-il d'une alliance entre des éléments
si disparates? Une équivoque nouvelle. Or, le plus
grand service que nous puissions rendre à la politique et à la philosophie, c'est d'en bannir l'équivoque. Ainsi restons où nous sommes, restons ce
que nous sommes. N'ouvrons nos rangs que pour
accueillir nos similaires.

Autre chose est l'alliance, qui aboutit nécessairement à un marché, autre chose l'action en commun. Nous essaierons de montrer par des exemples la différence de ces deux conduites. Dans une élection, le collége est composé de vingt mille électeurs; dix mille à peu près votent avec le gouvernement, dix mille appartiennent à l'opposition, mais à deux partis d'opposition différents. Notre parti, s'il se sent le moins fort, peut s'abstenir, perdre ses voix, assurer le succès de l'ennemi du moment, par rancune contre l'ennemi d'autrefois, ou par peur de l'ennemi à venir. Est-ce nécessaire? Est-ce raisonnable? Non; l'école radicale doit être comme la vertu, qui est trop sûre d'elle-même pour être farouche. On ira donc au scrutin, mais on ne fera pas d'alliance; car, si on en fait, il faudra prendre un candidat qui puisse être accepté par les deux partis, c'est-à-dire qui ne contente pas tout à fait le premier et qui ne choque pas trop le second : moyen infaillible d'écarter les hommes de talent et d'avoir de mauvais députés. Ce n'est pas tout; il faudra se ménager réciproquement pendant la lutte, ce qui revient à peu près à s'annihiler, et cet abaissement volontaire survivra même à la victoire. Si même il y a dans la ville un journal unique d'opposition, il s'attachera à parler pour ne rien dire, afin d'être une image fidèle des deux partis coalisés. Au lieu de cela, que chacun se compte, et que celui des deux partis qui se sent en minorité, porte résolument ses voix sur l'homme le plus éminent du parti contraire, sauf à le combattre dans un autre temps et dans une autre occasion. En agissant ainsi, il avance ses affaires, et reste lui-même, sans aucun sacrifice. De même dans une Chambre, on peut arriver des deux extrémités de l'horizon, et avoir un même adversaire. Croit-on qu'il soit habile et honnète, pour le mieux combattre, de s'effacer de part et d'autre au point de ne plus paraître divisés? Pourquoi le ferait-on? La lutte contre l'adversaire commun en sera-t-elle plus vive? Les partis en seront-ils plus forts? Ces concessions réciproques, qui ne trompent personne, sont pour tout le monde un abaissement, et peuvent être, suivant les temps ou les questions, un véritable déshonneur. C'est comme si les Français et les Anglais avaient renoncé momentanément à leurs couleurs nationales et adopté en commun un drapeau de fantaisie pour aller combattre les Russes en Crimée. Les légitimistes, qui sont aussi des radicaux à l'autre bout de l'horizon, ne nous proposent pas de garder le silence sur le principe de la légitimité ou sur celui des religions d'État. S'il leur arrive une fois par hasard de penser comme nous, nous voterons ensemble sans trop d'étonnement et sans aucune défiance, précisément parce que de part et d'autre nous n'aurons rien modifié ni rien dissimulé. L'avantage des situations nettes est inappréciable; c'est plus de la moitié de la force. Une défaite vaut mieux qu'une victoire achetée par un compromis. On ne voit pas cela dès le premier jour. On a toujours de la peine à ne pas se ranger d'emblée dans les gros bataillons.

Nous pouvons dire à tous les tiers partis : c'est par notre entêtement et notre immobilité que nous vous rendons service. Nous ne pourrions, en faisant la moitié du chemin pour nous unir à vous, que vous donner une quinzaine de voix, ce qui ne vous transformerait pas en majorité. Par notre constante préoccupation de l'absolu, nous vous empêchons de vous contenter trop aisément. Nous vous attirons sans cesse vers les sommets où nous sommes. Nous mettons de l'inflexibilité dans la politique, qui sans nous ne serait qu'un art d'exploiter les hommes et d'utiliser les situations. Dites, si cela vous plaît, que vous représentez le savoir, l'expérience, la modération, l'habileté. Pour nous, notre fonction est différente : nous représentons la conscience.

IV

Le dix-neuvième siècle est le siècle des professions de foi. La raison en est toute simple. Non-seulement on n'a jamais tant écrit sur les questions politiques, religieuses et sociales ; mais le suffrage universel est une excitation perpétuelle aux professions de foi. On en fait pour être député, membre de conseil général ou de conseil d'arrondissement, conseiller municipal. On n'arrive pas à l'âge d'homme sans avoir été candidat à quelque chose, et sans avoir quelque part sa profession de foi affichée sur les murailles. On en fait tant, qu'on n'a pas toujours le loisir et le courage de relire les précédentes. Le métier de relever les contradictions des hommes politiques est devenu fastidieux à force d'être facile.

On peut faire un programme pour soi, parce qu'il ne s'agit que d'exprimer la situation de son esprit,

de déterminer et de limiter ses engagements; mais
ce n'est pas une mince affaire que d'en dresser un
pour un parti, parce qu'un programme commun doit
être complet. Si un parti n'est et ne veut être qu'une
opposition, il n'a pas besoin de programme. L'opposition qui se résigne à ne jamais être que cela,
est une négation perpétuelle : ce seul mot la définit
et la condamne. Mais un parti sérieux, qui peut à
un jour donné devenir un parti de gouvernement,
est obligé d'avoir un principe, et de dire comment
il entend l'application de ce principe non-seulement
à toutes les conditions de la politique actuelle, mais
à toutes les situations que le mouvement des affaires
peut apporter. La difficulté des programmes augmente encore après chaque révolution, parce que
des questions nouvelles surgissent, et que la plupart
des questions anciennes subsistent. Nous avons eu
bien des révolutions depuis trois quarts de siècles :
1789, 1792, 1795, 1800, 1804, 1814, 1815, 1830,
1848, 1852 : total, dix révolutions, pour le moins, en
soixante-quinze ans; c'est une véritable fécondité
d'avortements. Ces révolutions ne sont pas de simples
changements de dynastie : elles sont politiques, sociales, religieuses. Autre source de complications :
elles sont obscures, parce qu'aucune d'elles n'a duré
assez longtemps pour être expliquée et jugée par ses
conséquences. Nous ne donnerons que deux preuves
de cette obscurité profonde : la fusion entre les bona-
partistes et les libéraux sous la Restauration, et les
journées de juin 1848. Nous trouverions à foison
autour de nous d'autres exemples de confusion inex-
tricable. Dans un pays ainsi remué par les révolutions et par les écoles, il faudrait bien du temps

pour rassembler les matériaux de l'histoire des partis ; il faudrait bien des pages pour l'écrire.

On peut être uni par ses haines et divisé par ses espérances. On peut avoir une espérance commune et des espérances contradictoires. Il a pu sembler, à d'autres époques, qu'il s'agissait tout simplement d'être ou de ne pas être libéral. Il n'en va pas ainsi dans notre société en proie à de perpétuelles équivoques, et où l'équivoque même a été plus d'une fois érigée en moyen de gouvernement. Il faut qu'un programme s'explique non-seulement sur la liberté, mais sur la démocratie, le socialisme, la religion, la métaphysique, — car la métaphysique recommence à être une cause de discorde, et c'est tant mieux, si c'est l'indice d'un retour à la philosophie de la politique et de l'histoire. Même on aurait tort de croire que, si tout roulait sur la liberté, la situation se débrouillerait facilement. Il n'y a rien de plus difficile à définir et à comprendre que la liberté. En voici la preuve sans chercher bien loin : c'est que tout le monde se dit libéral. La liberté a le sort des principes de 89 : elle est inscrite sur tous les drapeaux. N'avons-nous pas entendu soutenir cet hiver que le meilleur moyen de donner la liberté au pays, c'était de supprimer les journaux, ou, ce qui revient au même, de les tenir en tutelle? Ne voyons-nous pas des légitimistes libéraux et des jacobins libéraux? La décentralisation n'est-elle pas, pour les uns, la forme même de la liberté ; et n'est-ce pas, au contraire, suivant une autre école, sur la centralisation que la liberté repose?

Au milieu de tous ces conflits, ce qui frappe

d'abord, c'est la multitude et la véhémence des anathèmes. Cela n'est pas particulier à notre siècle et à notre pays : l'indulgence est une vertu qui ne se pratique guère qu'à distance. On en a, sans trop d'effort, pour son ennemi ; on se fait un point d'honneur d'en manquer pour son compagnon. Il nous rend à chaque instant de grands services ; mais comme il est séparé de nous sur un point de quelque gravité, nous nous faisons un devoir de le combattre à outrance. C'est comme une émulation qui s'élève dans le sein des minorités pour arriver à diminuer par leurs propres efforts le nombre de leurs adhérents, et par conséquent leur force. Grâce à cette heureuse habitude, on ne sait jamais bien précisément où est l'ennemi. Ce sont les complications qui nous perdent. Si aujourd'hui la question était simple, demain elle serait résolue.

Essayons par la pensée de former un parti homogène. Nous interrogerons d'abord ses membres sur la politique. Ce n'est pas la peine de leur demander s'ils sont libéraux, parce que la réponse est prévue et insignifiante. Si nous les questionnons sur la forme de gouvernement, nous risquons fort de leur faire commettre un délit ou peut-être un crime. Quoiqu'on dise couramment dans les journaux et à la tribune, en désignant des personnes parfaitement connues : le parti républicain, le parti légitimiste, le parti orléaniste, il pourrait y avoir dans certains cas une sorte de danger à dire : je suis républicain, légitimiste ou orléaniste. Nous laisserons donc entièrement de côté cette question qui pour beaucoup d'esprits est toute la question, et qui, pour nous-mêmes, quoique nous nous déclarions sans préjugés, est la principale. Rien n'est sans importance dans la politique, pas même le drapeau, qui n'est pourtant qu'un mètre d'étoffe cousu à une hampe. Ces nouvelles doctrines d'indifférence en matière de gouvernement cachent souvent un lâche calcul, et nous ne nous sentons pas la conscience assez large pour les absoudre. Nous avons vu tant de montagnards transformés en chambellans, et tant de chambellans devenus gentilshommes de la chambre, que cette extrême facilité à servir son pays sous tous les régimes et avec tous les traitements finit par nous soulever le cœur. Mais à quoi bon la demande, quand la réponse n'est pas libre? Irons-nous faire comme ces prédicateurs qui tout à coup apostrophent l'impie, le pressent de leurs arguments les plus sonores, et s'écrient pour conclusion : il se tait! nous l'avons terrassé! Ce qui nous console, c'est qu'en pareille matière, tout le monde sait à quoi s'en tenir sur tout le monde. La trahison même est plus facile que l'hypocrisie.

Nous demanderons aux membres du futur parti s'ils sont pour la liberté absolue de la presse, pour le droit absolu de réunion, pour l'élection à un ou plusieurs degrés, pour le suffrage universel ou pour le suffrage restreint, pour l'élection des conseillers municipaux et des maires, pour le jury de mise en accusation et le jury de jugement, pour l'élection des juges. Le mot de décentralisation est bien vague et bien général; il peut contenir la féodalité ou l'anarchie. Nous avons vu un ministre décentralisateur dont l'industrie consistait à déléguer à ses propres agents, nommés, révoqués, dirigés par lui, une partie de ses attributions.

Cette décentralisation n'intéressait guère le parti
libéral ; elle n'augmentait guère les droits et les
garanties des administrés. C'est un des exemples les
plus curieux de la naïveté de certains hommes
d'État, ou du mépris qu'ils professent pour notre
intelligence. Ce qui n'est pas moins bizarre, en un
genre tout différent, c'est de voir les mêmes histo-
riens glorifier Richelieu pour avoir fait la centralisation, et l'Assemblée constituante pour l'avoir
détruite. On demandera donc aux adhérents du
futur programme ce qu'ils pensent de la décentralisation en matière d'instruction, de justice, de
finances, d'armée et d'administration proprement
dite.

Une école pleine de sens, d'expérience et d'honneur croit que le dernier mot de la politique libérale est dans la responsabilité des ministres, et elle
y ajoute, comme corollaire, la fameuse maxime que
« le roi règne et ne gouverne pas. » En effet, la
théorie est admirable. Dans l'administration, tout
dépend des ministres, les ministres dépendent des
chambres, et les chambres des électeurs : ce sont
donc en définitive les électeurs qui gouvernent.
Une telle monarchie ne diffère de la république que
par un seul point : l'hérédité d'un souverain nomi-
nal, uniquement chargé de contresigner les ordon-
nances des ministres et d'exercer dans le cabinet
une présidence honorifique. On déclare même bien
haut que cette forme de gouvernement est plus
libérale que la forme républicaine, parce qu'un tel
roi, inférieur en réalité au grand électeur de Sieyès,
est incomparablement moins puissant qu'un président de république. Mais une autre école, aujour-

d'hui régnante, ne veut pas seulement entendre parler de la toute-puissance parlementaire, qu'elle
traite d'oligarchie. Elle pense que, si les députés
sont tout-puissants sur les ministres, ils pourront
bien par les ministres être tout-puissants sur les électeurs. Elle assure que, quand tout est matière à scrutin et à délibération, il n'y a plus d'action gouvernementale. Un gouvernement d'orateurs est tout le
contraire d'un gouvernement d'hommes d'État. La
responsabilité ministérielle, dans laquelle toute la
liberté se résume, n'est pas autre chose que le
triomphe successif des intrigants et des coteries.
Pour que la responsabilité soit réelle, il faut la
placer au-dessus des chambres, et l'imposer directement au souverain. Cette doctrine a au moins sur
toutes les autres le mérite d'être simple. Elle supprime toutes les difficultés, à l'exception d'une seule.
Le souverain est l'unique représentant de la nation;
il règne, gouverne, légifère et administre. A part
les réformes qu'il peut établir dans son État, et qui
sont dues à sa modération et à ses lumières, il ne
diffère du monarque absolu de l'ancien régime que par
la responsabilité; mais cette responsabilité répond à
tout, légitime tout, console de tout. Elle est, à elle
seule, toute la liberté. Ces problèmes, dont le
moindre absorberait toute une vie d'études, ne
sont pas la moitié des questions de politique intérieure.

Pour le dehors, nous avons le principe d'intervention, le premier en dignité, mais le dernier en
autorité, le plus souple et le plus complaisant de
tous les principes, invoqué par les libéraux en faveur
de la Pologne et de l'Italie, repoussé par eux quand

la Restauration s'en servit pour raffermir sur leur trône les Bourbons d'Espagne, et quand le second empire entreprend d'en faire profiter le pape. Nous avons le principe des nationalités, qui se complique d'une question de langue, d'une question d'histoire et d'une question de physiologie : principe à double tranchant, qui pourrait bien nous donner la moitié de la Belgique et nous enlever l'Alsace et la Lorraine : profondément respectable quand il est la revendication de l'autonomie d'un peuple; un peu aventureux en politique générale par la diversité et le peu de sécurité des applications qu'on en peut faire. Nous avons le problème des colonies, au sujet duquel nos gouvernements n'ont rien à se reprocher, depuis celui qui a perdu les Indes et le Canada, jusqu'à celui qui gouverne l'Algérie avec tant d'habileté et de profit pour la colonie et la métropole. Nous avons aussi la célèbre théorie du libre échange, débattue il y a trente ans rue Montesquieu et dans les salons du restaurateur Corazza, victorieuse un beau matin au grand ébahissement de ses promoteurs, et menacée aujourd'hui, dans la première fleur de son succès, d'une émeute tout au moins et peut-être d'une révolution. Enfin, nous avons la question des armées permanentes, la seule décisive.

Le parti du désarmement ne vient que de naître; mais déjà ce n'est plus un parti, c'est presque une religion. Il s'agit de supprimer l'assassinat par masses, de rendre à l'industrie son aliment, au commerce sa sécurité, et son printemps à la vie humaine. Précisément à la même heure, les gouvernements inaugurent dans toute l'Europe le prin-

cipé des armements à outrance comme un défi lancé
à la civilisation. Et quels sont les partisans des
grandes armées? les sages, les modérés, les conservateurs : cet abîme béant, où la fortune du monde
s'engloutit, les rassure sur l'avenir de la propriété.
Au contraire, quels sont les défenseurs de la paix,
les apôtres du désarmement, qui veulent substituer
à la guerre la science et le travail? Qui peuvent-ils
être, sinon les plus affreux révolutionnaires, hommes
de sang et de rapines, qui ne rêvent que de renverser la morale et de rétablir l'échafaud?

L'armée nous conduit tout droit à la démocratie,
puisque c'est entre la caserne et l'atelier que le monde
doit choisir. Il y a vingt ans, peu de gens étaient démocrates; aujourd'hui peu de gens ne le sont pas;
mais beaucoup, après avoir été ennemis de la démocratie par peur, sont devenus démocrates par peur.
Ont-ils changé? Pas le moins du monde; c'est la
même marchandise sous un nouveau pavillon. Quoi
donc, ils ne sont pas démocrates? Mais ils fondent
des fourneaux économiques; ils ouvrent des réfec-
toires gratuits ou semi-gratuits; ils vendent à moitié
prix des blouses et des pantalons; ils créent des sociétés de secours mutuel, des sociétés de patronage,
des monts-de-piété, des cités ouvrières où l'on est
bien logé, bien visité et bien sermonné, des conférences. Si les sociétés veulent s'organiser en sociétés coopératives, ils s'empressent d'y entrer comme
membres patrons ou membres honoraires, peu leur
importe le nom ; ils prêtent aux nouveaux associés
de l'argent sans intérêt. Voilà en effet de la démocratie. Ce sont là de nos démocrates et de nos socialistes qui n'ont jamais pu comprendre qu'il existe

une différence entre donner et restituer. Ne voulant
pas et ne pouvant pas être du peuple, ils daignent
consentir à être les pères du peuple. Il faut pourtant
s'entendre ; car à ce compte les démocrates pourraient bien former deux partis différents et même
deux partis contraires.

Convenons qu'il y a une grande différence entre
les socialistes d'il y a vingt ans et ceux d'aujour-
d'hui. Il y a vingt ans, les socialistes étaient des
sectaires, aujourd'hui, ce sont des praticiens. Il y
a vingt ans, ils excluaient le capital, érigeaient en
principe la gratuité du crédit, et faisaient la guerre
aux intermédiaires, qu'ils fussent commerçants ou
marchandeurs ; ils voulaient supprimer le salaire de
haute lutte, au nom de l'égalité. Aujourd'hui, ils
reconnaissent la légitimité du capital accumulé et
transmis ; ils admettent le loyer de l'argent ; ils se
rendent compte des conditions de l'échange et de la
vente ; ils comprennent qu'on puisse dans certains
cas préférer le salaire à la participation. Enfin,
réclamant pour eux la liberté, ils la demandent
aussi pour les autres, parce qu'ils sentent que la
première condition de la liberté est l'égalité absolue
dans le droit. Préoccupés surtout d'améliorer les
conditions du travail, ils n'étendent plus comme
autrefois leur amour des réformes jusqu'à proposer
une organisation nouvelle de la famille. Il n'y a
donc plus lieu de charger l'Académie des sciences
morales et politiques de terrasser le socialisme, et
de sauver la famille et la propriété au moyen de
brochures à vingt-cinq centimes.

Mais si le principe de la famille et celui de la
propriété sont à l'abri de toute atteinte, il n'en est

pas de même des applications ; et pour ce qui concerne particulièrement la propriété, l'État n'a pas peu contribué, par ses réformes économiques, à la transformation qu'elle a subie. Il a réduit la rente ; il a démesurément accru l'impôt. Il a inauguré le système des emprunts multipliés et énormes. Il a emprunté aux plus petites bourses, ce qui s'est appelé, d'un assez joli nom, *démocratiser* l'emprunt ; il a initié aux affaires et aux spéculations sur les fonds publics les plus modestes capitalistes. Il a remplacé la loterie, dont on ne voulait plus, par l'organisation, évidemment plus morale, des primes aléatoires. Il a multiplié les institutions de crédit, ce qui peut être, suivant l'usage qu'on en fait, un instrument de spéculation ou un instrument de travail. Il a appliqué, partiellement il est vrai, le système de l'impôt proportionnel et même celui de l'impôt progressif. Il a établi le libre échange. Il a aboli la loi sur la contrainte par corps, et mis à l'étude la question du loyer facultatif de l'argent. Il a pratiqué, dans des conditions toutes nouvelles, et avec une sorte de furie française, la loi d'expropriation pour cause d'utilité publique. Demain il va toucher à la vénalité des offices. Il y a évidemment beaucoup à louer, beaucoup à critiquer, dans cette besogne si rapidement faite ; nous n'essayons ici qu'un catalogue très-incomplet. Disons qu'il a sauvé la propriété, puisqu'il s'en vante, et puisqu'il affirme que la propriété était sérieusement menacée par la publication d'une douzaine de pamphlets ; mais reconnaissons en même temps qu'il l'a terriblement changée.

Le système coopératif, entré dans nos lois et

dans nos mœurs, est pour les uns une amusette, pour d'autres une déception et un danger, pour d'autres enfin une expérience sérieuse. La démocratie, en adoptant ce système, prend pour elle la glorieuse devise de l'Italie : *Farà da se.* Tout ce mouvement dans le monde de l'industrie et des affaires ramène dans la discussion les théories un moment délaissées de l'impôt unique et de l'abolition de l'octroi. Un citoyen peut choisir dans ce vaste ensemble les objets de son activité; mais un parti doit être prêt sur tout; il doit avoir sur tous les points ses principes, ses solutions.

On ne peut pas dire qu'il ne soit pas question de toucher à la famille. On y touche tous les jours dans la polémique par trois points : le divorce, le droit de tester, l'éducation. Le divorce, qui a des partisans très-nombreux, et qui paraît même avoir la majorité dans le monde du barreau, n'est encore agité que sous la forme de théorie, dans les conversations et les livres. Mais le droit absolu de tester, qui fait partie du programme d'une certaine école libérale, a été déjà l'objet d'une discussion approfondie au Corps législatif. On affirme, d'un côté, que, si les restrictions de l'article 913 du Code Napoléon sont maintenues, le droit de propriété n'est plus entier, l'autorité paternelle est amoindrie, l'organisation de la fortune publique viciée dans sa source, l'avenir de l'industrie compromis. Les réponses ne manquent pas. La fortune que le père a reçue, qu'il a peut-être écornée par les fautes de sa gestion, lui appartient-elle au même titre que la fortune qu'il aurait lui-même créée? Est-elle à lui, ou à la famille, ou tout à la fois à lui et à la famille? Est-il équitable de lui en donner la disposition pleine et entière, ou de ne lui en laisser que l'usufruit, ou d'adopter le système mixte du code Napoléon, qui le rend libre seulement dans une certaine mesure, afin de concilier les droits des enfants avec le maintien de l'autorité paternelle? Quelle a été l'influence des art. 745 et 913 du Code Napoléon, depuis leur promulgation, sur la propriété agricole et industrielle du pays? sur la marche des événements politiques? sur l'organisation de la société française? sur la force ou le relâchement des liens de la famille? Peut-on réformer cette législation sans toucher à tout ce qui, dans la constitution du droit de propriété, est relatif aux femmes mariées ou veuves, aux majorats, aux biens de mainmorte, aux dispositions de l'article 909 et autres articles analogues? La liberté de tester, rapprochée de ses conséquences, est-elle un acheminement vers la liberté totale, ou n'est-elle pas plutôt un essai de reconstruction des mœurs et des doctrines abolies en 1789?

Le problème de l'éducation est peut-être celui de tous qu'on discute le plus souvent, et avec le plus d'ardeur. Comment s'en étonner? C'est une question de patriotisme, d'intérêt public, de sécurité, d'humanité. Elle met aux prises l'autorité de l'État et l'autorité des pères de famille, l'esprit laïque et l'esprit religieux, l'administration et le clergé. Elle divise profondément les libéraux, et même les socialistes. Ce n'est ni M. Duruy, ni M. l'évêque d'Orléans qui l'ont suscitée; aucune question n'a plus agité les esprits sous le règne de Louis-Philippe; aucune, assurément, n'est plus importante, ou même, depuis l'établissement du suffrage universel, plus urgente. Chaque pas que l'on fait dans les voies de la démocratie rend plus nécessaire, plus indispensable la propagation de l'instruction. L'abolition consommée des art. 414, 415 et 416 du Code pénal, l'abolition prochaine de l'art. 1781 du Code Napoléon supposent la création immédiate de nouvelles écoles. Le traité de commerce est un motif non moins impérieux de se hâter. La question de l'instruction gratuite et obligatoire, celle de la liberté de l'enseignement, celle de l'éducation des filles, ne sont plus seulement des questions d'humanité, de civilisation; ce sont, au premier chef, des questions de politique, des questions qui doivent figurer au premier rang dans le programme d'un parti politique.

Pendant combien de temps avons-nous dit, les uns et les autres, que la liberté de conscience était une question close, que la conquête de la Révolution sur ce point était définitive? C'est une de ces questions toujours pendantes, qui ne passionnent pas le public sous leur forme abstraite et qui ont besoin d'être ravivées par un événement. Nous sommes ou nous croyons être indifférents en matière religieuse; la religion subsiste, moitié par habitude, moitié par conviction, dans les campagnes; dans les villes, elle n'a guère d'action que sur les femmes; et même, si l'on en croit M. l'évêque d'Orléans, les femmes ne seront pas plutôt instruites qu'elles déserteront les églises, comme l'ont fait la plupart des hommes depuis longtemps. Il y a quelques années, les refus de sépulture avaient encore le privilége d'émouvoir un peu la foule; on n'en est plus là

aujourd'hui, parce que l'on comprend mieux la
situation réciproque de l'Église et des incrédules ;
de l'Église, qui ne doit rien aux incrédules, des
incrédules qui n'ont aucun besoin de l'Église, soit
avant, soit après leur mort. La confession religieuse,
quelle qu'elle soit, n'ôte ou ne confère aucun avantage. On a beau être catholique, protestant ou juif,
on n'en est pas moins Français, avec tous les avantages et tous les droits attachés à la qualité de
citoyen français. On peut élever partout une église,
une synagogue, une mosquée. Un juif peut être
premier ministre ; rien dans la Constitution ne
l'empêche d'être ministre des cultes. Tout cela
explique, sans les justifier, nos dédains pour les
questions religieuses. On verrait bien vite, en y
regardant de près, ce qui manque à cette liberté de
conscience, qu'on croit si complète. L'État est en
possession du droit d'autoriser une religion ; quand
une religion a obtenu la permission de naître ou de
s'introduire en France, elle ne peut, sans une autorisation nouvelle, ni fonder une congrégation, ni
ouvrir un temple. L'État ne se contente pas de
l'autoriser, il la protége ; il ne se contente pas de
la protéger, il la paye. Il va jusqu'à choisir pour elle
ses pasteurs. L'Église catholique elle-même a subi
ce joug ; elle est allée au-devant de la servitude ; elle
s'indigne aujourd'hui contre ceux qui parlent de l'en
affranchir. Elle consent que les bulles du pape soient
examinées en Conseil d'État, et que les évêques, qui
sont les juges de la foi, soient directement nommés
par un ministre laïque, comme un préfet ou un
procureur général.

Les incrédules, de leur côté, se montrent fort indifférents à l'oppression des croyants ; ils se persuadent que ce n'est pas leur affaire ; et cependant, c'est leur affaire : un droit, quel qu'il soit, est la première affaire de tout le monde ; il suffit que ce soit le droit. Nous n'avons pas en France le sentiment de la solidarité, et c'est pour cela que nous n'avons pas la pleine intelligence de la liberté. Nous ne savons pas comprendre que personne n'est libre, si tout le monde n'est pas libre ; que personne n'est sûr de son droit, si le droit d'autrui peut être impunément blessé : ce n'est qu'au moment où nous voulons user personnellement d'une liberté, que nous commençons à en sentir le prix. Les incrédules, quand ils ne sont pas libéraux (mais qui est libéral, en France ? qui sait être libéral ?) les incrédules, quand ils ne sont pas libéraux, se divisent en deux classes : les uns, c'est le petit nombre, se montrent intolérants contre ceux qui croient, — car l'incrédulité a aussi son intolérance, et même son fanatisme ; — les autres, par bienséance (une étrange bienséance) ou par politique (une abominable politique), transforment volontiers ces religions, auxquelles ils ne croient pas, en moyens de police. Il leur plaît que leurs femmes et leurs domestiques soient dupes. Ils veulent que leurs enfants croient à la religion jusqu'à quatorze ans, et s'en moquent le reste de leur vie. Voilà à quel degré de dépravation peut conduire l'inintelligence de la liberté. Et ce n'est pas seulement la morale, c'est la civilisation qui est atteinte ; car la liberté de penser ne diffère pas de la liberté religieuse ; elles dépendent l'une et l'autre du même principe, et ont infailliblement le même sort. A la religion d'État, que la Révolution

a très-justement abolie, l'administration et la rou-
tine ont tout doucement substitué une philosophie
d'État. On ne saurait méconnaître que l'université,
qui est presque toujours traitée en ennemie par le
clergé catholique, malgré la déférence, on pourrait
dire la soumission qu'elle professe pour lui, s'est
formée, en passant des mains de l'évêque d'Hermo-
polis à celles de M. Cousin, une sorte de philosophie
d'État ou de religion laïque, qu'elle impose très-
effectivement aux professeurs et aux élèves. Elle
ne se contente pas de réfuter le matérialisme, elle
met les matérialistes à la porte. Cette philosophie
d'État semble libérale, si on la compare au symbole
catholique; elle invoque la raison au lieu de l'autorité; elle n'a qu'un petit nombre de dogmes, et
des dogmes peu précis qui laissent une grande lati-
tude à la spéculation. C'est une oppression moins
oppressive, mais plus sotte. La religion d'État
avait le mérite d'être logique. Elle parlait au nom
de Dieu, elle se déclarait en possession de la vérité
absolue, elle invoquait une autorité infailllible. Elle
pouvait condamner des doctrines, puisqu'elle était
elle-même une doctrine, tandis qu'il faut avoir l'esprit doué d'une complaisance ineffable pour admettre
la compétence doctrinale du ministre des cultes, du
ministre de l'instruction publique, et de leurs agents
de tous les degrés. Il ne s'agit pas ici de doctrine,
mais de liberté; ce n'est pas le dogme qui importe;
c'est le formulaire à souscrire par les professeurs;
c'est l'absence de liberté dans le haut enseignement.
Nous ne faisons pas aux maîtres illustres qui occupent
nos chaires publiques l'injure de croire qu'ils modi-
fient leurs opinions pour se conformer à un règle-

ment et obéir à un mot d'ordre. Ils pensent ce qu'ils enseignent; mais ils ne pourraient pas enseigner, s'ils pensaient autrement. Cette situation ôte bien quelque chose, en dépit d'eux-mêmes, à leur dignité; elle est mortelle pour leur influence. Il faut le regretter doublement dans un pays où la liberté de l'enseignement supérieur fait complétement défaut. Quoi! les professeurs de l'État ne sont pas libres, et en dehors d'eux personne ne peut enseigner publiquement sans se soumettre à l'autorisation préalable et à la surveillance! Que devient la liberté de penser? Où est la science?

Ce n'est pas seulement dans les écoles qu'on impose des doctrines (imposer des doctrines!), c'est dans la politique, dans les chambres, dans les réunions officielles de toute nature. Il y a trente ans on s'en prenait surtout au panthéisme. Aujourd'hui, c'est l'athéisme et le matérialisme qui sont honnis. Si l'on vient à parler, devant les hommes assemblés, des doctrines matérialistes, il se trouve toujours un *commissaire du gouvernement* tout prêt pour « les flétrir. » Il ne s'agit pas de les réfuter; ce serait long et hors de propos : on les flétrit. C'est une rhétorique à faire fouetter un écolier, si on fouettait encore dans les colléges; mais le succès n'en est pas moins assuré; les incrédules donnent le signal de l'approbation la plus bruyante. Tout récemment, un ministre d'un talent incontestable, et qui sait presque toutes choses, excepté la philosophie, a déclaré au Corps législatif qu'on ne pouvait pas être matérialiste et avoir une morale. Il n'est pas obligé de savoir ce que c'est que l'école stoïcienne, cette école de matérialistes dont Montesquieu disait, dans un siècle déjà loin de nous, qu'elle seule savait faire des citoyens ; mais il serait, en vérité, grand temps de traiter la philosophie avec respect, de ne pas employer sa langue sans la comprendre, de ne pas mettre des métaphores à la place des démonstrations, et de ne pas déshonorer les plus nobles doctrines par une défense maladroite et des proscriptions odieuses. Ces attentats à la liberté de penser passent inaperçus ; c'est presque une bienséance que de les commettre. Comment nous en étonner, quand on laisse subsister dans notre code ce fameux article de la loi de 1819 sur la morale publique et religieuse dont M. de Serre disait : « Je suis encore à chercher quel sens on y attache ? »

V

Divisés sur le parti politique, sur le sens et les conditions de la liberté dans le parti libéral, sur les finances, sur l'industrie, sur la guerre, sur la politique extérieure, sur la religion, sur la philosophie, sur l'organisation de la famille, sur la démocratie, sur le capital et le travail, nous pouvons avoir des partis, mais nous ne pouvons pas avoir de programme. Un seul parti peut en avoir un ; c'est le parti radical, parce que tout est simple et clairement déterminé dans le monde des principes. En dehors de lui, les partis sont nécessairement flottants s'ils sont honnêtes, c'est-à-dire s'ils ont pour base des opinions et non des intérêts. Une question les forme, une autre les dissout : on se quitte, on se reprend selon les hasards de la politique. On est libéral, mais on limite son libéralisme dans la mesure de ce que la situation comporte. On peut, à la rigueur, s'aventurer un peu plus loin le lendemain d'une victoire; la politique de tiers-parti n'est pas nécessairement stationnaire, mais elle ne s'avance que par étapes et s'arrête toujours à moitié chemin. En général, elle n'admet pas qu'on puisse en aucun temps aller aussi loin que nous. Elle ne nous ajourne pas, elle nous nie.

Mais nous, qui traitons la politique comme une science et qui développons les conséquences d'un principe sans tenir compte des obstacles, nous pouvons avoir un programme, si cela nous plaît, parce qu'il est facile à faire, et nous en passer, si cela nous plaît, parce que tout le monde peut le suppléer. On nous demande sans cesse notre programme; on nous accuse sans cesse de n'en point avoir; on déclare à satiété que nous nous laissons guider par les événements ; que nous n'avons pas d'autre politique qu'un parti pris de négation, que les lois mêmes que nous avons provoquées nous déplaisent quand on nous les offre. Ce ne sont pas des objections; ce ne sont que des injures. L'opposition ne s'abstient ni de voter, ni de discuter; elle est prête tous les jours, à toute heure, sur tous les sujets. Ses déclarations, qu'elle prodigue, sont très-formelles, très-explicites. Comment n'en serait-il pas ainsi? Il n'y a rien de mystérieux et d'inattendu dans le système de la liberté totale. En voici, en deux mots, le développement. En fait de science, de théorie, la liberté totale sans restriction ni réserve; en fait de pra-

tique, de politique, comme origine, la souveraineté
nationale, comme mesure la moindre action, comme
garantie la publicité et la responsabilité à tous les
degrés. Veut-on des réponses question par question? Rien de plus facile. Mais d'abord il faut donner quelques éclaircissements sur ce que nous appelons le principe de la moindre action.

Quoique partisans de la liberté totale, nous ne sup-
primons pas l'autorité, car ce serait supprimer la
société. Il faut une autorité, et même nous reconnaissons qu'elle doit toujours être forte. Un semblant d'autorité ne nous va pas plus qu'un semblant
de liberté. Outre qu'un pouvoir débile ne remplit
pas sa mission, il aboutit toujours aux excès. Il y a
deux manières d'être violent : par tempérament ou
par faiblesse. S'il ne s'agissait que de supprimer absolument ou la liberté, ou l'autorité, il n'y aurait
que deux systèmes, tous les deux également simples:
celui du despotisme, ou de l'autorité sans limites,
et celui de l'anarchie, ou de la liberté sans frein. La
politique consiste précisément à concilier l'autorité
et la liberté dans une juste mesure ; et la différence
entre le tiers-parti et l'école radicale, c'est que
l'école radicale va, dans l'élimination de l'autorité,
jusqu'aux dernières limites du possible. Sa formule
suprême n'est pas : « Nulle action; » mais : « La
moindre action. » Elle est si loin d'être l'anarchie,
qu'elle est précisément tout le contraire. L'autorité
ne peut être forte qu'à condition d'être légitime ;
elle n'est légitime qu'à condition d'être nécessaire,
et dans la limite de sa nécessité. Quand l'État demande à la liberté un sacrifice inutile, il ne se for-
tifie pas, il s'affaiblit; il met contre lui la raison et

le droit. Ceux qui veulent le contraindre à se renfermer dans ses limites sont donc les vrais conservateurs. Un pouvoir fort, mais restreint, —fort parce
qu'il est restreint, — esclave de la loi, appuyé sur la
souveraineté nationale, non-seulement parce qu'il
en sort, mais parce qu'il en dépend, un tel pouvoir
est le seul dont on puisse dire qu'il ne limite la liberté que pour la rendre plus efficace. Nous préten-
dons que l'état social le plus parfait est celui où
l'autorité est la plus limitée et la liberté la plus
ample; nous n'allons pas jusqu'à dire que le rapport
entre l'autorité et la liberté doive être exactement
le même dans tous les pays et dans tous les temps.
Par exemple, si un peuple se compose de quarante
millions d'habitants, et que ces quarante millions de
citoyens sachent lire, ce peuple est capable de la liberté totale, et ne peut être privé d'une portion
quelconque de la liberté, sans qu'il en résulte, premièrement, une violation du droit, et, secondement,
un péril social imminent. Mais, si on ne compte,
sur quarante millions d'habitants, qu'un million seulement de lettrés, la liberté immédiate offre plus de
dangers et moins d'avantages. Dans ce dernier cas,
le devoir du gouvernement est double : il doit gouverner, il doit éclairer, c'est-à-dire qu'il doit s'efforcer, par tous les moyens, de mettre les citoyens
en état de se passer de lui. Le progrès de la liberté équivaut à une élimination progressive du
pouvoir. Le pouvoir, s'il est fidèle à sa mission,
doit travailler avec une énergie persévérante à sa
propre élimination. Nous exprimons le pouvoir par
ces mots : la moindre action, empruntés à la langue
philosophique, pour bien marquer son rôle dans la

société et ses rapports avec la liberté ; on le défini-
rait plus exactement en disant : L'action de plus en
plus diminuée.

En vertu de ces principes, quelle doit être la
doctrine de l'école radicale en matière de presse ?
la liberté totale ; en matière d'enseignement ? la
liberté totale ; en matière de droit de réunion, de
droit d'association ? la liberté totale ; en matière
de liberté religieuse, de liberté de conscience ? la
liberté totale : point d'autorisation préalable, point
de restrictions, point de salaire du clergé, point
d'alliance avec Rome, point de concordat. Quelle
doit être la théorie de l'école sur l'origine des fonctions ? le suffrage universel ; sur l'organisation de la
justice ? l'élection des juges, la généralisation du
jury ; sur l'impôt ? l'impôt unique ; sur les douanes,
sur l'octroi ? abolition ; sur les patentes ? abolition ;
sur le livret ? abolition ; sur les ministres ? responsabilité ; sur les agents administratifs à tous les degrés ? responsabilité ; suppression de l'article 75 ;
sur les communes ? affranchissement de la tutelle
administrative ; liberté totale dans la gestion de
leurs affaires ; élection du maire par le suffrage
universel. Il n'y a pas plus d'arcanes dans la politique étrangère : point de guerre de conquête, point
d'armée permanente, point d'autre alliance politique que nos alliances naturelles, c'est-à-dire l'alliance avec tous les peuples libéraux ; les alliances
commerciales fondées sur le principe de la liberté
absolue du commerce et sur celui de la réciprocité.
C'est un programme aussi simple et aussi monotone
que les litanies ; et même, pour qui sait les entendre, ces deux mots : la moindre action, la li-

berté totale, ont une seule et unique signification.

Mais c'est un noble programme, qui contient la revendication la plus complète de tous les droits de la personne humaine; c'est une politique sans faiblesse et sans compromis; c'est le droit des opprimés et des faibles; c'est l'espérance des âmes fières; c'est le dédain pour les subtilités, les tergiversations, les mensonges, les hypocrisies, les grimaces, les étiquettes, les diplomaties, les protocoles, les inquisitions; c'est l'horreur pour le sang et pour la guerre; c'est la fraternité des hommes et des peuples; c'est la logique, c'est la justice, c'est la science. Avoir défendu cette doctrine, avec douceur et fermeté, depuis la jeunesse jusqu'à l'âge mûr, lui demeurer inébranlablement fidèle, en dépit des transformations et des révolutions, malgré les sarcasmes des adversaires et les calomnies des amis abusés, c'est le plus grand et le seul bonheur qu'on puisse demander à la vie publique.

VI

On a réuni dans ce volume quelques discours prononcés au Corps législatif. On ne les a pas choisis comme moins mauvais que les autres discours du même auteur, mais comme se rattachant de plus près à la politique radicale. Nous en sommes encore à la période de préparation et à l'élimination des obstacles. Or, il y a trois obstacles : l'obstacle

ignorance, l'obstacle baïonnette et l'obstacle isolement.

On a combattu l'obstacle ignorance en demandant
la suppression des concordats, la liberté absolue de
la presse et l'instruction mise par la liberté, par
l'initiative privée, et, en l'absence d'initiative privée suffisante, par l'action directe de l'État, à la
portée de tous les citoyens, riches ou pauvres,
hommes ou femmes; — on a combattu l'obstacle
baïonnette en demandant la suppression des armées
permanentes, — et l'obstacle isolement, en reven-
diquant comme un droit naturel, antérieur et supérieur aux droits politiques, le droit de se réunir et
de s'associer. On espère que les hommes de bonne
foi, les patriotes, les libéraux, les démocrates, les
libres-penseurs, reconnaîtront un des leurs dans
toutes les pages de ce livre. On ne demande pas
d'indulgence pour leur faiblesse, dont on est soi-
même un juge sévère.

I

LA SÉPARATION DE L'ÉGLISE ET DE L'ÉTAT

NOTE PRÉLIMINAIRE

J'ai essayé, dans le discours qu'on va lire, de donner à la question romaine toute son étendue.

On y trouvera les principes que j'ai développés dans mon livre intitulé *la Liberté de conscience*, et qui se résument ainsi :

Ce qui importe par-dessus tout, en matière de liberté de penser, c'est d'éviter les équivoques.

L'État a des lois : il ne peut y renoncer au gré des sectaires.

L'État protége les personnes ; il punit l'assassinat. Il ne peut tolérer une religion qui prescrit des sacrifices humains, parce que ce serait permettre l'assassinat.

Il protége la propriété ; il punit le vol. Il ne peut permettre qu'on vole, sous prétexte de religion. De même il punit l'adultère. Il appliquera donc la loi à tout citoyen convaincu d'adultère, fût-il mormon.

En un mot, les cultes ne sauraient être exemptés de la réglementation commune ; mais ils ne doivent être soumis qu'à la réglementation commune.

Il est bien entendu que l'État ne doit pas exagérer la réglementation ; que, soit dans ses prescriptions, soit dans ses prohibitions, il doit se borner au nécessaire. Car, sans cela, il exprimerait une doctrine, et par conséquent l'imposerait. Il supprimerait donc la liberté scientifique, qu'il doit respecter et protéger. Mais quand la loi subsiste, elle est tenue pour nécessaire jusqu'à ce qu'elle soit abrogée. On peut la discuter ; on ne peut l'enfreindre.

Si l'État se borne à interdire une religion qui ne peut être professée sans violation de la loi, ou à contraindre les religions existantes à ne pas violer la loi, il fait acte de conservation pour lui-même, il ne fait pas acte de violence contre les religions.

Mais si, en dehors des actes formels, expressément condamnés par la loi écrite, il se fait juge du dogme, le proscrit ou le limite, intervient dans la discipline, nomme ou révoque les ministres, il se rend coupable d'usurpation : 1° parce que ses actes ne sont pas nécessaires, 2° parce qu'il s'attribue une compétence qu'il n'a pas.

L'État n'a pas de doctrine religieuse ; il n'est ni métaphysicien, ni théologien. Il ne peut pas commettre un juge d'instruction ou un commissaire de police pour examiner des dogmes. En un mot la religion ne peut être ni servante de l'État, ni maîtresse de l'État, ni protégée par l'État.

Qu'est-ce qu'une religion subordonnée à l'État ? C'est l'erreur employée comme moyen de police. Je dis l'erreur ; car si la religion est vraie et divinement instituée, comment peut-elle être soumise à un pouvoir humain ? La vérité ne dépend de personne. L'empereur de Russie est pape ; il fait le dogme : s'il ne le fait, il peut le faire : donc la religion russe n'est que l'erreur employée comme moyen de police.

Qu'est-ce qu'une religion maîtresse de l'État ? C'est la négation pure et simple de la liberté de conscience, de la liberté politique et de la liberté civile. L'Église commence par se déclarer infaillible, après quoi elle défend d'attaquer son dogme, c'est-à-dire de penser ; d'attaquer son autorité, c'est-à-dire de modifier la constitution et les lois ; d'attaquer sa morale, c'est-à-dire de se gouverner, dans la pratique de la vie, par une autre morale que la sienne.

Qu'est-ce enfin que le concordat ? C'est un traité conclu entre l'État et l'Église, pour se céder l'un à l'autre, au détriment de la liberté de conscience, une part de la souveraineté qu'ils n'ont pas. L'État vend à l'Église la liberté des citoyens, pour obtenir d'elle la paix et un appui ; l'Église vend à l'État ce qu'elle croit ou ce qu'elle dit être la vérité absolue, pour obtenir de lui le privilége d'enseigner seule, et le moyen de s'enrichir.

Conséquence : l'Église dans l'État est l'abdication de la foi religieuse, l'État dans l'Église est la négation absolue de toute liberté ; le concordat est tout ensemble la foi avilie et la liberté proscrite. Il faut donc rejeter toute alliance entre le temporel et le spirituel. Proclamer leur séparation, ce n'est pas autre chose qu'exprimer le dogme à la fois si nécessaire et si simple de la liberté de conscience.

Les Églises libres dans l'État libre.

LA SÉPARATION DE L'ÉGLISE & DE L'ÉTAT

2 décembre 1867.)

M. le Président Schneider. La parole est à M. Jules Simon.

M. Jules Simon. Messieurs, l'honorable M. Chesnelong, dans le discours que vous venez d'entendre, a parlé de la religion chrétienne, des services qu'elle a rendus à la civilisation, de son caractère profondément humain et libéral.

Je n'ai en aucune façon à répondre à cette partie de son discours; ni M. Jules Favre, ni moi, ni aucun de mes amis, n'avons à discuter une question de cet ordre.

Je monte à cette tribune pour parler de la question de la papauté temporelle, et non pas de la question de la papauté spirituelle. Il s'agit des intérêts matériels du pape : il ne s'agit ni de la nature de la religion chrétienne, ni de son passé, ni de son avenir.

Je fais cette déclaration, parce que je n'ai pas besoins d'accumuler autour de moi les difficultés; celles que j'ai à affronter sont déjà assez grandes.

Si j'avais à parler du christianisme en lui-même, c'est-à-dire de la foi, je me croirais obligé de déclarer que je professe et que j'ai professé toute ma vie le respect le plus profond et le plus sincère pour toutes les croyances également sincères. (Bruits divers.)

Je parle de mon respect pour les croyances sincères, parce qu'il y a certaines déclarations de principes à la sincérité desquelles personne ne peut croire; et celleslà m'inspirent précisément tout le contraire du respect. Cette distinction est juste et elle était peut-être nécessaire.

Quand j'ai entendu l'honorable M. Chesnelong parler de la liberté de conscience et du respect qu'on doit à ce grand principe, qui est le premier de tous, parce qu'il est le fondement et comme la matière de la liberté, je me suis associé à ses paroles et à ses sentiments; mais où le désaccord commence entre M. Chesnelong et moi, c'est quand il applique à la question romaine le principe qui nous est commun. Voici son argumentation, qui n'est nouvelle ni pour moi ni pour vous, et qui, je le reconnais volontiers, n'est pas sans valeur.

Autrefois, quand on voulait démontrer la légitimité du gouvernement temporel du pape, on avait recours à des arguments historiques; on parlait des donations de Pépin et de Charlemagne, de la renonciation de l'empereur Charles IV entre les mains de Clément VI et d'Innocent VI: arguments surannés, qui ne méritent pas l'honneur d'une réfutation. Il n'en est pas de même de celui que développait tout à l'heure l'honorable M. Chesnelong; il est soutenu — M. Chesnelong en est la preuve — par des esprits sérieux, et qu'on ne peut réfuter sans éprouver pour eux et pour leurs opinions un certain respect. (Rires sur plusieurs bancs. — Très-bien ! à la gauche de l'orateur.)

Le pape, dit-on, est le chef de la religion catholique. — Il l'est en effet, et je pourrais presque dire qu'il l'est de plus en plus; car, à l'heure qu'il est, tous les pouvoirs qui autrefois appartenaient à l'Église universelle sont concentrés dans sa main. — Ce chef de la religion catholique a sur les croyances et sur les opinions des fidèles une influence considérable; il définit la foi, et par conséquent il faut qu'il exerce sa mission spirituelle dans la plénitude de son indépendance, à tous les points de vue possibles.

Cette indépendance ne serait pas complète si le pape avait un souverain, s'il dépendait, même pour les intérêts matériels, d'une autre puissance. Or le seul moyen de l'affranchir de toute domination, c'est de le faire roi lui-même, de placer autour de lui un espace de terre où il exerce la souveraineté temporelle, comme il exerce la souveraineté spirituelle dans toute l'étendue du monde catholique.

C'est donc en vertu de la liberté de conscience qu'on demande le maintien de la souveraineté temporelle du pape.

Voilà, si je ne me trompe, le seul argument sérieux, et c'est à celui-là, messieurs, que je viens répondre.

Je pourrais assurément m'étonner de deux choses : c'est d'abord qu'on oublie absolument les droits de ce troupeau humain qu'on va soumettre, coûte que coûte, à la domination du pape, pour assurer la sécurité des catholiques. (Très-bien! à la gauche de l'orateur.)

C'est ensuite l'espèce de laisser-aller avec lequel on sacrifie aux scrupules d'une Église les croyances de tous les dissidents. N'est-il pas étrange, en effet, que la souveraineté temporelle du pape soit en même temps nécessaire à la liberté des catholiques, et mortelle à la liberté du reste du monde? (Approbation à la gauche de l'orateur.)

Mais ce n'est pas par ce côté-là que je prends l'argument; je le prends par son rapport à la situation actuelle, telle que la politique de ces dernières années l'a faite, et je dis : Avez-vous vraiment besoin que le pape soit roi? Non, ce n'est pas ce que vous prétendez; vous

avez besoin qu'il ne soit pas sujet. Eh bien! qu'est-il à
l'heure qu'il est? C'est un roi protégé. (Très-bien! à la
gauche de l'orateur.)

Je demande quelle est la différence entre un roi protégé et un roi sujet, quand il s'agit de l'exercice indépendant de la papauté spirituelle. (Approbations sur
quelques bancs. — Réclamations et murmures sur
d'autres.)

M. BERRYER. Pas protégé, mais respecté.

M. JULES SIMON. Pour que ma pensée soit claire, je
vais m'expliquer sur la protection, dire en quoi elle
consiste, et montrer qu'elle est désormais la condition
fatale de la papauté temporelle.

Le pape est souverain à Rome, à condition que la
France le protége. Si la France retire sa protection,
je veux dire, si elle retire son armée, la souveraineté temporelle du pape disparaît. (Très-bien! à la
gauche de l'orateur. — Dénégations sur plusieurs
bancs.)

Cette vérité a été évidente pour le monde entier, et
pour le pape lui-même, le jour où l'unité italienne a été
faite. Ce jour-là, le pape a compris, et le monde a compris que pour que la papauté temporelle subsistât, il
fallait à Rome une armée étrangère. (Réclamations diverses.)

M. GRANIER DE CASSAGNAC. Si on n'envoyait pas des
brigands contre Rome, l'armée étrangère serait inutile.

M. JULES SIMON. Le gouvernement de la France serait doublement inexcusable d'avoir envoyé une armée
à Rome, si cette armée ne lui avait pas paru nécessaire
pour le maintien de la souveraineté du pape. (Très-
bien! à la gauche de l'orateur.) Il a donc fait une expédition, et cette expédition a duré plus longtemps
qu'on ne s'y attendait en la commençant, si nous en
croyons les déclarations qui furent faites au début.
Quand enfin, devant l'énormité des dépenses et les ré-

clamations de l'opinion publique, on a été obligé de retirer l'armée, est-ce que la nécessité de défendre le pape par une armée étrangère n'existait plus? Non, messieurs, ce jour-là, comme au début de l'expédition, la France pensait, le monde pensait, le pape pensait que le pouvoir temporel ne pouvait se maintenir que par le concours de nos armes. En conséquence, avant de rapatrier nos régiments, nous avons eu soin de les remplacer par une division de l'armée française sous le nom de légion d'Antibes. (Très-bien là la gauche de l'orateur.) Division composée de nos soldats, commandée par nos officiers, soumise à nos règlements et à notre pénalité militaire, récompensée par l'avancement comme les officiers de l'armée régulière, inspectée par nos généraux, surveillée de loin par notre ministre de la guerre, ne différant en rien de l'armée française, excepté par la cocarde que les soldats qui la composaient portaient à leurs shakos, — une différence grande comme ceci. (L'orateur indique la longueur de son doigt. — Rires sur plusieurs bancs. — Très-bien! très-bien! à la gauche de l'orateur.)

Quand la légion d'Antibes a été rendue à Rome, et quand elle a été reçue, inspectée et bénie par le pape, c'est alors seulement que nous avons cru pouvoir retirer nos troupes. Cette double opération avait été précédée du traité du 15 septembre.

Ai-je besoin de me demander après cela si le traité du 15 septembre impliquait de la part de la France la pensée que le gouvernement pontifical pouvait désormais se passer de notre secours? Mais quand nous n'aurions pas ce grand fait de la légion d'Antibes relevant la brigade Polhès, n'est-il pas évident que le gouvernement français n'a jamais cru, qu'il n'a jamais pu croire que l'Italie obéirait aux stipulations du traité? (Exclamations ironiques sur quelques bancs.)

Vous allez en juger...

On imposait à l'Italie le devoir de respecter et de faire respecter la frontière, en lui déclarant que dans le cas où une invasion quelconque aurait lieu, le gouvernement français s'empresserait de rentrer sur le territoire qu'il venait d'évacuer.

Or, quelle était la situation de l'Italie? L'Italie pouvait-elle admettre cette enclave formée par le gouvernement pontifical, et qui était comme une terre de refuge pour tous les ennemis de l'unité italienne? (Oh! oh!)

Les faits le démontrent. A peine l'unité de l'Italie était-elle faite, que les plus importants parmi les souverains déchus et les ennemis de l'unité venaient chercher un refuge à Rome (Mouvements divers.)

Remarquez bien, messieurs, que je ne fais aucun reproche au gouvernement pontifical de les avoir accueillis. Loin de là, je l'en honore; je ne lui demande en aucune façon de ne pas être hospitalier, je ne lui demande pas surtout de ne pas l'être pour ceux qui partagent ses sentiments et ses vues; seulement, je dis que c'est le fait, que c'est la réalité, et que Rome est immédiatement devenue le Coblentz de l'Italie moderne. (Rumeurs sur plusieurs bancs. — Approbation à la gauche de l'orateur.)

Dans cette situation, le gouvernement italien devait regarder Rome comme un adversaire... (Réclamations.) Il le devait, messieurs, il ne pouvait pas ne pas la regarder ainsi et ne pas désirer que la principauté temporelle du pape disparût. En effet, il l'a souhaité dès le premier jour et il le souhaite encore aujourd'hui.

L'Italie s'est divisée en deux camps : ceux qui veulent immédiatement supprimer la principauté temporelle du pape et ceux qui consentent à ajourner cette suppression. Il n'y a pas de troisième parti. (Rumeurs sur plusieurs bancs.)

Non-seulement le traité du 15 septembre imposait au

gouvernement italien l'obligation de ne jamais franchir la frontière pontificale, mais il lui enjoignait de s'opposer à toute tentative du parti avancé pour transgresser cette loi. Or, le parti avancé, en Italie, avait un passé et des habitudes que notre gouvernement connaissait à merveille. C'est le parti avancé qui a fait l'Italie... (Vives exclamations.)

Sur quelques bancs, à la gauche de l'orateur. Oui ! c'est vrai !

Plusieurs membres. Et la France?...

M. EUGÈNE PELLETAN. C'est le parti avancé qui a conquis Naples et la Sicile !

M. JULES SIMON. C'est ce parti qui, un jour, est allé conquérir l'Italie méridionale, et qui, provisoirement désavoué par l'Italie septentrionale, en a été acclamé le lendemain de la victoire. C'est de cette manière que l'Italie accomplissait son unité. (Rumeurs diverses.)

Messieurs, c'est un fait. (Assentiment à la gauche de l'orateur.) Et cela étant, comme il est impossible de le nier, quand même le gouvernement italien aurait assumé cette tâche difficile d'empêcher l'action de Garibaldi, qui une première fois lui avait donné la moitié de son territoire... (Mouvements divers.) la question était de savoir s'il l'aurait pu. (Interruption.) Je me demande, en vérité, comment le gouvernement italien, avec les souvenirs encore vivants de la conquête de Naples, avec la passion des populations pour l'achèvement de l'unité nationale, avec le prestige qui s'attache au héros de la Sicile et de Naples... (Rumeurs sur plusieurs bancs.)

Un membre. La France n'a donc rien fait pour l'unité italienne ?

M. JULES SIMON. Je me demande, dis-je, comment le gouvernement italien, en présence de l'animation des esprits grondant autour de lui, menacé qu'il était d'une révolution dont on ne peut calculer les suites, je me demande comment il aurait fait pour protéger à main armée cette frontière ouverte.

L'entreprise n'aurait pas été facile, même pour un gouvernement paisible et sûr de lui-même.

Je prends les documents qui nous ont été soumis, ces documents imprimés qui, suivant l'observation de mon ami M. Pelletan, devaient être un dialogue, et ne sont qu'un monologue; et je trouve cette mention dans une dépêche de M. de Moustier en date du 18 octobre 1867 :

« M. Nigra a été chargé de me dire que les plus grands efforts étaient faits sur la frontière des États pontificaux pour mettre obstacle aux tentatives des bandes révolutionnaires qui essayent de la franchir. Mais l'étendue de cette ligne, a-t-il ajouté, en même temps que la configuration du sol, rendaient cette tâche impossible. »

Et dans la dépêche du 30 octobre 1867, adressée par le général Menabrea aux agents diplomatiques italiens, je lis ce qui suit :

« Eu égard à la configuration topographique des lieux, au développement considérable de la ligne qu'il fallait surveiller, et en tenant compte du droit qu'a tout citoyen de voyager librement, on conçoit qu'il était d'une impossibilité absolue pour le corps d'observation, d'empêcher avec succès de semblables faits. »

Telles sont, messieurs, les allégations du gouvernement italien, qui n'ont rien que d'acceptable (Sourires ironiques.); et je prends sur moi de dire que M. Nigra et M. Menabrea n'ont rien appris sur ce point au gouvernement français, et que ces difficultés, pour ne pas dire ces impossibilités, lui étaient connues dès le 15 septembre.

Se retirer dans de telles circonstances, en substituant la légion d'Antibes à notre armée, et en imposant au gouvernement italien des conditions qu'il ne pouvait pas remplir, c'était substituer à une occupation permanente une occupation intermittente.

Le gouvernement qui agissait ainsi était-il de l'avis des modérés italiens, qui ajournent la prise de Rome, ou de l'avis du parti avancé, qui veut la prendre sur l'heure?

Je ne veux pas donner trop d'importance à une dépêche de M. de la Villestreux qui, cependant, a quelque intérêt, et qui pourrait faire croire que, tout en étant, comme je le présume, de l'avis des modérés, le gouvernement n'était pas trop éloigné de penser secrètement que, si les avancés italiens réussissaient, il n'y aurait pas lieu pour lui de s'en désespérer... (Rires et mouvements divers.)

S. Exc. M. LE MARQUIS DE MOUSTIER, *ministre des affaires étrangères.* Je proteste contre une pareille allégation !

M. JULES SIMON. Je demande à vous lire cette dépêche. Je n'en tirerai que des conséquences modérées, comme vous allez le voir tout à l'heure.

M. LE MINISTRE DES AFFAIRES ÉTRANGÈRES. Encore une fois, je proteste de la manière la plus formelle contre l'allégation que vous venez de formuler.

M. JULES SIMON. M. le ministre des affaires étrangères protestant contre l'allégation que je viens de formuler, je suis tenté de ne pas lire la dépêche.

Voix nombreuses. Si ! si ! Lisez !

M. JULES SIMON. C'est par déférence pour la protestation de M. le ministre que j'hésitais à lire la dépêche ; mais si la Chambre le désire, j'en donnerai lecture et je développerai ma pensée, en avertissant d'avance que ma conjecture, — car ce n'est pas autre chose, — perd toute sa force en présence de la protestation que je viens d'entendre. (Mouvements divers.)

Est-ce que vous vous opposez, messieurs, à ce que je

reçoive avec courtoisie une protestation de M. le ministre des affaires étrangères?

Voix diverses. Non! non! — Continuez! — Lisez! lisez!

M. JULES SIMON. Voici donc l'observation que je faisais et qui, avant cette protestation, me donnait lieu de croire que notre gouvernement, sans être précisément de l'avis du parti avancé italien, se proposait, une fois la conquête de Rome accomplie, d'agir à l'égard de cette conquête comme le gouvernement de l'Italie septentrionale avait agi à l'égard de la conquête de Naples qu'il avait d'abord condamnée et qu'il a ensuite acceptée avec reconnaissance. (Très-bien! à la gauche de l'orateur.)

Vous savez, messieurs, que dans la correspondance qui nous a été livrée, nous voyons sans cesse M. le ministre des affaires étrangères français avertir le gouvernement italien des menées du parti avancé, à tel point qu'on dirait que la police de la politique en Italie est faite parfaitement par le gouvernement français, et assez imparfaitement par le gouvernement italien.

Plusieurs membres. C'est vrai! c'est vrai!

M. JULES SIMON. Dans chaque dépêche notre ministre signale tous les agissements du parti de l'action, et le principal ministre en Italie ne manque pas de répondre qu'on va prendre des mesures pour s'opposer à ce qui se prépare : cela fait, notre cabinet remercie, témoigne sa satisfaction; ne semble-t-il pas qu'il se contente d'avertir, et que s'il a un reproche à faire à notre allié, c'est de ne pas être vigilant, non pas d'être mal intentionné? Cependant, le 25 octobre 1867 apparaît tout à coup une dépêche de M. de la Villestreux qui non-seulement déclare que le gouvernement italien y met désormais de la mauvaise volonté, mais qui a un caractère rétrospectif, et fait entendre très-clairement qu'on n'a pas été dupe pendant les huit mois qui ont

précédé; que, quand on remerciait, on répondait à je
ne sais quelle nécessité d'étiquette et de protocole,
mais qu'au fond on savait parfaitement ce que faisait et
ce que voulait M. Rattazzi. Vous en jugerez.

Voici la dépêche :

« Monsieur le marquis, M. Rattazzi a voulu persister
jusqu'au dernier moment dans la politique qu'il a suivie
depuis son entrée au pouvoir, particulièrement depuis
la prorogation du parlement et les préparatifs avoués
des révolutionnaires pour attaquer le saint-siége. Tous
ses efforts ont toujours tendu à favoriser le parti
avancé... »

S. Exc. M. ROUHER, *ministre d'État*. A ménager.

M. JULES SIMON. A ménager? Je vous remercie.
J'avais mal copié le mot.

M. PERRAS. Le texte est « ménager. »

M. JULES SIMON. Je reprends.

« Tous ses efforts ont toujours tendu à ménager le
parti avancé. Aussi, n'est-ce qu'avec hésitation, et contraint pour ainsi dire par l'opinion publique, qu'il avait
donné l'ordre d'arrêter Garibaldi. Cette mesure rece-
vait immédiatement l'approbation de la majorité du
pays. Elle aurait pu, quoique tardive, avoir les résultats
importants qu'on en attendait, si elle avait été franchement exécutée et si, par faiblesse ou pour tout autre
motif, le cabinet n'avait pas consenti à laisser Garibaldi
libre à Caprera. »

Un membre. C'est vrai !

M. JULES SIMON. Je concluais, messieurs, de cette
dépêche rapprochée de dépêches précédentes, comme je
le disais tout à l'heure, que notre gouvernement, tout en
s'opposant à l'action du parti avancé n'y était pas tout à
fait hostile. Mais je retire cette conclusion, et c'est uniquement sur l'injonction de la Chambre que j'ai conti-
nué ma démonstration. Je la retire avec empressement
devant la protestation de M. le ministre des affaires

étrangères, et je me replie sur ma première proposition, qui consiste à prétendre que le gouvernement français est dans la situation du parti modéré italien, c'est-à-dire qu'il ajourne la destruction du pouvoir pontifical, se résigne à attendre. (Vives réclamations sur un grand nombre de bancs.)

Messieurs, ce qui m'empêche absolument d'en douter, en dépit de vos dénégations, c'est que j'ai encore dans la mémoire les lettres lues ici, hier, par mon honorable ami M. Jules Favre, et qui, vous l'avouerez, ne paraissent guère favorables à la prolongation indéfinie du gouvernement temporel.

Vous direz ce que vous voudrez, mais il y a là des déclarations formelles émanées d'un homme qui a quelque autorité dans les affaires de ce monde, qui ajourne quelquefois ses résolutions, et qui, au fond, ne les abandonne jamais. (Assentiment à la gauche de l'orateur.)

J'ai donc mille raisons de dire que le gouvernement temporel à Rome est protégé, protégé par nos armes; qu'il l'est à ce point, qu'il ne pourrait subsister une minute sans notre protection; que cette situation précaire et dépendante est pour lui la conséquence de la révolution italienne; que tant que cette révolution subsistera il ne pourra régner que derrière nos régiments. Je demande à l'honorable M. Chesnelong ce qu'il pense d'une indépendance pareille; je lui demande à lui-même ce qu'il reste de son argument uniquement fondé sur la nécessité de l'indépendance temporelle du pape. (Mouvements divers.)

Aussi avait-on raison de dire hier : vous avez deux partis à prendre; voulez-vous maintenir la papauté temporelle?

Voix nombreuses. Oui! oui!

M. Jules Simon. Voulez-vous la détruire?

Les mêmes voix. Non! non!

Membres à la gauche de l'orateur. Oui! (Hilarité.)

M. JULES SIMON. Si vous voulez maintenir la papauté temporelle, voici ce que vous avez à faire. (Ah! voyons!)

C'est de rétablir l'Italie telle qu'elle était au moment où la papauté est devenue une principauté caduque.

M. LE DUC DE MARMIER. Qui veut la fin veut les moyens.

M. JULES SIMON. Voulez-vous la détruire? Alors faites-le franchement en la laissant tomber toute seule, n'ayez plus recours à ces guerres d'expédients, entreprises pour soutenir un pouvoir dont vous-mêmes ne voulez plus, et qui n'ont pas d'autre but dans le secret de vos pensées que de ne pas laisser dire que le pape est tombé par votre faute.

A gauche de l'orateur. C'est cela! Très-bien!

M. JULES SIMON. Oui, c'est cela; et pour vous rappeler à une politique franche, je vous enferme dans ce dilemme : ou le pape absolu, ou le pape déchu. (Très-bien à la gauche de l'orateur. Mouvement prolongé.)

On pourrait dire que nous allons à Rome et que nous y soutenons le pape par un esprit de chevalerie, et pour obéir à certains principes religieux, sans lui rien demander en échange de nos durs sacrifices. Mais non. Ce n'est pas ainsi que procède la politique.

Dira-t-on que c'est au prince italien que nous portons secours? Mais, à ne le prendre qu'au point de vue temporel, c'est le plus insignifiant et le plus impuissant des princes. C'est d'ailleurs l'ennemi, et même l'ennemi nécessaire de notre allié. Ce que nous allons servir à Rome, c'est assurément le souverain spirituel, et, par conséquent, nous lui faisons part de notre force temporelle pour qu'il nous fasse part à son tour de sa force spirituelle. L'alliance qui s'établit entre nous est bien, comme au moyen âge, une alliance entre la crosse et le sceptre.

Or, ce genre de traité existe ailleurs qu'à Rome ;
l'Europe en est enveloppée et embarrassée depuis longtemps ; c'est un legs du moyen âge qui s'appelle à Rome
le pouvoir temporel et dans les États catholiques les
concordats.

Je dis que c'est exactement la même chose, et que le
principe de notre intervention à Rome, de notre protection demandée ou acceptée par le pape, est identique
au principe des concordats. Dans les deux cas, c'est un
échange de bons offices et d'autorité usurpée entre
l'État et l'Église.

Messieurs, ni à Rome, ni en France, ni dans aucun
pays du monde, je n'accepte cette alliance ainsi entendue du pouvoir temporel et du pouvoir spirituel. Mon
opinion est que chacun d'eux doit se tenir dans sa
sphère, qu'aucun d'eux n'a le droit d'intervenir dans la
sphère de l'autre ; que ce sont deux choses absolument
et éternellement séparées ; que chaque fois qu'on trans-
gresse la frontière établie par la nature des choses
entre le monde des consciences et le monde des intérêts
matériels, on attente à cette liberté de conscience si
chère à l'honorable M. Chesnelong et à nous-mêmes.

M. BUFFET. Je demande la parole.

M. JULES SIMON. Je dis qu'il est impossible qu'une
pareille confusion puisse exister sans un grand dommage pour les deux parties contractantes, et je demande
à l'établir en quelques mots.

Savez-vous pourquoi l'idée des concordats ne paraît
pas étrange à la grande masse des esprits en France ?
C'est parce qu'il y a longtemps que les concordats
existent, qu'on y est habitué et qu'en toutes choses les
esprits légers prennent la durée pour une preuve ; mais
pour juger la nature et la valeur d'un tel contrat, sans
raisonnement, sans philosophie, il suffit d'écouter l'histoire. Je ne remonte pas à 1268, à 1438, aux pragma-
tiques sanctions de saint Louis et de Charles VII. Je

prends le concordat de 1516 entre Léon X et François Ier, parce qu'il subsiste encore avec des modifications considérables qui n'en altèrent pas la nature. Je puis résumer ce concordat en deux mots.

Voici ce que donnait le pape et voici ce qu'en échange on lui donnait :

Le pape donnait au roi le droit de nommer les évêques et celui de ne laisser introduire en France aucune bulle ou écrit quelconque émané de l'autorité pontificale ou même de l'Église universelle, qu'après examen par les parlements et acceptation par le chef de l'État.

En échange de ces concessions, qui comprenaient toute la hiérarchie ecclésiastique et jusqu'à un certain point le dogme religieux, le roi donnait l'intolérance civile, des privilèges, des immunités et de l'argent, immensément d'argent. Tels sont les termes du marché. Or, ni dans ce qu'ils recevaient ni dans ce qu'ils donnaient, les papes n'étaient justifiables.

Je prends d'abord le prix qu'on leur payait : la protection de la France étendue sur le pouvoir temporel à Rome, la création en France d'un ordre politique qui était le premier de l'État, des biens-fonds considérables dont le revenu à la veille de la Révolution dépassait soixante-dix millions, les droits de dîme, des immunités, une intervention dans tous les actes de l'état civil. Je dis que tout cela abaissait le pouvoir du pape, au lieu de l'augmenter. (Approbation à la gauche de l'orateur.)

Dans les polémiques souvent passionnées, quelquefois injustes dont la religion catholique est l'objet, est-ce le dogme qu'on discute ? Presque toujours, dans les discussions religieuses, on s'incline, amis ou ennemis, devant la sublimité du dogme et de la morale de l'Évangile. Ce qu'on attaque, c'est l'histoire du principat temporel, c'est le souvenir des Borgia, ce sont les guerres injustes et sanglantes, les ambitions effrénées, le népotisme, la simonie, les mœurs déréglées, les vengeances impitoyables, triste et fatal héritage, que la papauté accepte, parce qu'elle accepte en même temps des provinces.

Et si de Rome nous venons à la France et aux causes de cette agitation énorme qui a produit la révolution française, ce n'était pas moins contre le clergé que contre la noblesse et les priviléges exorbitants du roi qu'on s'insurgeait. Ce qui causait cette animation, c'était précisément le pouvoir temporel, c'était cette immixtion du clergé dans les affaires civiles ; c'était cette masse de capitaux qu'il engloutissait dans ses coffres, cette portion considérable du sol de la France immobilisé, rendu stérile par la main-morte. Le clergé a péri alors, par les causes mêmes que, dans son aveuglement, il regardait comme les éléments de sa force.

La colère n'est peut-être qu'assoupie, et vous l'entendriez gronder de nouveau si, dans ces tentatives passionnées pour renouveler un passé qui ne peut plus revivre, et pour réhabiliter ce pouvoir temporel, que nous croyons destiné à disparaître sans bruit, et autour duquel vous faites maladroitement tant d'éclat (Allons donc ! Rumeurs.); vous l'entendriez, dis-je, gronder et rugir de nouveau, si vous n'arrêtiez pas le clergé dans cette voie, et si vous n'aviez pas pour lui plus de sagesse qu'il n'en a lui-même. (Vives réclamations.)

A la gauche de l'orateur. Très-bien! très-bien!

M. JULES SIMON. Voilà les tristes présents que le pontife a reçus. Quant à ce qu'on lui donne, messieurs, je l'avoue, j'ai toujours été surpris que ces deux concessions énormes aient pu être faites, qu'elles aient pu être acceptées, qu'elles aient duré si longtemps : la concession de la nomination du personnel et la concession d'une sorte de droit d'*exequatur* sur les dogmes.

Prenons pour exemple le concile de Trente, le dernier concile œcuménique de l'Église ; vous savez qu'après sa promulgation il a été discuté en France dans les conseils du roi et dans les parlements; une portion a été acceptée, une autre rejetée. Quoi donc! voilà un corps de laïques, comme le parlement de Paris, qui s'en vient, après les évêques, après les docteurs en théologie, après l'approbation du pape, discuter un décret du concile! qui met en délibération s'il sera exécuté ou non! qui décide qu'il ne le sera pas, et les catholiques se taisent!

Je ne comprends pas non plus une tolérance pareille pour la nomination des évêques. Qu'est-ce qu'un évêque dans la pensée des catholiques? vous le savez, messieurs; c'est un définiteur de la foi et un administrateur suprême des sacrements : comprenez-vous qu'étant cela, les évêques puissent être nommés par un ministre des cultes? Je sais bien que, quand les premiers concordats ont été faits, on pensait qu'il s'agissait d'un ministre choisi par le fils aîné de l'Église, que le roi de France serait toujours catholique, que le ministre serait toujours catholique et le plus souvent évêque.

Mais, enfin, les temps ont changé, et nous avons vu sur le chandelier des ministres qui n'étaient guère orthodoxes, soumis à des princes dont l'incrédulité n'était un mystère pour personne. Permettez-moi une comparaison. Quand l'Assemblée constituante a tenté cette folle entreprise de la constitution civile du clergé, elle a fait nommer les évêques par les électeurs chargés d'élire l'assemblée départementale. C'est assurément une conception absurde, car enfin où est la capacité de ces électeurs? Ils peuvent être protestants, ils peuvent être juifs, ils peuvent être libres penseurs. — Justement, quelques jours avant la promulgation de la constitution civile du clergé on avait donné les droits électoraux aux protestants et aux juifs. — Eh bien! je dis que les pasteurs de l'Église catholique élus par le suffrage d'assemblées pareilles, ne sont pas un spectacle moins étrange que ces mêmes pasteurs nommés par un laïque, peut-être par un protestant, peut-être par un incrédule, qu'on transforme en juge de la foi, et qui est bon tout au plus à nommer des fonctionnaires. (Approbation sur plusieurs bancs.)

Certes, messieurs, je n'ignore pas que le concordat dont je viens de parler a été résumé par Pithou d'abord, et ensuite par Bossuet, dans cet ensemble de doctrines qui ont constitué l'Église gallicane ; qu'en rejetant le principe même du partage d'autorité entre les deux pouvoirs, je soutiens une thèse qui m'est commune avec les ultramontains ; que j'attaque l'Église gallicane, si féconde en grands hommes et en glorieux souvenirs. Mais je me rappelle en même temps que le monde a marché ; je crois que les Bossuet et les Pithou se sont trompés avec des intentions droites, et qu'il ne peut rien sortir de cette alliance hybride entre le pouvoir temporel et le pouvoir spirituel qui ne soit fatal à la fois au pays et à la religion.

On l'a bien vu en 1801 ; en vérité je peux bien rappeler ici le souvenir du premier empire ; c'est une histoire que vous pouvez regretter, mais que vous n'avez pas le droit de répudier.

Eh bien ! en 1801, le traité de 1516 a été remanié dans des conditions particulièrement fâcheuses pour le pouvoir spirituel. Le pape était alors en détresse. Au dehors, vous savez quelle était la situation. En France, quoique l'Église catholique y subsistât et que ce soit une erreur historique de prétendre que le premier consul l'a ramenée, il est certain que c'est lui qui lui a donné de nouveau une existence officielle par le concordat de 1801, et qu'à cette époque, comme aujourd'hui, l'Église eut le tort de ne pas comprendre qu'un concordat est pour elle, non une force, mais une faiblesse. Elle subit avec résignation la loi du vainqueur, qui se montra sans pitié. Il lui imposa la dure condition de déposer les évêques réfractaires et d'amnistier les évêques constitutionnels.

Or, qu'était-ce que les évêques réfractaires et qu'était-ce que les évêques constitutionnels? (Léger bruit.)

Quelques membres. A la question !

M. JULES SIMON. Je suis dans la question même. Je n'hésite pas à le dire, les évêques réfractaires étaient les vrais fidèles. Ils avaient refusé un serment contraire à leur foi ; ils étaient restés dans la communion de l'Église ; ils avaient obéi au pape et désobéi aux ordres de l'assemblée révolutionnaire, si étrangement transformée en concile ; ils avaient affronté la mort et subi courageusement un long exil, et c'est au moment où ils s'apprêtaient à rentrer dans leurs diocèses, que le pape leur disait : « Je serai aussi dur pour vous que la révolution. Je vous ôterai jusqu'à l'autorité spirituelle dont la république n'a pu vous dépouiller ; je vous punirai de votre fidélité, pour obtenir les faveurs du nouveau prince, et je recevrai les intrus à votre place, dans vos diocèses et dans l'Église. Ainsi le veut la logique du concordat ! » (Approbation sur plusieurs bancs.)

M. THIERS. Je demande la parole. (Mouvement.)

M. JULES SIMON. Et ce n'est pas tout ; quand ensuite il fut question de pourvoir aux nouveaux siéges, le gouvernement exigea qu'un certain nombre d'évêques constitutionnels fussent appelés, non pas après avoir confessé leur erreur et obtenu leur pardon, mais à titre d'évêques constitutionnels, et en vertu de l'élection faite par les électeurs de départements.

Vous savez que, dans le même temps, le pape était obligé de subir les articles organiques, délibérés seulement en conseil d'État, sans le concours de son légat, à son insu, comme s'il était fait pour recevoir la loi d'un maître. On aggravait le fardeau, et on en diminuait le prix. Le titre de religion d'État, si cher à l'Église, disparaissait des constitutions de l'empire. La religion catholique n'était plus officiellement que la religion de la majorité. L'Église, sur ce point capital, était définitivement battue par la révolution. En condamnant la religion d'État, on condamnait du même coup les brûlements, les proscriptions, les dragonnades, la censure, les incapacités politiques et civiles ; le principe de la liberté de conscience triomphait. L'empereur, à son sacre, prêta le serment de le défendre. Il faut entendre les lamentations que cette partie du serment de l'empereur inspira au cardinal Gonsalvi, alors nonce du saint-siége en France, qui écrivit la lettre que je vais vous lire au cardinal Caprara, le 5 juin 1804 :

« Respecter et faire respecter la liberté des cultes suppose l'engagement, non de tolérer et de permettre, mais de soutenir et de protéger, et s'étend non-seulement aux personnes, mais à la chose, c'est-à-dire à tous les cultes. Or un catholique ne peut protéger l'erreur des faux cultes. »

Je n'insiste pas sur ce qui suivit ; vous connaissez, messieurs, l'histoire du divorce ; vous vous rappelez la bulle du 10 juin 1809, et surtout le sénatus-consulte du 17 février 1810, qui détruisit une première fois le pouvoir temporel, et je pense qu'on ne l'a pas non plus oublié à Rome : quelque temps après, le pape était prisonnier à Fontainebleau. Voilà ce que lui avaient rapporté ses avances à la force.

J'ai cité ces faits, messieurs, pour montrer qu'il n'y a pas d'indépendance du pape dans cette situation de souverain protégé, faisant une alliance avec le pouvoir temporel pour lui accorder des droits spirituels en échange d'une partie de sa force. Voilà la liberté d'un souverain protégé ! Voilà cette indépendance nécessaire à la liberté de conscience des catholiques ! Non, non ; le concordat n'est et ne peut être qu'une abdication déguisée du pouvoir spirituel ; et je le soutiendrai tou-

jours, à moins qu'on ne dise qu'il y a une raison au
monde qui explique aux catholiques comment ils ne
nomment pas leurs évêques, et comment les décisions
de l'Église universelle ne peuvent arriver à eux qu'à
travers un conseil d'État qui a le droit de les arrêter
au passage. (Très-bien! très-bien! sur plusieurs bancs,
à la gauche de l'orateur.)

Tout de même que je disais tout à l'heure qu'il n'y
avait d'autre situation pour le gouvernement dans la
question politique que de restaurer l'ancienne Italie, de
remettre le pape dans les conditions où il était avant
notre première campagne, et de lui donner ainsi des
chances de durée, ou d'accepter résolûment sa dé-
chéance, de même je dis qu'il n'y a de choix pour les
catholiques qu'entre ces deux conditions : ou bien répudier toute alliance avec le pouvoir temporel qui leur
impose des concessions si contraires à l'essence de la
religion, ou bien avouer que la religion n'est plus à
leurs yeux qu'un moyen de police. (Rumeurs diverses.)

Quant à nous, en présence de cette situation, nous
n'avons qu'une déclaration à faire aux catholiques :

Ou nous vous défendrons, en vertu de la liberté, si
vous êtes une doctrine ; ou nous vous attaquerons, en
vertu de la liberté, si vous êtes un pouvoir.

Ainsi, plus d'alliance possible entre le pouvoir temporel et le pouvoir spirituel : le temps des compromis
est passé. Le pouvoir spirituel ne peut vivre désormais
qu'au nom de la liberté et en l'invoquant : s'il l'invoque,
il a toute la force que lui donne la vérité qu'il peut contenir ; s'il ne l'invoque pas, il devient l'ennemi des
principes sur lesquels la civilisation moderne repose,
et à ce titre nous ne pouvons plus être nous-mêmes que
ses ennemis. (Approbation à la gauche de l'orateur.)

Cette doctrine a été promulguée en Italie au commencement même de la révolution par un homme qui,
grâce peut-être à son intelligence supérieure, et peut-

être parce que, étant plus près du gouvernement pontifical, il voyait d'une façon plus nette que nous ne pouvons le voir à distance et avec notre caractère français,
comment ce gouvernement agit sur les esprits, par un
homme, dis-je, qui a compris qu'il ne s'agissait pas seulement du pouvoir temporel à Rome, mais du pouvoir
temporel dans le monde entier, et que la question du
principat romain et celle des concordats n'étaient pas
deux questions, mais une question unique.

Le comte de Cavour a formulé sa doctrine de séparation absolue et définitive dans ces mots demeurés cé-
lèbres : « L'Église libre dans l'État libre. » C'est la
vérité !

M. Paul Bethmont. Certainement !

M. Jules Simon. Pour que la formule soit plus complète, comme il ne s'agit pas d'une Église, mais de
toutes, nous dirons : Les Églises libres dans l'État libre.
(Approbation à la gauche de l'orateur.)

Voilà ce que nous désirons, ce que nous demandons ;
voilà ce que veulent en France tous ceux qui appartiennent au progrès et à la liberté ; voilà ce qui leur a
rendu si pénible l'expédition que vous avez faite dernièrement, et voilà pourquoi, quand ils ont vu dans
cette expédition romaine couler le sang français et s'é-
puiser l'or de la France, ils se sont demandé si c'est
pour rentrer dans le régime des concordats, pour
revenir à cette doctrine qui était déjà arriérée en
1516, qui est comme un outrage aux principes de 89,
comme un défi jeté au progrès et à la civilisation ; si
c'est pour prendre comme alliés tous ceux qui réclament le retour du moyen âge... (Oh ! oh !), qui invo-
quent le droit divin et la légitimité (Assentiment à la
gauche de l'orateur.) ; si c'est pour avoir des alliés en
Autriche, pour en chercher parmi les princes déchus,
pour être infidèles au dogme de la liberté de conscience,
que vous avez pris une portion de notre brave armée

pour l'envoyer combattre et mourir sous le drapeau pontifical. (Exclamations sur un grand nombre de bancs. — Très-bien ! très-bien ! à la gauche de l'orateur.)

Maintenant je ne me dissimule pas qu'il y ait de graves objections au régime de la séparation absolue de l'Église et de l'État. (Ah ! ah !) J'ai cru pouvoir les réduire à trois principales, après un examen approfondi ; je ne dis pas, tant s'en faut, qu'elles soient les seules.

Voici ces trois objections.

Plusieurs membres. Reposez-vous !

M. JULES SIMON. Je vous remercie. Je n'ai pas besoin de me reposer, parce que je n'ai que quelques mots à ajouter. Mais je suis en effet fatigué, et il ne fallait rien moins que le sentiment du devoir pour m'obliger à parler si longtemps dans l'état de santé où je me trouve encore.

Plusieurs membres. Reposez-vous ! reposez-vous !

M. LE PRÉSIDENT SCHNEIDER. L'orateur va interrompre son discours pendant quelques minutes seulement.

(La séance reste suspendue pendant dix minutes.

Elle est reprise à quatre heures et demie.)

M. LE PRÉSIDENT SCHNEIDER. La parole est à M. Jules Simon pour continuer son discours.

M. JULES SIMON. Ce ne sont pas seulement, messieurs, ceux qui partagent sur tous les points mon avis qui condamnent, comme je le fais, le système des concordats.

Voici un passage que j'allais vous lire au moment où on a eu l'obligeance de me proposer de prendre un peu de repos.

L'auteur n'est pas précisément un philosophe de mon école. Il parle du concordat :

« Toutes les sectes religieuses sont venues se soumettre au joug dégradant de cette nouvelle idolâtrie, et pour que rien ne manquât en France à cette conjuration de la matière contre l'esprit, de la terre contre le ciel, le judaïsme lui-même est venu, le dernier, il est vrai, mais enfin il est venu recevoir honteusement des mains du pouvoir civil son organisation tout entière et reconnaître pour son plus grand pontife, c'est-à-dire pour le supérieur unique de son plus grand rabbin, le ministre des cultes, quel qu'il puisse être. »

M. ÉMILE OLLIVIER. Qui disait cela ?

M. JULES SIMON. C'est une phrase extraite des *Cas de conscience* de Mgr Parisis, alors évêque de Langres, et qui est mort depuis évêque d'Arras. Cette phrase se trouve à la page 48 de son livre.

C'est un juste jugement sur les concordats, et, par une conséquence nécessaire, sur le pouvoir temporel.

Quand on a prononcé des paroles aussi graves que celles par lesquelles je terminais tout à l'heure en disant que la doctrine à laquelle j'appartiens est la doctrine de la séparation complète du temporel et du spirituel selon la formule de M. de Cavour : « L'Église libre dans l'État libre, » avec cette seule modification : « Les Églises libres dans l'État libre, » on ne peut se dissimuler qu'une pareille doctrine appelle en grand nombre les objections : j'en veux signaler trois, sans y insister ; les voici :

La première, c'est que les concordats et la portion d'intolérance qu'ils renferment encore ne nous gênent plus guère aujourd'hui ; et que la tolérance a fait tant de progrès qu'on peut la considérer comme complète ; la seconde, c'est que si l'Église se sépare absolument du pouvoir temporel, elle n'aura plus en elle-même dès éléments suffisants de puissance et de durée ; et, la troisième, qui est tout l'opposé de la seconde, c'est que l'Église ainsi séparée de l'État devient trop forte pour que les gouvernements et les peuples puissent la supporter.

De ces trois objections, la première est la plus redoutable. Quand il y a quelques années, j'ai fait une campagne en faveur de la liberté de conscience, l'objection que je rencontrais partout, était celle-ci : que nous avions assez de liberté, que personne ne souffrait réellement de ce qui nous manquait, et que nous faisions une agitation inutile.

Le plus grand malheur qui puisse arriver à ceux qui revendiquent une liberté, c'est d'être en présence de gens qui n'en sentent pas le défaut et qui répondent à vos plaintes par l'indifférence.

J'aime mieux avoir devant moi des passions hostiles, parce qu'alors on peut lutter : mais devant l'indifférence, on se sent soi-même envahi par une sorte de désespérance et de dégoût de sa tâche.

M. Jules Favre. Très-bien !

M. Jules Simon. Je m'empresse de le reconnaître, il n'est plus question en France de ce genre d'intolérance qui a tant contribué à la Révolution française et qui est vaincu pour jamais. Mais ce qu'on ne peut pas me nier non plus, c'est qu'il existe encore des difficultés pour enseigner, par le livre et par la parole, quand on a des opinions opposées aux dogmes de l'église catholique. C'est un fait et un fait parfaitement incontestable que nous ne jouissons pas, soit pour les livres soit pour la parole, de la pleine et entière liberté nécessaire à l'expansion de la pensée. Pour moi, messieurs, quand même sur tous les points mes opinions seraient d'accord avec le dogme et la morale de l'Église catholique, je n'en supporterais pas avec moins d'indignation que des interdictions fussent prononcées contre des opinions contraires aux miennes. J'y verrais une offense à ma dignité, un attentat contre la sainteté de mes croyances. La science est quelque chose d'entier, de sacré. (Très-bien ! à la gauche de l'orateur.) Il faut qu'elle puisse se développer dans la plénitude de sa force avec la plus complète indépendance, il faut que l'esprit puisse y vivre et s'y mouvoir librement ; il le faut pour que la science soit forte, pour qu'elle soit sérieuse, pour qu'elle soit sainte ; il le faut pour qu'elle soit efficace. Toute restriction apportée à l'étude et à la propagation de la science, même quand elle a l'air de profiter à la vérité, lui est contraire. (Très-bien ! à la gauche de l'orateur.)

Je voudrais qu'un prêtre de l'Église catholique prît en main cette thèse et vînt nous dire que, par respect pour le dogme catholique, il demande qu'on efface de nos lois tout ce qui le protége, afin que désormais la doctrine qu'il est chargé d'enseigner ne puisse être appuyée que sur sa propre force. Quand il s'agit de science et de conscience, c'est à la raison et à elle seule, c'est à la persuasion qu'il faut en appeler ; toute protection n'est qu'une honte et un obstacle. (Marques d'approbation à la gauche de l'orateur.) Arrière cette indifférence servile, qui n'a peur que des supplices sanglants, et ne comprend pas ce que coûte le silence à une conviction ardente ! Nous n'aurons plus rien à demander en faveur de la liberté de conscience le jour où il n'y aura plus dans nos constitutions et dans nos lois une seule gêne, imposée à la pensée, le jour où les religions ne seront plus protégées, comme les dynasties, par des tribunaux correctionnels et des cours d'assises. (Très-bien ! à la gauche de l'orateur.)

Quant à ce que nous coûtent les restes de l'intolérance à Rome, ils nous coûtent en vérité bien cher : ils nous coûtent le sang de nos soldats, ils nous coûtent l'argent de notre Trésor ; ils nous coûtent le regret de défendre une cause qui n'est pas la nôtre, le regret de combattre contre nos alliés et de défendre les alliés de nos ennemis ; ils nous coûtent de voir la France engagée dans des guerres où elle pourrait ne pas rencontrer ce que, grâce à Dieu, nos armées sont accoutumées à rencontrer sur tous les champs de bataille. (Mouvement.)

Quand nous avons vu dernièrement commencer cette triste expédition de Rome, ce n'est pas nous, membres de l'opposition, c'est le pays tout entier qui a frémi. (Vives réclamations sur quelques bancs.)

Vous le niez, messieurs, avez-vous la mémoire si courte? Ne vous souvenez-vous pas qu'il y a quelques mois tout le pays croyait à une guerre contre la Prusse? Je n'ai pas partagé ces alarmes ; je n'ai jamais cru la guerre imminente ; mais le gouvernement l'a cru, puisqu'il n'a pas craint de nous demander une armée de 1,200,000 hommes.

Quoi! Vous craigniez la guerre au Nord, et vous mettiez notre armée au service du pape, au risque de précipiter la collision, et d'être attaqués à la fois aux deux extrémités de l'Europe! Ne savez-vous donc pas ce qui fait la force des armées? Ce qui fait les armées invincibles, ce n'est pas le nombre, ce n'est pas votre chiffre de 1,200,000 hommes, ce n'est pas même l'énergie et l'ardeur des soldats, ce n'est pas le fusil Chassepot. (Exclamations.) C'est le drapeau, c'est l'idée, c'est le cœur du soldat au moment de la bataille, c'est le sentiment de défendre la liberté et les destinées de la France. (Vive approbation à la gauche de l'orateur.)

Assurément nous pouvions, avec une faible armée, affronter toutes les forces de l'Europe, quand les guerres étaient nationales ; mais je ne serais pas aussi tranquille pour une guerre qui commencerait par une lutte en faveur de la papauté, parce que je ne saurais pas si le cœur de la France est avec nous. (Oh! oh! — Rumeurs diverses.)

Voilà ce que je voulais dire sur la première objection.

Quant à celle qui consiste à soutenir que le gouvernement spirituel des âmes a besoin de l'intervention de la force et ne peut y renoncer sans périr, je ne veux pas y insister. L'honorable M. Chesnelong en a parlé lui-même tout à l'heure, avec une sorte de dédain. Il n'est pas permis à une Église qui se dit éternelle d'attacher sa destinée à la possession d'un lambeau de terre qui diminue tous les jours, qui déjà ne lui appartient plus qu'à titre temporaire, qui tout à l'heure ne lui appartiendra pas. Est-il possible qu'on n'ouvre pas les yeux en présence de cette éventualité menaçante, que les meilleurs amis de l'Église romaine ne peuvent pas ne pas voir, et qu'on parle encore à la dernière heure de ces droits à demi disparus comme d'une nécessité de la foi!

Je ne veux pas accepter de pareilles raisons : je ne veux pas entendre dire, par exemple, que la durée du clergé catholique tient à la possession de cette portion de notre budget que nous lui donnons. Je ne l'admets pas, par respect pour ceux que je combats en ce moment.

Je serais bien plus frappé de la dernière objection. Oui, si le pape abandonnait le pouvoir temporel, il deviendrait très-puissant, tellement puissant qu'il pourrait nous faire tous trembler. (Mouvement.)

Cette objection est grave.

Oui, je le dis parce que je le crois : si le pape, qui à cette heure, est à la fois le chef spirituel de l'Église catholique et le prince malheureux...

M. Granier de Cassagnac. Pourquoi malheureux?

M. Jules Simon... d'un petit État de l'Italie, l'allié par des concordats de la France, de l'Espagne, de l'Autriche, de la Bavière ; si le pape venait à prendre cette résolution héroïque de déchirer lui-même les traités qui le lient à la puissance temporelle, s'il sortait du Vatican, laissant là ses splendeurs et abandonnant la garde qui l'environne et les ambassadeurs que les puissances catholiques entretiennent auprès de lui, s'il venait dans le monde comme un apôtre, avec la simplicité d'un

chef de doctrine qui n'a plus autre chose à soutenir que
la vérité de sa foi, qui ne demande rien que le droit de
convaincre les âmes et d'opérer leur salut, je crois qu'il
serait alors, non pas une des plus grandes forces du
monde, mais, je le dis sans difficulté, la plus grande
force que le dix-neuvième siècle puisse voir ; je crois
que nos prêtres affranchis, n'invoquant plus que la
vérité éternelle, et faisant en conscience leur métier
d'apôtres sans rien accepter de personne, se trouve-
raient soudainement investis d'une force redoutable ; je
le crois, je le sais ! (Approbation à la gauche de l'orateur.)

Et malgré cela, je consens dès à présent à la séparation du pouvoir temporel et du pouvoir spirituel ; je la
veux parce que je crois à la vertu de propagation de la
liberté ; parce que je suis convaincu que si la religion
catholique avait le courage d'accepter pour elle-même la
liberté, aussitôt que cette grande affranchie serait dans
le monde, la nécessité d'affranchir absolument la pensée
se ferait jour, et qu'il n'y aurait plus d'entraves ni pour
la parole parlée, ni pour la parole écrite. Je la veux,
parce que la liberté de l'Église catholique serait le
commencement de la liberté totale ; je la veux, parce
que du moment où nous aurions la liberté totale, maîtres
de discuter et d'enseigner sans entraves, nous rendrions
à la vérité sa toute-puissance. Celui-là n'a pas la foi
qui n'invoque pas la liberté. Pour moi, c'est parce que
je suis animé par une foi profonde, que je n'ai jamais
abandonnée et que je n'abandonnerai jamais, c'est parce
que j'y crois fermement et que je donnerais jusqu'à ma
vie pour elle, que je demande la liberté, la liberté totale, quand on devrait la donner d'abord à mes adversaires. Tel est mon vœu et tel sera mon vœu jusqu'à
mon dernier soupir. (Vive approbation à la gauche de
l'orateur. — L'honorable M. Jules Simon reçoit les félicitations de ceux de ses collègues au milieu desquels
il siége.)

II

LA LIBERTÉ DE LA PRESSE

NOTE PRÉLIMINAIRE

Dans un pays où la liberté de la presse n'existe pas,
il n'y a de sécurité ni pour les affaires, ni pour les personnes. Les droits politiques n'y sont pas garantis. Les
citoyens sont sans force et sans recours contre la toute-
puissance administrative.

Il serait bien facile de démontrer qu'il n'y a pas de
crédit véritable sans publicité. Supprimez par la pensée
le bulletin quotidien de la Bourse, le compte rendu heb-
domadaire de la Banque, la discussion du budget à la
Chambre et la publicité des rapports officiels du ministre des finances : est-ce que le crédit de l'État, est-ce
que celui des compagnies et des particuliers sera possible ? Avec la publicité, on s'adresse à l'intelligence
des capitalistes ; avec le secret, à leurs superstitions et
à leurs convoitises. Dans un pays d'absolutisme et de
silence, le crédit n'est qu'une loterie ; le commerce y
est à l'état d'une commandite où personne n'a le droit
de surveiller les gérants. Law, qui n'a guère été qu'un
fripon sous le gouvernement absolu, aurait peut-être été
un homme de génie avec la liberté de la presse.

De même dans l'ordre judiciaire, quand même on me
donnerait des juges élus, temporaires, un jury, le droit
de récusation, la libre défense, je ne serais pas assez
protégé sans la publicité. Il faut que mes juges répon-

dent devant leur juge, qui est l'opinion. Tout ce qui est secret est suspect. La justice rendue à la clarté du jour est nécessairement de la justice ; la justice par commissaires, la justice à huis clos est infailliblement de la tyrannie.

La presse, nécessaire au crédit et à la justice, l'est bien plus encore à cette fonction vitale de la société, la législation. Entre les lois discutées à huis clos par une assemblée, ou des oukases publiés par un autocrate, la différence est vraiment bien petite ! Mais des débats rendus publics par la voie de la presse, imposant à chaque élu la responsabilité de ses paroles et de ses votes, donnant à chaque loi ses considérants et son commentaire, voilà ce qui constitue réellement le gouvernement du peuple par le peuple ; ce qui donne aux lois une base et une force, à la politique une explication, au progrès un instrument. Oter la publicité des débats sous un régime de suffrage universel, où il ne peut y avoir d'autre compétence législative que celle du peuple, c'est ôter à la loi sa légitimité. C'est tout comme si on supprimait la démonstration des théorèmes.

La première de toutes les libertés politiques, c'est assurément l'intervention du peuple dans la formation de la loi. Cette intervention est réalisée chez nous par l'établissement du suffrage universel. Voilà certes la plus libérale des institutions ; il me reste un point à éclaircir : les élections sont-elles libres ? Notez que ce point renferme tout ; car donner un droit de contrôle à des députés choisis par le pouvoir qu'il s'agit de contrôler, ce serait jouer une indigne comédie. Il en sera pourtant ainsi, quelles que soient les formalités de l'élection, si la presse n'est pas libre.

J'aurai beau, en effet, répandre cent mille circulaires, en afficher vingt mille, et distribuer deux cent mille bulletins : pour les 15 ou 20,000 francs que cela me coûtera, je n'aurai donné aux électeurs que du papier. Je leur aurai appris ce que je pense de moi-même. Ce qu'il faut aux électeurs, c'est l'attache d'une opinion, c'est la garantie que donne l'adoption d'une candidature par un journal connu, et par le parti que ce journal représente. Personne assurément ne sera tenté de dire que, sous un régime de suffrage universel, il suffit à chaque électeur, pour se former une opinion indépendante, de recevoir un bulletin et une pancarte. Si les candidatures d'opposition se multiplient, je demande aux hommes de bon sens ce que vont devenir les électeurs des campagnes, entre toutes ces éloquences. Disons-le à tous les partis : il n'y a pas d'élections sans discussion libre de toutes les candidatures et sans liberté de la presse.

Regardons maintenant cette administration si bien liée, où tous les fonctionnaires dépendent si étroitement les uns des autres et ne relèvent que de leurs chefs, sans aucune responsabilité devant le public : le fameux article 75, inconnu chez les autres peuples, achève de la rendre inviolable. On croyait autrefois donner satisfaction au principe de liberté en disant que le premier fonctionnaire, c'est-à-dire sans doute le chef du département ministériel, répondait pour lui et pour les autres ; aujourd'hui la responsabilité des ministres, ou tout au moins leur responsabilité légale, a disparu. Supposez cependant qu'il reste quelque arme défensive dans quelqu'un des innombrables articles de nos codes : qui avertira le citoyen de son droit? Qui surtout l'avertira de son devoir ? Qui le soutiendra dans la lutte où il s'engage ? Qui le garantira des négligences, des dénis de justice que l'administration voudrait lui opposer? La presse, et elle seule. Sans la publicité, le courage civil est toujours une exception, presque toujours une impossibilité. Il en est du courage civil comme du courage militaire ; c'est surtout sous les yeux de son régiment, animé par le bruit des trompettes et l'odeur de

la poudre, qu'un soldat se sent au-dessus du péril. Il ne
faut pas en rougir : l'homme a besoin de l'humanité.
Pour que l'esprit public se forme et se maintienne, il
faut cette grande et puissante voix de la nation qui dis-
tribue chaque jour le blâme et l'éloge, qui rappelle sans
cesse les intérêts communs, les principes sociaux, et
qui met sa puissance collective au service du droit de
chaque citoyen. Quand la société était fondée sur l'autorité, on se passait de la presse, parce qu'il y avait la
religion pour la morale, les traditions de caste pour
l'honneur et le patriotisme, la protection des corpora-
tions pour la défense des droits individuels ; aujour-
d'hui, sous un régime qui prétend être celui de la
liberté, qui l'invoque, et qui ne saurait, sans se déshonorer et se compromettre, invoquer un principe différent, nous ne pouvons avoir qu'anarchie et oppression,
sans cette liberté de la presse, seul organe désormais
de la vie intellectuelle et morale du pays, et condition
indispensable de toute résistance légale. Quoi qu'on
fasse, il n'y a aucune liberté dans un pays où la presse
n'est pas libre.

DISCUSSION GÉNÉRALE DE LA LOI DE 1868
SUR LA PRESSE

(29 janvier 1868.)

M. LE PRÉSIDENT SCHNEIDER. La parole est à M. Jules
Simon.

M. JULES SIMON. Messieurs, je suis un partisan absolu de la liberté absolue de la presse. (Mouvement.)
Je dirai franchement à la Chambre que je ne l'ai pas
toujours été au même point que je le suis ; j'ai toujours
voulu être libéral, et je crois l'avoir été toute ma vie ;
mais il y a des degrés, et l'on fait, sur le chemin de la
liberté, des progrès comme sur tous les autres. (Assentiment sur divers bancs.)

La seule chose que je doive au gouvernement actuel,
c'est d'avoir mieux compris la nécessité de la liberté et
l'étendue de ses droits ; — ce n'est pas pour en avoir fait
l'expérience sous le régime que nous subissons.

La loi de la presse, qui probablement va tomber par
votre vote... (Ah! ah!) Naturellement, Messieurs, je ne
parle pas de la loi qui est soumise à vos délibérations et
qui n'est encore qu'un projet de loi, je parle de loi de la
presse en vigueur aujourd'hui. Je reprends : la loi qui

va probablement tomber par votre vote était tellement
restrictive, que je ne m'étonne pas d'entendre dire que
votre projet de loi constitue un progrès dans le sens de
la liberté.

Moi-même je me rallie à cette opinion : je reconnais
que, comparé au régime de la suppression, de l'autorisation préalable, des avertissements, le projet actuel
peut paraître libéral à certains esprits. Je me propose
de montrer qu'il ne l'est pas, et, comme vous le voyez,
c'est la même situation qu'a prise dans le débat mon
cher et éloquent ami, M. Pelletan. Nous sommes tous
unanimes, dans le parti de la liberté, pour préférer la
nouvelle loi à l'ancienne, et pour déclarer que la nouvelle loi ne vaut rien.

Nous avons même fait une démarche qui ne s'accorde
pas avec la déclaration par laquelle j'ai commencé ce
discours, quand nous avons présenté des amendements
qui semblent consentir à certaines restrictions que le
projet de la commission nous impose. Comme l'a dit, avec
une loyauté à laquelle je rends hommage, M. le rapporteur de la commission, ce n'est pas de notre part
une contradiction ; c'est que, poursuivant un idéal que
nous n'espérons pas atteindre sous le régime actuel,
nous acceptons, en attendant la liberté totale, des libertés restreintes, qui seront pour nous un instrument,
et pour le pays, une école pratique de la liberté de
penser. (Approbation à la gauche de l'orateur.)

Messieurs, j'ai besoin de montrer avant tout que le
projet actuel n'est pas un projet libéral ; j'en ai besoin
pour l'ensemble de notre politique, et aussi pour justifier l'opposition que nous faisons au texte qu'on nous
apporte. Soyez certains que si nous avions devant nous
une loi de liberté, nous serions les premiers à la voter,
et même à la défendre. J'ai, personnellement, le droit
de le dire, car il m'est arrivé de monter à cette tribune
pour défendre des projets proposés par le gouverne-

ment, et qui ont été ensuite votés à l'unanimité. (C'est
vrai !)

Je dis que le projet de loi n'est à aucun point de vue
un projet libéral, si on cesse de le comparer au régime
de l'autorisation préalable.

On nous disait tout à l'heure que le régime de l'autorisation préalable était l'œuvre d'un personnage fort
important sous le régime actuel, qui, tout récemment,
en a revendiqué, avec bonne foi et courage, la paternité. C'est une erreur ; cette triste création est fort ancienne ; et pour ne citer que ce détail, tout aussitôt
après la seconde invasion, le parti royaliste, ne se sentant pas assez fort pour tenir la France, eut recours à
cette arme des gouvernements qui n'ont pas l'opinion
pour eux : il établit le régime de l'autorisation préalable ; mais, comme on comptait alors avec la liberté,
il n'établit que pour un temps très-court, pour quelques
mois seulement, cette sorte d'état de siége de la pensée.
Le terme arriva ; le gouvernement, qui doutait encore
de lui-même, demanda et obtint une prorogation, limitée
à la durée d'une session. Cette loi oppressive a duré
quinze mois sous la Restauration et quinze ans sous le
second Empire.

A gauche de l'orateur. C'est cela ! c'est cela !

M. Jules Simon. Débarrassée de cette entrave,
quelles sont celles qui restent à la presse, que personne,
pas même l'honorable M. Lafond de Saint-Mûr, ne s'a-
visera de déclarer désormais une presse libre dans notre
pays ?

Les mesures que l'on peut prendre contre la presse
sont, comme vous le savez, de deux sortes : il y a les
mesures préventives et les mesures répressives ; et les
mesures préventives peuvent être elles-mêmes distin-
guées en deux classes suivant qu'elles détruisent la
liberté, ou que simplement elles la restreignent.

Les mesures qui détruisent la liberté sont d'abord

l'autorisation préalable, que vous abandonnez, et ensuite la censure, de sinistre mémoire.

La censure n'existe pas à l'heure qu'il est, en France, pour les journaux et pour les livres indigènes; elle existe seulement pour les théâtres, pour les gravures et pour les œuvres littéraires, journaux ou livres, provenant de l'étranger.

Remarquez ce point, Messieurs, car assurément il est grave : la censure est maintenue sous le régime actuel et sous celui que la commission nous prépare, pour les publications étrangères.

Ainsi un journal étranger, en arrivant en France, peut être arrêté par ordre du ministre de l'intérieur ou d'un de ses subordonnés, sans qu'on sache pourquoi. On dit un jour : « Le *Times*, l'*Indépendance belge* n'ont pas été distribués à Paris. » Le public n'en sait pas le motif ; le journal interdit, pas davantage. Non-seulement on peut empêcher la distribution du numéro, mais on peut frapper le journal d'interdiction temporaire ou définitive, et toujours avec le même mutisme. C'est l'arbitraire dans toute sa gloire. Il peut en résulter, dans des temps de crise, que l'histoire contemporaine s'arrête pour nous à la frontière.

Cette loi si dure n'existe pas chez la plupart des peuples de l'Europe. En Angleterre, personne ne songerait à attenter à la liberté d'un journal étranger. Dans les Pays-Bas, personne. Même en Prusse, pour que le ministre de l'intérieur puisse interdire la circulation d'un journal étranger, il faut que ce journal ait été condamné par les tribunaux à une peine emportant la suppression d'un numéro ; encore y a-t-il une limite à la durée de l'interdiction, tant on a compris que l'interdiction des livres et des journaux étrangers était quelque chose d'inhospitalier et de cruel, quelque chose d'inconciliable avec les droits les plus élémentaires de la liberté, et avec le principe même des sociétés modernes ! (Approbation à la gauche de l'orateur.)

Ainsi, Messieurs, quand je dis que nous n'avons pas la censure, entendez que nous ne l'avons pas pour nos journaux indigènes, et que nous l'avons sous sa forme la plus dure pour les livres et les journaux étrangers. Personne n'a parlé de ce mince détail. Il n'en est pas question dans l'exposé des motifs qui a précédé la présentation du projet de loi ; on n'en trouve pas un mot dans le rapport de la commission. On dirait qu'une telle oppression coule de source. Cela seul peint l'état des esprits ; car il y a là assurément un fait qui dans une autre situation morale et sociale aurait préoccupé tout le monde. (Nouvelle approbation sur les mêmes bancs.)

Maintenant, je vais parcourir rapidement les mesures préventives qui, sans supprimer la liberté, la restreignent.

Je trouve d'adord une exigence contre laquelle ne s'élèveront pas de grandes objections, c'est la nécessité d'une déclaration préalable. Votre loi met entre la publication du journal et la déclaration un intervalle de quinze jours, ce qui est long et inutile.

Vient ensuite l'obligation de déposer un numéro au parquet et à la mairie. Je n'insiste pas sur ces menus détails. C'est ici que le fisc apparaît, d'abord sous la forme du cautionnement, que vous maintenez par prétermission, c'est-à-dire en ne le supprimant pas, et ensuite sous la forme, plus blessante et plus oppressive, du timbre.

L'honorable M. Pelletan a discuté tout à l'heure avec une grande force de raisonnement et une grande élévation de principes la question du cautionnement et celle du timbre. Je me borne ici à les indiquer et à en montrer le caractère. Non, ce n'est pas au fond une mesure fiscale ; nous avons des impôts bien autrement productifs, et s'il ne s'agissait que d'un revenu du Trésor public, nous n'irions pas, pour cette unique raison d'ajouter quelques millions aux 2 milliards que nous percevons, frapper un impôt sur la pensée ; c'est une mesure restrictive qui diminue la liberté, ou plutôt qui la transforme en privilége. En vertu de cette mesure, dans un pays où la création d'un journal est déjà extrêmement difficile à cause des frais de rédaction, d'administration, d'impression et du prix exceptionnel du papier, on peut dire qu'un journal n'est véritablement · fondé et ne vit véritablement que quand il est arrivé à obtenir le marché des annonces, c'est-à-dire quand il a longtemps vécu de sacrifices et quand il a conquis, à force de peine, un nombre considérable d'abonnés. Jusque-là, c'est un journal qui essaye de vivre, qui coûte de l'argent à ses fondateurs. En mettant tout au mieux, il ne devient profitable pour les actionnaires et par conséquent viable qu'au bout de plusieurs années.

A ces difficultés naturelles vous ajoutez le cautionnement et le timbre; donc l'usage de la liberté de la presse, de cette liberté fondamentale, entendez-le bien, qui, à mes yeux, est la première de toutes, parce qu'elle est le contrôle de toutes les autres, n'appartient, en France, qu'à ceux qui peuvent disposer d'un capital considérable ; je dis, au bas mot, d'un demi-million. (Très-bien ! très-bien ! à la gauche de l'orateur.)

Voilà qui est démocratique, en vérité ! voilà qui est conforme à l'esprit de la révolution !

Ce n'est pas tout. Il ne suffit pas d'avoir de l'argent ; il faut trouver un imprimeur. On en trouvera un, si vous voulez, si vous y consentez. Vous tenez la liberté de la presse dans votre main par l'imprimeur. Je sais bien que, dans le projet du gouvernement, sinon dans celui de la commission, les brevets d'imprimeur et de libraire sont supprimés. M. Pelletan vous le rappelait tout à l'heure, et il y applaudissait. J'y applaudis comme lui. Mais derrière le brevet, auquel vous renoncez, il y a la responsabilité, à laquelle vous ne renoncez pas, que

je sache ; et cette responsabilité, savez-vous, au fond,
ce que c'est ? C'est la plus détestable forme de la
censure.

Je sais bien qu'en supprimant le brevet vous diminuez
la gêne que fait peser sur les écrivains la responsabilité
de l'imprimeur, je suis le premier à le reconnaître ;
vous la diminuez, mais vous ne l'ôtez pas.

Or, messieurs, nous avons en France, et nous aurons
encore après la présente loi, si elle est votée, un nombre
infini de délits de presse. Il n'y a pas d'arsenal mieux
fourni que celui qui contient les armes destinées à entraver la pensée. Tous les gouvernements s'ingénient à
le remplir d'abord, et ensuite à l'utiliser. Ouvrez les
journaux judiciaires : les écrivains, depuis quelques
mois surtout, y tiennent plus de place que les voleurs.
On peut dire, sans exagération, que la vie de certains
journalistes n'est qu'une bataille constante avec le ministère public. Mais le journaliste, l'écrivain, qu'est-ce ?
C'est ou ce doit être un homme qui a une idée, qui appartient à un parti, à une cause, et qui, par conséquent,
doit être prêt à la lutte et, s'il le faut, au dévouement.
On se dévoue, on doit se dévouer pour une idée ; on se
dévoue, on doit se dévouer pour un parti. Il est donc
parfaitement naturel que l'écrivain ne pense qu'à sa
passion et à sa propagande, qu'il oublie l'amende et la
prison.

Cependant, derrière cet apôtre ou ce martyr, à qui
sa passion cache le péril, il y a un industriel qui prête
ses presses soit à un journal de l'opposition, soit à un
journal du gouvernement, quelquefois à l'un et à l'autre
simultanément, et dont la nature est de ne pas avoir, à
titre d'industriel, une opinion philosophique, religieuse
ou politique. Celui-là n'est obligé ni de penser, ni de
se dévouer. Telle page qui vous rapportera de la popularité, de la gloire, de l'influence, ne représente pour
lui qu'un péril, et un péril plus grand que le vôtre,

puisqu'il y va, pour lui, outre la sentence des tribunaux, de la possibilité d'une confiscation.

Quoi d'étonnant qu'à la moindre phrase suspecte ou douteuse, il réponde à l'écrivain : « Je ne suis pas, comme vous, le général ; je ne suis qu'un soldat obscur, et je ne veux pas vous servir de chair à canon ? »

Aussi voyons-nous tous les jours à la suite des nombreux procès de presse dont le récit obsède notre pensée, des imprimeurs qui refusent leurs presses ; je dis des imprimeurs honnêtes, qui peuvent être très-libéraux, qui peuvent s'insurger, comme hommes, contre toutes vos lois restrictives, mais qui, n'ayant pas d'opposition à faire dans leurs ateliers, agissent en commerçants et en pères de famille, et songent plutôt à leurs intérêts qu'à leurs opinions. Que disais-je donc, tout à l'heure, qu'il n'y a plus de censure en France ? La censure, la voilà, plus inquiète et plus jalouse que l'autre. Le ministre de l'intérieur ne s'en mêle pas, ni lui, ni ses agents : ils laissent faire à l'intérêt privé. C'est peut-être le comble de l'art.

Ainsi, quoique vous nous apportiez, et c'est un progrès, la suppression du brevet d'imprimeur et du brevet de libraire, comme vous ne nous apportez pas en même temps la suppression de la responsabilité de l'imprimeur, j'ai le droit de dire que, sous vos apparences de libéralisme, vous laissez subsister la censure.

Je n'ai parlé jusqu'ici que des difficultés qu'éprouve le journal pour arriver à naître. Je suppose maintenant qu'il a son imprimeur, son argent, son papier timbré, et qu'il peut faire son apparition dans le monde.

Là commence pour lui une série de nouvelles difficultés. Il lui faut un gérant. Vous défendez aux députés, aux sénateurs d'en exercer les fonctions : première restriction. En outre, depuis une loi qui date, si je ne me trompe, de l'Assemblée législative, vous exigez que tout écrivain appose sa signature au-dessous de son article.

C'est, je l'avoue, une question délicate et sur laquelle les avis peuvent être partagés. D'un côté on peut dire : Il faut que chacun réponde de son opinion. De l'autre, on peut dire aussi : Il vaut mieux qu'un parti s'exprime collectivement que de donner la parole à un individu isolé, et de créer ainsi des importances factices, des occasions de querelles, des difficultés intérieures, des responsabilités multipliées. Il n'en est pas moins vrai qu'il y a là une restriction, et, en même temps, une de ces formalités que je n'aime pas à voir dans la loi, parce que de deux choses l'une : ou on les élude ou elles sont l'occasion d'une véritable inquisition. La plupart du temps, on les élude, et on a même érigé en système cette innocente fraude, puisqu'il y a maintenant dans chaque journal une sorte de fonctionnaire préposé à la signature des articles anonymes.

Sur cette première difficulté, que je trouve assez légère, vous en avez fort habilement greffé une autre, qui ne l'est pas. Je parle de l'article nouveau par lequel vous bannissez des journaux les signatures de deux sortes de personnes, que je m'étonne, en vérité, de voir réunies dans le même article de loi ; je serais presque tenté d'en demander pardon, au nom des législateurs, à la seconde des deux catégories que je mentionne.

D'un côté, ce sont tous ceux qui ont été condamnés à la perte de leurs droits politiques et civils, de l'autre qui ? Les princes de la famille de Bourbon et ceux de la famille d'Orléans. La loi ne les nomme pas, elle a soin de dire : « Les personnes auxquelles le territoire de la France est interdit. » On a appelé cela tout à l'heure un euphémisme. Non pas moi ; j'aimerais mieux nommer les exilés par leur nom, car vous remuez en moi, avec votre formule, de trop tristes pensées. Après tout, les familles princières qui ont été en dehors du droit commun par la possession de la couronne, payent la rançon de ce passé en subissant une infortune que la raison politique explique ; mais comment oublierais-je... Je n'ai qu'à me tourner de ce côté (l'orateur indique les bancs à sa gauche) pour ne pas oublier qu'en un jour à jamais douloureux, soixante-six représentants du peuple ont été chassés du territoire, et que parmi eux... Non, je ne veux nommer ni les absents, ni les morts...

Aujourd'hui l'amnistie a été prononcée ; plusieurs des proscrits sont rentrés, à la profonde satisfaction de ceux qui adorent la liberté et qui aiment le génie : en voilà jusque dans nos rangs. Mais, au nom de la liberté, par respect pour nous-mêmes, ne rappelons pas ces souvenirs dans le texte de nos lois, et puisqu'il ne reste plus que des princes, eh bien, appelons-les par leur nom. Il y aura là du moins des précédents et une excuse... une triste excuse. (Très-bien ! très-bien ! à la gauche de l'orateur.)

Je ne puis m'empêcher d'ajouter que cette proscription de la pensée des proscrits sera particulière à votre loi et à notre pays. En Russie, un exilé en Sibérie envoie un article à un journal avec sa signature ; le journal l'insère, aucun ministre ne le trouve mauvais. (Rumeurs diverses.)

Après avoir gêné et trié les rédacteurs, vous vous faites rédacteurs vous-mêmes par le *communiqué*. Remarquez que le *communiqué* se glisse dans nos lois à la suite du droit de réponse, mais il n'est pas le droit de réponse. Ce droit de réponse est limité dans son étendue, dans son origine ; le *communiqué*, lui, n'est limité d'aucune façon. Je ne sais pas, après avoir étudié les lois actuelles sur la presse avec le plus grand soin, quelles sont les autorités qui ont ou qui n'ont pas le droit du *communiqué*. Je vois à son banc l'honorable M. Guéroult et je suis convaincu qu'il n'en sait pas plus que moi sur ce sujet. (On rit.) Peut-être serait-il vrai de dire que quiconque exerce une fonction quelconque peut user et abuser des droits du *communiqué*. (Approbation à la gauche de l'orateur.) Quant à l'étendue des tirades officielles, la loi ne trace pas de limites. Et pourquoi ne supposerais-je pas que le gouvernement, dans un accès d'éloquence, adressera à un journal mal pensant assez de *communiqués* pour le remplir?

Vous me direz que j'abuse de la logique; mais on peut abuser de la logique contre la loi; contre les faits, on ne le peut pas, parce que, dans la nature des choses, l'extrême logique cesse d'être de la logique; mais on le peut contre la loi, parce que tout ce qui n'est pas défendu est permis, et que l'absence de restriction au droit de *communiqué* rend possible l'excès de l'indiscrétion.

Je place ici une disposition dont le moindre vice est d'être inintelligible dans ses termes, pour vous qui l'appliquez, et pour nous qui la subissons; une disposition qui varie selon le vent qui souffle ou le ministre qui règne, équivoque, trompeuse, malfaisante comme l'arbitraire, dont nos honorables collègues M. Thiers et M. Picard nous ont un jour entretenus, qui a été l'objet d'une interpellation repoussée, et qui vient tout présentement d'être la matière d'un jugement du tribunal de police correctionnelle : je veux parler de l'interdiction de rendre compte de nos débats, c'est-à-dire de l'interdiction pour l'électeur du droit de nous juger.

Mais en vérité, Messieurs, cela est-il possible? Cela est-il admissible? Pour moi, j'en rougis. (Approbation à la gauche de l'orateur.)

M. Jules Favre. C'est un abaissement.

M. Jules Simon. J'en rougis. Nous sommes les élus du suffrage universel, et le moins que nous puissions faire, c'est de répondre devant nos commettants, jour par jour, heure par heure, de toutes nos paroles, de tous nos actes. (Nouvelle approbation à la gauche de l'orateur.) J'irai plus loin, en nous jugeant, en nous critiquant avec amertume, avec injustice, si vous voulez, ils ne font qu'user d'un droit qu'on ne peut leur ravir. (Très-bien! très-bien! sur les mêmes bancs.) Maintenir cette prohibition, ce serait attenter à ce droit de la souveraineté populaire sur laquelle nos institutions reposent, qui en est la source unique, la seule légitimité, la consécration. (Très-bien! à la gauche de l'orateur.)

Il ne suffit pas que le peuple connaisse nos votes, il faut qu'il entende l'explication que nous en donnons; qu'il soit le témoin et le juge de l'activité que nous apportons dans l'exercice de notre mandat : que nous vivions sous ses yeux, à chaque heure; je le répète, et je ne saurais trop le répéter. (Nouvelles marques d'approbation à la gauche de l'orateur.)

Maintenant, Messieurs, il reste dans les lois préventives un dernier point de vue plus humble, si vous voulez, car c'est le point de vue mercantile; mais, s'il paraît humble, c'est quand on oublie que la presse est essentiellement la publicité, et que ce ne serait pas la peine de faire un journal, s'il manquait d'écoulement. La vente du journal est donc, au premier chef, une question de liberté. Or, vous avez dans vos dispositions législatives, des moyens de diminuer, des moyens de ralentir, des moyens de supprimer l'écoulement du journal. Il y en a trois principaux.

L'un, c'est la concurrence de certains journaux que vous ne soumettez pas aux mêmes lois que les autres. Ainsi, par exemple, si la loi du timbre n'est pas uniformément appliquée, si vous l'imposez à tous les journaux, à l'exception d'un seul, vous organisez, vous, ministres de la loi, une concurrence déloyale. (Oui, c'est vrai! c'est vrai! à la gauche de l'orateur.)

La seconde source d'injustice, c'est la fameuse loi

des annonces judiciaires. (Ah ! ah !) Il y a là, dans certains départements, un revenu princier capable à lui seul d'alimenter un journal. Vous réunissez sans nécessité toutes ces annonces, vous décidez sans nécessité qu'elles paraîtront obligatoirement dans un seul journal, et vous faites désigner ce journal par qui? non pas même par l'autorité judiciaire, qui au moins serait compétente, et ne paraîtrait pas exclusivement, nécessairement politique ; vous le faites désigner par les préfets. De telle sorte que dans les départements, où les journaux ont pour mission principale de contrôler l'administration du préfet, c'est lui qui tient dans sa main leur destinée et qui dispose de leur fortune. Ainsi, point de liberté de commerce, et par conséquent point de liberté de presse. (Vive approbation à la gauche de l'orateur.)

Reste un droit que je considère comme exorbitant et qui, à mon avis, a été traité bien légèrement, je lui en demande pardon, par M. le rapporteur de la commission : c'est le droit d'autoriser ou d'interdire la vente sur la place publique. On nous dit, pour toute raison, que la surveillance de la voie publique appartient à la police. Alors interdisez à tous les journaux la vente sur la voie publique ; je m'en plaindrai, mais je ne m'en plaindrai pas comme d'une injustice ; tandis que, si vous la permettez aux uns en la défendant aux autres, vous me donnez une fois de plus le droit de dire que vous n'avez ni le goût ni l'intelligence de la liberté. Il y a certains journaux pour qui la vente sur la voie publique est seule possible ; pour tous, dans les grandes villes, elle est la plus fructueuse. Que faites-vous? Aux journaux que vous aimez, que vous favorisez, aux journaux qui vous soutiennent...

M. Glais-Bizoin. Qui vous flattent...

M. Jules Simon. ... vous accordez la permission d'être partout, au coin de la rue, sur la borne, dans les échoppes, aux gares de chemins de fer; partout on les rencontre devant soi, malgré soi. Quand on veut avoir des nouvelles, ne trouvant pas le journal qu'on préfère, on achète celui qu'on a sous la main. C'est une part de notre propre clientèle que vous donnez à vos journaux. (Rumeurs diverses.)

Pour les autres, au contraire, vous les exilez, vous les traquez; vous les reléguez dans une boutique de librairie; et il faut aller les chercher chez ce marchand qui paye patente, ou dans le bureau même du journal. C'est là une injustice, ou, pour mieux dire, un déni de justice. C'est là une faveur faite à la presse officieuse au détriment de la presse indépendante. S'il y a au monde un privilége, le voilà; et pourtant nous sommes une société qui se glorifie de ne plus admettre le privilége. Nous ne le gardons qu'ici; et dans quelle affaire? Dans une affaire qui intéresse au premier chef la pensée. On dirait que nous avons des principes pour tout le reste et que nous n'en avons pas pour les journaux. Le privilége? ô ciel! nous le bannissons de toutes nos lois; la confiscation? nous déclarons dans toutes nos constitutions qu'elle ne pourra jamais être rétablie. Pour la presse, c'est différent; la confiscation existe, le privilége existe, et, parce que c'est la presse, on trouve innocente, admirable, cette violation de tous les principes. Qu'est-ce donc que la presse, sinon la pensée? Voilà la France de 89 telle que vous la faites! Cela n'est ni sensé, ni juste, ni honorable; cela est impossible. (Très-bien! à la gauche de l'orateur.)

Ai-je cité toutes vos mesures préventives? En tout cas, en voilà assez. Je me demande comment cette presse, ainsi enchaînée et garrottée, va devenir un danger pour le pouvoir impérial. (Exclamations.)

Cependant vous maintenez toutes les dispositions les plus dures de nos lois répressives. Ici vous n'essaierez pas de prétendre que vous ayez fait des progrès.

D'abord vous punissez dans un journal non pas seulement l'action, mais l'opinion, la théorie, la discussion, à quelque hauteur qu'elle se place. Vous avez un certain nombre de questions privilégiées, qui sont simplement les plus importantes; et, de votre certaine science et pleine puissance, et aussi apparemment de votre autorité spirituelle, vous déclarez votre doctrine sur ces questions inviolable.

Vous faites durer la responsabilité des délits de presse pendant un espace de deux ans, c'est-à-dire que ce qui pouvait fort bien n'être pas un délit le jour où il a été écrit, se trouve être, deux ans après, un délit formel. Telle opinion est frappée au nom de la loi, qui, deux ans auparavant, de l'avis de tous et de l'avis du gouvernement lui-même, était la chose du monde la plus parfaiment licite.

La Restauration, que j'ai déjà citée, n'était pas si dure que vous...

M. GLAIS-BIZOIN. Oh! non!

M. JULES SIMON. .... Car, d'après l'article 29 de la loi du 26 mai 1819, la poursuite du ministère public était prescrite par six mois. Aujourd'hui, elle l'est par deux ans; voilà la différence. M. le rapporteur nous dit à cela : C'est le droit commun! On répond à tout avec ce mot : le droit commun. Mais le droit commun c'est une même règle appliquée aux mêmes choses ou aux choses analogues. Non! non! rien n'est plus inique que d'appliquer le droit commun tel que vous l'entendez à une matière aussi différente que celle-ci de tous les délits énumérés dans le Code pénal Et quand vous assimilez les délits de presse à un délit commis contre la morale éternelle, à un délit qualifié, précis, déterminé, vous savez bien que vous faites une assimilation inacceptable. Vous conservez entière la loi sur la diffamation. C'est un point délicat; et il n'y a pas longtemps qu'un personnage célèbre que j'ai déjà eu occasion de

citer, demandait de fonder la liberté de la presse sur
une législation de plus en plus sévère contre la diffamation. Il voulait, disait-il, prémunir la presse contre ses
propres excès et diminuer le nombre de ses ennemis en
diminuant celui de ses droits. C'est un genre nouveau
et curieux de libéralisme. Cette application inattendue
du proverbe, « Qui aime bien châtie bien, » n'a pas
séduit, que je sache, les partisans de la liberté de la
presse.

Quant à moi, Messieurs, je suis encore ici, ce n'est
pas la première fois, complétement à l'opposé des doctrines du personnage auquel je fais allusion, car, loin
de demander que la loi sur la diffamation soit aggravée,
je voudrais permettre partout la preuve des faits; partout, dis-je, dans tous les cas, pour toutes les personnes,
non-seulement pour ceux que protége, à mon profond
regret, l'article 75, mais pour les particuliers. Je n'admets pas une loi qui croit protéger mon honneur en
punissant celui qui m'a attaqué, sans me permettre de
faire la preuve que la diffamation est une calomnie.
Cela rappelle trait pour trait la jurisprudence du duel,
car, quand on m'a insulté et que je réponds par un souf-
flet et un coup d'épée, je prouve que je suis brave...

M. Granier de Cassagnac. C'est déjà quelque chose.

M. Jules Simon... Mais non pas que je suis honnête.
J'arrête la parole, au moins pour un temps; je n'agis
pas sur les convictions. Le plus misérable coquin, après
trois ou quatre duels, obtient le repos, mais non le
respect.

A notre jurisprudence de la diffamation qui défend
la preuve, je préfère une loi virile qui nous oblige tous
à la défense et nous mette face à face avec les accusa-
teurs.

M. Granier de Cassagnac. Et l'intérieur des familles, vous voulez l'ouvrir au public et aux diffamateurs!

M. Jules Simon. Vous conservez en outre une

législation dangereuse, parce qu'elle est équivoque, sur le délit d'offense à la morale publique et religieuse, et sur le délit de fausses nouvelles, qui, je crois, est de création récente. Il est vrai que quand il s'est produit pour la première fois, il avait une aggravation d'une nature étrange : la fausse nouvelle émise de bonne foi n'en était pas moins un crime, qui pouvait amener la confiscation du journal. On a reculé devant l'énormité de cette jurisprudence. Mais le délit de fausse nouvelle subsiste, et nous sommes exposés à voir, comme cela est arrivé à l'un des plus éminents rédacteurs de la *Revue des Deux-Mondes*, M. Forcade, un article averti le samedi pour une fausse nouvelle qui se trouvera le lundi une nouvelle vraie, et même officielle, publiée dans le *Moniteur* par un ministre. (Très-bien ! à la gauche de l'orateur.)

Je passe sur la publicité des procès, que vous ne permettez pas, quoique ce soit la garantie nécessaire de toute bonne justice. Mais ce que je ne puis pas laisser sans protestation, c'est le maintien du droit de suspension et du droit de suppression. Je le disais tout à l'heure, c'est la confiscation même.

De même que l'écrivain est obligé de lutter, je ne dirai pas contre l'imprimeur, mais contre le brevet, la fortune et la carrière de l'imprimeur, pour obtenir dans certains cas l'usage des presses, de même, dans un autre ordre de relations, il est obligé de débattre ses droits, et, pour ainsi dire, sa conscience, contre les propriétaires de son journal.

Combien de fois, quand nous gourmandons un journal de sa mollesse, quand nous lui reprochons de ne pas marcher droit à l'ennemi dans les questions de principes, entendons-nous le rédacteur nous répondre : « Mais je représente un million, un million qui n'est pas à moi. Je suis doublement tenu à la prudence. » Ce n'est pas lui qui répond ainsi, c'est la peine de la confiscation, conservée dans vos lois, qui répond par sa bouche.

Comment! la peine de la confiscation, bannie de toutes nos lois, subsistera pour les journaux! Comment, voici un écrivain qui, un jour, a écrit, peut-être par mégarde ou par maladresse, une phrase dont lui-même n'apercevait pas la portée, qui, pour cette phrase, a été blâmé le lendemain par son rédacteur en chef, qui s'étonne lui-même de bonne foi de l'opinion qu'on lui attribue, et si cet écrivain, pour cette phrase, est traduit en jugement et condamné, tout aussitôt le journal est suspendu, supprimé, sans qu'il y ait eu délit réel ni intention de nuire? Tous ceux qui ont mis leur argent dans le journal sont punis pour cette faute qui n'existe pas? La confiscation les frappe tous? Je le demande, cela est-il dans nos mœurs? cela peut-il rester dans nos lois?

J'en ai dit assez pour prouver que cette loi nouvelle, si elle ne venait pas à la suite du décret du 17 février 1852, serait considérée comme une loi dure et comme la négation formelle de la liberté en matière de presse. (Très-bien! à la gauche de l'orateur.)

Elle a, d'ailleurs, un caractère singulier pour notre temps. Nous ne cessons de dire de tous les côtés de cette Chambre et de tous les côtés du pays que nous sommes une société fondée sur l'égalité et sur la volonté nationale; eh! ne voyez-vous pas que c'est le pays légal que vous reconstruisez dans le monde de la pensée? En faisant que les journaux ne puissent naître qu'à la condition d'avoir un demi-million dans leur caisse, ne voyez-vous pas que vous rayez d'un trait de plume, pour tout ce qui est prolétaire, la liberté de penser et d'écrire?

Je ne puis pas admettre qu'un gouvernement déclare n'exister que par la volonté nationale, qu'il fasse appel, en toute occasion, au nombre des suffrages qui l'ont créé, qu'il se vante de n'avoir pas une institution qui ne repose sur le suffrage universel, et qu'il introduise le pays légal dans le monde de la pensée.

Assurément vous avez fait un anachronisme quand vous avez accepté la doctrine du cautionnement et du timbre. Ils étaient dans la logique de leur situation ceux qui disaient, il y a cinquante ans : Nous ne voulons pas confier les intérêts de la société à des hommes qui ne représentent rien qu'eux-mêmes, qui n'ont pas une surface, qui ne sont pas propriétaires dans le sol. Ils avaient le droit d'appliquer cette doctrine à la presse, puisqu'ils l'appliquaient au droit de suffrage.

Mais si on a fait une révolution pour abolir le pays légal et instituer le suffrage universel, comment se fait-il que la même révolution n'ait pas balayé le timbre et le cautionnement ?

Je conviens que tout le monde ne voit pas immédiatement l'importance du droit de penser et d'écrire, tandis que le dernier citoyen comprend l'importance du droit de suffrage. Si la presse n'est pas encore universellement connue, universellement aimée, c'est que, pour voir en elle la plus vitale de nos libertés, il faut avoir une intelligence déjà exercée aux luttes politiques ; il faut avoir essayé de se servir des autres droits, avoir été gêné dans leur exercice, avoir fait appel à ce droit de contrôle et n'avoir pu faire entendre ses justes réclamations. C'est à cette dure école qu'on apprend ce que c'est que le journal, et quelle place il tient dans la liberté d'un pays. J'admire qu'au lieu de faire pénétrer cette vérité dans les masses, vous fassiez de la presse une institution aristocratique, quand l'aristocratie n'existe plus. C'est là une injustice et une contradiction qui n'ont que trop duré, et je regarde comme un malheur public qu'une loi faite en 1868 les maintienne et les glorifie. (Marques d'approbation à la gauche de l'orateur.)

Je pourrais, Messieurs, dire ici qu'en accroissant ainsi l'importance du capital dans les questions de presse, vous allez à des conséquences graves.

Je me bornerai à un seul mot sur ce point.

Est-ce que je me trompe ? Est-ce qu'il n'est pas nécessaire à la netteté des opérations commerciales qu'il existe une presse indépendante de la question d'argent ? Assurément, Messieurs, il y a en France un grand nombre de journaux dont les actionnaires sont de petits et honnêtes capitalistes ayant pris des actions de 500 ou de 1,000 francs, et ne se mêlant pas le moins du monde des grandes affaires commerciales. Mais voici une pure hypothèse, une fiction, que j'ai apparemment le droit de faire, puisqu'il suffit pour cela qu'elle ne soit pas invraisemblable.

Ne puis-je supposer pour un moment que quelque grand financier fonde un journal en prenant à lui seul toutes les actions ? Et, si ce grand financier, si ce journal existent, quelle sera la situation réciproque de l'homme d'affaires et du rédacteur en chef ? Peut-être bien que l'homme d'affaires dira au journal : « Je vous ai fondé pour défendre le gouvernement. » Mais peut-être aussi qu'il lui dira : « Je vous ai fondé pour l'attaquer, quoique je ne l'attaque pas moi-même, et vous l'attaquerez, parce que je veux me faire une clientèle dans l'opposition. Je vous donne la liberté contre tout le monde, excepté contre moi et mes entreprises. » Dites-moi, Messieurs, est-ce que cette hypothèse est absolument impossible ?

Un membre. Cela s'est vu.

M. Jules Simon. Si cela s'est vu, ou seulement si cela est possible, et s'il peut y avoir ainsi des banquiers qui se servent de ce qu'il y a de plus noble au monde pour faire les pires besognes du monde, n'est-ce pas vous qui, par vos lois, avez comme à plaisir créé cette immoralité, cette indignité?

Il y a bien longtemps, Messieurs, — c'était sous Louis XV, et même au commencement du règne de Louis XV, sous la Régence, — vint en France un homme, qui est peut-être un escroc, et peut-être un homme de génie. Il fonda une entreprise souvent imitée depuis. Elle prit en un instant des proportions colossales; l'inventeur se trouva le véritable ministre de nos finances, avant d'en obtenir le titre officiel; il n'y avait personne, depuis le régent de France jusqu'au dernier croquant, qui n'eût tout son bien hypothéqué sur le Mississipi. Et puis, un jour, la débâcle arriva soudaine, immense, irrémédiable, et ces millions d'Amérique, dont on s'était affolé, disparurent comme ces bulles de savon que chasse le souffle d'un enfant. Or, pendant que tous les spéculateurs gémissaient sur leurs désastres, savez-vous ce que disait un historien plein d'originalité, dont les vues sont quelquefois aussi admirables que le style? Il disait : « Est-ce un escroc? Nous ne le pouvons pas savoir, parce que nous n'avons pas de contrôle. En'Angleterre, où tout est discuté, où il y a une presse libre, sa banque eût pu être un trait de génie; mais ici, où nous avons la Bastille, et pas de presse, il a ruiné nos finances. » (Mouvement.)

Oui, il y a une relation nécessaire entre les affaires et la presse : relation déplorable, si le monde des affaires s'empare de la presse pour en faire un instrument de mensonge; relation excellente, si la presse se sert de son droit pour contrôler et pour surveiller le monde des affaires. (Approbation à la gauche de l'orateur.) Et plus nous allons, plus la spéculation augmente, plus nous avons, hélas! besoin de ce contrôle.

Vous ne regardez que les attaques contre le gouvernement, parce que c'est de ce côté que vous avez peur; mais ce n'est pas seulement le gouvernement que la presse contrôle, elle contrôle toutes les affaires commerciales. Ne vous en plaignez pas, et surtout ne l'attachez pas à son ennemi, en l'attachant, en la subordonnant aux capitalistes. (Nouvelle approbation sur les mêmes bancs.)

Voici ma dernière objection, et c'est la plus grave : c'est que cette loi, si dure pour la liberté de la presse, est en même temps, et nécessairement, oppressive pour la liberté de la pensée.

Nous parlons de la presse; mais est-ce seulement de la presse qu'il s'agit? Il s'agit du livre, de toutes les manifestations de l'intelligence.

Je le disais en commençant ce discours, plus je vis, plus j'ai peur de ces prescriptions au moyen desquelles on essaie de restreindre la liberté, et c'est peu à peu, à l'aide de l'expérience que donne la vie et de celle que donne l'histoire, que j'en suis venu à ne plus vouloir être protégé contre moi-même et à demander pure et simple, entière, absolue, sans limites, la liberté de la presse, que je veux aussi appeler la liberté de la science. (Adhésion à la gauche de l'orateur.)

Soit que je songe au contrôle politique, ou au contrôle des affaires, ou au contrôle des idées religieuses, si graves à notre époque, ou à l'exercice le plus naturel de la pensée appliquée à la connaissance des faits et des causes, c'est-à-dire au développement philosophique de l'homme, je me demande comment il est possible, quand il est si difficile, hélas! de faire avancer les sciences humaines, de découvrir au-delà des horizons connus des horizons plus vastes, de donner ces plaines nouvelles au reste de l'humanité comme la plus noble, la plus nécessaire et la plus sublime des conquêtes; quand il y faut tant d'efforts et de génie; quand Descartes s'écrie, au moment où il met la dernière main à son chef-d'œuvre : Il me faudrait plusieurs vies ajoutées les unes aux autres pour aller jusqu'au bout de ma pensée; quand c'est là notre tourment, notre joie, notre avenir; quand c'est pour cela, enfin, que nous sommes des hommes, je me demande comment il est possible que nous nous occùpions à inventer des lois restrictives, à rendre plus difficile cette tâche difficile, à créer autour de nous, à défaut des inquisiteurs, qui ne sont plus, des censeurs, des juges de police correctionnelle, un tribunal de l'esprit public, une commission de colportage, un timbre, un cautionnement, des arrêtés de préfets, des montagnes et puis des montagnes de difficultés et d'embûches.

N'est-ce pas comme si l'on voulait empêcher le monde de marcher? Pour moi, je l'avoue, cela ressemble à un sacrilége. (Vive approbation et applaudissements à la gauche de l'orateur.)

Je n'ai qu'une consolation, c'est de penser que tous ces obstacles accumulés vont bientôt, quoi que vous fassiez, tomber en poussière. Toutes ces armes décriées et surannées dont vous encombrez·l'arsenal de vos lois sur la presse, elles sont finies, elles sont vermoulues; elles ne sont plus dangereuses que pour vous; elles éclateront dans vos mains. (Très-bien ! très-bien ! à la gauche de l'orateur.)

Nous irons plus difficilement, mais nous irons malgré elles et malgré vous ! Ah ! si vos prédécesseurs dans la lutte contre la conscience et la pensée avaient été plus habiles, s'ils avaient réussi, nous serions encore au treizième siècle. (Assentiment à la gauche de l'orateur.)

Je répète donc, Messieurs, en finissant, ce que je disais en commençant, et avec une conviction qui sera celle de toute ma vie : il faut laisser la pensée à elle-même, il faut la laisser dans la plénitude de sa liberté et de sa force, et quand on a dans les mains l'organe de la vérité, ne pas faire à l'humanité, à la science, à la patrie, l'affront de le dégrader et de le mutiler ! (Marques de vive approbation suivies d'applaudissements, à la gauche de l'orateur.)

DE LA PRESCRIPTION EN MATIÈRE DE DÉLITS
DE PRESSE

(10 février 1868.)

M. LE PRÉSIDENT SCHNEIDER donne lecture d'un amendement ainsi conçu :

« Les poursuites pour contraventions ou délits commis par la voie de la presse ne pourront s'exercer que dans un délai de trois mois, à partir du jour où aura lieu le dépôt du journal ou du livre. »

M. JULES SIMON. Je demande la parole.

M. LE PRÉSIDENT SCHNEIDER. M. Jules Simon a la parole pour développer l'amendement.

M. JULES SIMON. Messieurs, vous savez que la prescription en matière de délits de presse est, à l'heure qu'il est, de trois ans. Nous avons présenté un amendement pour le réduire à trois mois.

L'honorable rapporteur de la commission nous a opposé trois objections.

La première, c'est que la pratique, à défaut de la loi, nous donne pleine satifaction et qu'il n'y a pas d'exemple de poursuite exercée après un délai de trois mois.

La seconde, c'est qu'il peut arriver qu'un auteur obtienne par ses sollicitations la faveur de ne pas être poursuivi et, dans le délai des trois années suivantes, se rende, par sa conduite, indigne de l'indulgence qu'on lui a provisoirement accordée.

Enfin la troisième objection est tirée du droit commun, et je ne puis m'empêcher de dire que le droit commun joue un singulier rôle dans cette discussion, car les partisans et les adversaires de la loi ne cessent de se l'objecter les uns aux autres, peut-être parce que ni les uns ni les autres ne s'en font une idée bien exacte.

Eh bien, Messieurs, je crois avoir réponse à chacune des objections de M. le rapporteur.

D'abord il se trompe en disant qu'il n'arrive jamais qu'un délit de presse soit poursuivi après un délai de trois mois. Je pourrais lui citer une foule d'exemples. Un livre de M. Proudhon, — ce n'est pas là un de ces noms sur lesquels s'endorment messieurs les surveillants de la pensée, — un livre de M. Proudhon, qui a été un événement, s'est étalé plusieurs mois dans les magasins de librairie; il s'est vendu à un grand nombre d'exemplaires; il a été discuté dans tous les journaux; et c'est après un délai fort long qu'il a été déféré au parquet, poursuivi et sévèrement condamné. Je citerai encore, dans un genre tout différent, le *Dictionnaire universel* de M. Maurice Lachâtre, poursuivi et condamné en 1858, dix-huit mois après sa publication. Et ce n'était pas un de ces petits livres qui peuvent passer inaperçus à cause de leur faible dimension, car il s'agissait, au contraire, d'un énorme dictionnaire imprimé sur trois colonnes, et qui avait dû coûter quelques centaines de mille francs.

Ainsi la première objection de M. le rapporteur n'est pas exacte en fait.

Je voudrais, je l'avoue, qu'il n'eût pas fait la seconde. Qu'est-ce que ce droit de poursuivre, délaissé d'abord par indulgence, et conservé pourtant pendant trois ans, comme une menace persistante, et un moyen de peser sur la conscience de l'écrivain?

Vous dites que l'écrivain peut se montrer indigne de la faveur qu'il a reçue. Mais je vous en prie, comment s'en rendra-t-il indigne? Si c'est en commettant un nouveau délit, vous n'avez pas besoin de cette longue prescription, puisqu'il vous fournit lui-même une nouvelle occasion de poursuites. Ce que vous voulez, c'est donc une sorte de torture morale, qui annule l'indépendance de l'écrivain et blesse du même coup sa dignité et la vôtre. Tout ce que je puis faire pour M. le rapporteur, c'est d'appliquer à cette malheureuse phrase ma théorie sur les délits de presse, et de déclarer qu'en l'écrivant il n'en a pas saisi la portée.

Enfin, puisque je rencontre encore ici le droit commun, permettez-moi de vous dire que c'est une très-belle chose que le droit commun, si cela veut dire l'égalité devant la justice. Mais le droit commun ne peut pas signifier que, par exemple, les délits de presse pourront être appréciés de la même façon que les délits ordinaires, et dans les mêmes conditions; ce ne serait plus l'égalité, ce serait bel et bien l'inégalité, et une inégalité flagrante. (Assentiment à la gauche de l'orateur.)

Ainsi, ne nous laissons pas abuser par ce mot de droit commun, auquel on fait signifier tant de choses. Le droit commun, en matière de presse, c'est-à-dire en matière de théorie et de science, ce serait l'impunité. (Nouvel assentiment à la gauche de l'orateur.)

Messieurs, moi qui pense qu'il n'existe pas de culpabilité en matière de théorie, je suis bien placé pour dire qu'il n'est facile à personne de déterminer cette culpabilité. Mais vous-mêmes, qui pensez qu'elle existe, vous êtes certainement de mon avis quand j'affirme que l'appréciation en est bien difficile, et demande une appréciation bien exacte, non-seulement de la phrase incriminée, mais des circonstances de toute nature au milieu desquelles elle a été écrite. Pour soutenir cette thèse, je puis appeler à mon aide une autorité qu'il ne m'est pas encore arrivé d'invoquer, mais à laquelle j'aurai lieu peut-être de recourir plusieurs fois dans j'avenir : c'est celle de M. le ministre de l'intérieur.

Vous allez voir que M. le ministre de l'intérieur est à peu près de mon avis. Je ne crois pas me tromper en disant qu'il est l'auteur de l'exposé des motifs qui précède le projet de loi ; d'ailleurs l'opinion à laquelle je fais allusion, il l'a reprise avant-hier et développée devant la Chambre avec beaucoup d'énergie. Eh bien ! dans le passage de l'exposé des motifs dont je vous parle, il s'agit de démontrer que les juges de la police correctionnelle sont seuls en état de qualifier les délits de presse et que le jury en est incapable. L'honorable M. Pinard, après avoir rendu justice à la loyauté et à l'impartialité du juré, s'exprime de la façon suivante : « Aura-t-il l'aptitude nécessaire, lui, le juge d'un jour, le juge d'une heure? Sorti de tous les milieux sociaux, comprendra-t-il la perfidie de l'attaque? saura-t-il écarter les voiles de convention qui la déguisent? distinguera-t-il l'éloge ironique qui fait sourire le lecteur et le trait cruel qui, sous un éloge menteur, frappera la victime? »

Je pourrais dire que s'il est si difficile d'apercevoir le trait cruel qui frappe la victime, le trait n'est pas si cruel et ne frappe pas la victime si durement. J'ai le droit de m'étonner de vous voir trembler pour la société ou pour le gouvernement, ce qui est là même chose à vos yeux, parce qu'il y aura dans un livre ou dans un article une phrase dont le venin ne peut être découvert que par des hommes rompus au métier et passés maîtres dans l'art d'interpréter des mots à double sens. Ces hommes, choisis dans tous les milieux sociaux, ces juges d'une heure, comme vous les appelez, c'est, après tout, la société elle-même, et je me demande quel mal pourra produire ce délit si bien caché que, pour le découvrir, il faut s'être livré à des études approfondies, et avoir acquis, par un exercice journalier, l'habitude de deviner des énigmes.

Je reconnais que vous avez dans vos tribunaux, et surtout parmi les membres de vos parquets, des magistrats d'une admirable perspicacité. Moi, qui ai passé ma vie à écrire, lorsque je lis un réquisitoire je suis souvent émerveillé, et s'il m'était permis de parler au seul point de vue de l'art, je dirais que je suis ravi de l'habileté avec laquelle vos procureurs généraux découvrent des pensées perfides ou des conséquences redoutables, là où un écrivain de bonne volonté, qui laisse aller sa plume la bride sur le cou, n'a vu, au contraire, qu'une pensée parfaitement innocente et contre laquelle il n'y aurait jamais lieu d'invoquer les foudres de la loi. Ils n'ont d'autres rivaux que les professeurs de rhétorique. — J'espère que la comparaison ne les blessera pas. — Il y a aussi entre les professeurs de belles-lettres comme une émulation de finesse et de pénétration pour trouver au texte des auteurs un sens inattendu, et plus on va chercher loin, plus on s'attribue de mérite. Je crains bien qu'il n'en aille ainsi dans un lieu où les découvertes sont moins innocentes, et que parmi les membres du parquet, celui qui a l'esprit le plus aiguisé et qui découvre le mieux ces imperceptibles attaques, n'acquière par cela seul une réputation exceptionnelle, comme il arrive toutes les fois qu'on excelle dans son art. (Très-bien ! très-bien ! à la gauche de l'orateur.)

Et ce qui met le comble à mes alarmes, c'est qu'à force de chercher des arrière-pensées, on pourrait en venir à les supposer, très-involontairement, lorsqu'elles n'existent pas, et à tonner dans la suite du réquisitoire contre un délit dont on serait soi-même l'auteur. (Assentiment à la gauche de l'orateur.) Il m'est plus d'une fois arrivé à moi-même de lire une phrase, de n'y rien trouver de répréhensible, et de commencer à douter de mon jugement après avoir lu, sous le nom de réquisitoire, une merveilleuse page de critique littéraire. Le dirai-je? cette habileté m'inquiète; je crains qu'elle n'altère la justice, et je suis si loin de partager l'opinion de mes adversaires que je voudrais, à cause de cette habileté même, récuser ces juges et ces procureurs. Quelques juges d'une heure, pris dans tous les milieux sociaux, la lecture à haute voix de l'article incriminé, voilà ce qui me rassurerait bien mieux, je ne dis pas seulement pour l'accusé, mais pour la justice, qui n'a rien de commun avec vos subtilités, et pour le public, qui n'a pas à redouter des doctrines que les initiés seuls peuvent deviner ou comprendre. (Très-bien! à la gauche de l'orateur.)

Je retiens au moins de cette discussion qu'il est d'une difficulté extrême d'apprécier les délits de presse; et veuillez remarquer, Messieurs, que, dans tout ce qui précède, nous supposons, M. le ministre de l'intérieur et moi, que le délit vient d'être commis; c'est le jour, ou le mois, ou le trimestre; mais si vous convoquez le tribunal, comme pour M. Maurice Lachâtre, dix-huit mois après la publication, ou même, comme pour M. Proudhon, au bout de plusieurs semaines, alors les faits, les situations, les sentiments mêmes étant changés, l'appréciation de la criminalité devient tout simplement impossible.

Il arrive une de ces deux choses : ou bien ce qui autrefois était criminel paraît innocent, naturel et même louable; ou bien ce qui dans l'origine ne blessait ni les personnes ni les lois acquiert, par des événements postérieurs, une signification sinistre, appelle la vengeance, provoque la colère des partis. (Approbation sur quelques bancs à la gauche de l'orateur.)

Je prendrai un exemple dans un ordre de faits analogues, quoique un peu différents. La censure existe en France pour toute une catégorie d'œuvres de l'esprit. Elle a toujours le même but : protéger l'ordre public; elle est toujours animée du même esprit : prouver sa sollicitude au gouvernement. Juge-t-elle toujours de la même façon les mêmes œuvres? Ne lui arrive-t-il pas de se démentir à un an, deux ans, trois ans de distance? Et s'il en est ainsi, n'aurai-je pas le droit de dire que la culpabilité des délits de presse existe pour un temps et n'existe pas pour un autre? Cela me paraît de toute évidence.

Voici, par exemple, à l'heure où je parle, un drame qui a fait, il y a trente ans, son apparition dans le monde au milieu de l'enthousiasme des esprits d'élite et des acclamations de la foule. Non-seulement il a été joué en France sur tous les théâtres avec un immense concours de spectateurs, mais, grâce au privilége du génie, il a été loué ou injurié par tous les organes de la presse, et discuté jusque dans les chaires où l'on ne juge que les chefs-d'œuvre de l'esprit humain. Il n'est personne, parmi ceux qui s'intéressent à l'histoire littéraire, qui ne le connaisse depuis le premier jusqu'au dernier vers, à tel point que si on le représentait aujourd'hui, on ne pourrait pas impunément en supprimer un hémistiche. Le gouvernement de Louis-Philippe, qui avait comme vous une censure, a trouvé *Ruy-Blas* parfaitement innocent; il a permis de le jouer et d'atteindre jusqu'à la centième représentation. Eh bien! aujourd'hui ce beau drame, connu de deux générations, que tant de personnes savent par cœur, qui est dans toutes les bibliothèques, qu'on joue tous les jours à l'étranger, est devenu dangereux en France.

Je vous prie de me dire pourquoi. Je vous demande si la censure s'est trompée autrefois, ou si c'est aujourd'hui qu'elle se trompe. Je m'efforce de penser qu'elle est et qu'elle a toujours été digne de sa mission, qu'elle la remplit en conscience, qu'elle entend parfaitement la besogne dont elle a consenti à se charger; et s'il en est ainsi, ne suis-je pas dans mon droit en disant qu'une même production de l'esprit est innocente un jour, et devient criminelle à quelques années de distance? Eh bien! s'il en est ainsi, et si la criminalité change avec les événements publics, ou même avec le mouvement des sensations publiques, comment se peut-il faire que vous veniez rétrospectivement chercher ou créer des délits dans une œuvre qui a pris naissance au milieu d'émotions, d'événements, de circonstances oubliées ou abolies, et que vous fassiez subir à l'auteur les conséquences de changements inattendus par lui, survenus après la création de son œuvre? (Très-bien! à la gauche de l'orateur.)

Non-seulement ce changement de circonstances, mais un simple changement de personnes peut modifier le jugement, et par conséquent il importe pour l'auteur de savoir par qui il sera jugé. Même sous le gouvernement actuel, qui ne reconnaît pas la responsabilité ministérielle, les ministres ne sont pas éternels, et quand ils changent, ce n'est pas toujours une modification de personnes, c'est quelquefois un revirement de principes. Nous pouvons avoir un jour un ministre de l'intérieur protestant, ou même, qui sait? un ministre philosophe; il n'y a rien, ni dans la constitution, ni dans nos mœurs qui s'y oppose; il peut au contraire nous échoir un ministre fervent catholique, ultramontain même. L'auteur qui craint les condamnations, — car il y a deux sortes d'auteurs, ceux qui recherchent les condamnations à cause du piédestal dont parle l'exposé des motifs, et ceux qui les craignent, —l'auteur qui craint les condamnations, et qui voudra, dans un ouvrage, parler de la question romaine, s'il est sûr que le ministre de l'intérieur est partisan de l'unité italienne et de la séparation du pouvoir spirituel et du pouvoir temporel, se permettra une certaine liberté d'allures. Tout à coup il apprend par *le Moniteur* que le ministre libéral est remplacé par un ministre clérical, et son livre, qui était innocent, devient suspect. Il faut qu'il s'attende à tout. aux poursuites, à la prison, — et même au réquisitoire,

Est-ce qu'une pareille situation, Messieurs, ne vous paraît pas contraire à la théorie générale de la pénalité? (Très-bien! à la gauche de l'orateur.)

M. ERNEST PICARD. C'est cela!

M. JULES SIMON. Permettez-moi de citer une anecdote, car en pareille matière, les faits sont extrêmement probants. Il y a quelques années a paru un livre intitulé *la Science de l'homme*, non pas une brochure, un très-gros livre, car il coûtait en librairie neuf ou dix francs, ce qui suppose six ou sept cents pages d'impression. Ici encore, comme pour la première œuvre que je citais, le nom de l'auteur était de ceux qui ne peuvent passer inaperçus; c'était un homme qui a joué un très-grand rôle dans le monde des idées, non pas tant par la puissance de son esprit que par la force de sa situation; car ce n'est pas toujours à la vigueur de la pensée ni à l'importance des découvertes qu'on doit le rôle qu'on joue dans le monde intellectuel, mais à un concours heureux de circonstances qui portent un homme à la tête de ses contemporains. Celui dont je parle a été le chef d'une religion, et on l'a vénéré comme un prophète : c'est le père Enfantin. (Chuchotements.)

Le père Enfantin, à la fin de sa vie, était un de ces écrivains pour lesquels le martyre n'est qu'un désagrément. Désirant passionnément que son livre ne fût pas poursuivi, étant d'ailleurs très-dévoué au gouvernement impérial, et ayant, si je ne me trompe, des relations avec le chef de l'État, si on lui avait dit : Votre livre sera poursuivi, je suis convaincu qu'il en aurait arrêté l'impression. Le livre parut, et l'éditeur, M. Victor Masson, un homme parfaitement posé et d'une honorabilité incontestable à tous les points de vue, même au point de vue de M. le juge d'instruction, fut appelé au parquet, où on lui tint à peu près ce discours : « Vous venez de publier un livre qui est rempli d'attaques contre la morale publique et religieuse ; ce livre va être saisi, des poursuites vont avoir lieu. Vous irez, avec M. Enfantin, à Sainte-Pélagie, et vous payerez une grosse amende. »

M. Victor Masson se défendit de son mieux. Mais qu'aurait-il fait contre un procureur impérial, lui qui n'est pas même avocat? Ce n'est qu'à bout de ressources, et au moment de sortir, qu'il se décida, bien malgré lui, à tirer de son portefeuille une lettre qui décida la question : c'était une lettre officielle par laquelle M. Enfantin était averti que l'empereur acceptait la dédicace de son livre. Coupable au Palais de Justice, innocent aux Tuileries, quelle preuve plus éclatante voulez-vous pour démontrer que la culpabilité d'un écrit change avec les personnes qui le jugent? (Très-bien! très-bien! à la gauche de l'orateur.)

Les vérités que j'exprime là n'ont, à mes yeux, qu'un défaut, ou un malheur, si vous voulez : c'est d'être tellement évidentes que, quand on les démontre, on a l'air d'enfoncer une porte ouverte. Mais c'est que la porte n'est pas ouverte, puisque nous y avons frappé, et que la commission a refusé de l'entr'ouvrir. Il faut, puisqu'il en est ainsi, que je vous dise une fois de plus que la Restauration s'est montrée ou plus clémente ou plus sûre d'elle-même que le gouvernement actuel.

Vous connaissez, en effet, les deux lois, celle du 26 mai 1819, qui, dans son article 29, réduit à six mois le délai des poursuites publiques pour les délits de presse, et la loi du 9 juin 1819 qui, dans son art. 13, le réduit à trois mois. Ce que nous vous demandons, c'est de n'être pas plus effrayés de votre situation que ne l'était de la sienne le gouvernement de la Restauration rentré en France à la suite des armées étrangères, et dont le chef, habitant le palais des Tuileries, d'où l'empereur venait à peine de sortir, y rencontrait à chaque pas le souvenir encore vivant de la Convention nationale.

Quoi! ce gouvernement ramené par les étrangers et les émigrés, rapportant en France des idées, des sentiments que la France n'aimait plus et ne comprenait plus, obligé de proposer au dix-neuvième siècle de redevenir la portion malheureuse et vaincue du dix-huitième siècle, ce gouvernement pensait qu'il suffisait à la vindicte publique, c'est-à-dire à sa propre défense, d'avoir trois mois pour exercer les poursuites, et vous viendriez aujourd'hui nous dire que vous, dans la situation où vous êtes, vous avez besoin d'être pendant trois ans les maîtres de la destinée d'un écrivain? Vous ne voudrez pas vous faire à vous-mêmes cette injure; vous ne vous déclarerez pas moins forts que ne l'était le gouvernement de la Restauration au moment où il commençait, je ne dirai pas à vivre, mais à espérer de naître, et surtout vous ne vous montrerez pas plus durs envers les écrivains que ne l'était un gouvernement pour qui la libre pensée n'était pas l'objet d'une prédilection particulière. (Approbation à la gauche de l'orateur.)

Quand la loi que je vous rappelle a été portée à la Chambre des députés, voici comment la motivait le rapporteur. Il se servait d'un mot que j'oserais à peine porter à cette tribune, car si je le prononçais dans un moment où vous me feriez la grâce de m'écouter, j'aurais affaire à vous et à votre président. Mais, venant du ministre de la Restauration, j'espère que vous voudrez bien l'entendre et en tenir compte :

« Il est dans la nature des crimes et délits commis avec publicité, et qui n'existent que par cette publicité même, d'être aussitôt aperçus et poursuivis par l'autorité et ses nombreux agents. Il est dans la nature des effets de ces crimes ou délits d'être rapprochés de leur cause. Elle serait TYRANNIQUE la loi qui, après un long intervalle, punirait une publication à raison de tous ses effets possibles les plus éloignés, lorsque la disposition toute nouvelle des esprits peut changer du tout au tout les impressions que l'auteur lui-même se serait proposé de produire dans l'origine; lorsqu'enfin le long silence de l'autorité élève une présomption si forte contre la criminalité de la publication. Il a donc paru convenable d'abréger de beaucoup le temps de la prescription de l'action publique. »

On l'a tellement abrégé qu'on l'a remis d'abord, comme je le disais, à six mois, et peu de temps après, à trois mois.

Dans cette même discussion, un homme que l'on cite ici très-souvent, et qui est, avec MM. Royer-Collard et de Serre, comme un des apôtres de la liberté de la presse, M. Benjamin Constant, s'exprimait ainsi :

« Si la prescription n'était pas limitée en matière de presse, un imprimeur aurait à craindre de voir soudain interpréter quelques-uns des ouvrages qu'il aurait publiés n'importe quand. Un magasin de librairie serait un arsenal d'armes terribles contre tout libraire ou tout imprimeur. » (Très-bien! à la gauche de l'orateur.)

En effet, je ne parle pas seulement pour les auteurs, dont, pour dire la vérité, les intérêts me touchent fort, mais je parle en même temps pour leurs alliés, leurs voisins, c'est-à-dire pour les libraires et les imprimeurs.

Les libraires et les imprimeurs sont beaucoup plus exposés que les auteurs par cette prolongation vraiment inqualifiable du délai de la prescription légale. Souvent un auteur ne publie qu'un livre; s'il est fécond, il en publie deux; s'il en publie un tous les ans, c'est peut-être malheureux pour lui; tandis qu'un éditeur publie tous les jours un volume, et quelquefois deux ou trois volumes par jour.

Il y a tel magasin de librairie qui contient des sous-sols divisés en rues, et des rues divisées par numéros, comme une ville souterraine. Dans ceux de M. Hachette on a été obligé d'établir des railways pour transporter les ballots de livres. Le malheureux éditeur qui demeure au-dessus dort, je ne dirai pas sur un volcan, mais sur une quantité de volcans. Il y a dans ses caves de quoi le faire condamner à des amendes de plusieurs millions et à un emprisonnement perpétuel. (Assentiment à la gauche de l'orateur.)

Un pamphlet a paru tout récemment... J'en parle peut-être un peu imprudemment; car, s'il plaît au gouvernement de le poursuivre, il lui reste encore deux ans et sept mois pour s'y décider. Mais le gouvernement a de l'esprit à ses heures, et il est le premier à rire d'une plaisanterie quand elle est bonne. Cela s'appelle *Une Élection dans le grand-duché de Gérolstein.*

L'auteur a pensé qu'on pouvait prendre toutes les libertés possibles avec la famille grand-ducale de Gérolstein, et il s'est mis à l'aise avec les maires d'Outre-Rhin, en leur attribuant des manœuvres électorales que jamais un maire ne s'est permis et ne se permettra en France; c'est moi, membre de l'opposition, qui le déclare.

M. GLAIS-BIZOIN. Oh ! oh !

M. JULES SIMON. Le gouvernement a pensé comme moi, et il a trouvé que les maires français seraient en vérité bien bons et le gouvernement français bien faible s'ils prenaient fait et cause pour le grand-duc ou la grande-duchesse de Gérolstein et pour leurs fonctionnaires; il n'y a donc pas eu de poursuites. Mais, parmi vos quarante mille maires, il s'en est trouvé un qui n'avait pas autant d'esprit que le gouvernement, et qui, tout en lisant cet amusant récit, a fait un retour

fort inattendu sur lui-même : « Mais comment! voilà
des paroles que j'ai dites; comment! j'ai mis, moi aussi,
mon écharpe; comment! je suis allé en uniforme re-
commander mon candidat; j'ai promis de donner une
cloche à l'église s'il était nommé. Plus de doute : c'est
moi qu'on a désigné, c'est mon honneur qui est en
jeu. » (Rires à la gauche de l'orateur.) Il a donc poursuivi l'éditeur, M. Dentu, dans le ressort de Besançon,
pour *Une Élection au grand-duché de Gérolstein*. Espérons que M. Dentu n'en mourra pas. Mais voici maintenant ce qui fait trembler M. Dentu et ses amis, c'est
qu'il y a quarante mille maires en France, et qu'il peut
être quarante mille fois condamné. Quarante mille condamnations à la prison et à l'amende! M. Pelletan, qui
fait si bien le calcul des pénalités accumulées, pourrait
seul nous dire si M. Dentu, quoiqu'il soit dans la fleur
de sa première jeunesse, conserverait des chances de se
revoir un jour en liberté. (Rires approbatifs à la gauche
de l'orateur.)

Je conclus de ces observations que vous ferez grand
bien à votre loi, et que vous vous ferez grand bien à
vous-mêmes, en supprimant une rigueur parfaitement
inutile et évidemment dangereuse. S'il s'agit d'un article
de journal, vous n'en avez certainement pas besoin; car
c'est le sort d'un article de mourir avec le jour où il a
paru. S'il s'agit d'un livre, de deux choses l'une : ou le
livre n'aura pas de succès, et alors ne lui en faites pas
un, laissez-le dans son obscurité; ou il en aura, et alors
vous le retrouverez à sa seconde édition.

Vous n'avez donc aucun motif pour maintenir cette
disposition, vous en avez un grand pour la supprimer :
c'est qu'en le faisant, vous rendrez votre loi plus juste,
moins sévère, et que vous augmenterez encore l'étendue de notre ingratitude, puisque nous avons l'esprit
assez mal fait pour voter votre loi sans l'aimer. Reve-
nez donc à l'opinion exprimée dans son rapport, au

nom du conseil d'État, par l'honorable M. Pinard, et rappelée ici par lui-même, il y a trois jours, quand il vous disait :

« Ou des poursuites immédiates, ou pas de pour=suites. » C'est tout ce que nous vous demandons. (Très-bien ! à la gauche de l'orateur.)

Je suis même moins scrupuleux que l'honorable M. Pinard. Je n'exige pas que les poursuites soient im-médiates ; je vous accorde de bonne grâce un délai de trois mois, et vous ne vous ferez pas à vous-mêmes le tort de le refuser. (Vive approbation à la gauche de l'orateur.)

RESPONSABILITÉ DE L'IMPRIMEUR

(14 février 1868.)

M. LE PRÉSIDENT SCHNEIDER. Voici le texte sur lequel M. Jules Simon demande à s'expliquer :

Ajouter avant le premier paragraphe :

« L'imprimeur ne peut être poursuivi comme complice des délits commis par la voie de la presse que dans le cas où l'auteur de l'écrit incriminé demeure inconnu ou ne se présente pas. » — Le reste comme au projet.

Un membre. Il y a un autre amendement semblable.

M. LE PRÉSIDENT SCHNEIDER. Cela prouve que la même idée peut être produite par plusieurs personnes.

M. ADOLPHE GUÉROULT. Nous avions présenté un autre amendement dont la pensée est la même.

M. JULES SIMON. Il y a trois amendements sur le même sujet : l'un de MM. Havin et Guéroult, l'autre de M. de Janzé ; le troisième est signé par moi. Ces trois amendements ont le même but et sont conçus dans les mêmes termes. Comme la pensée qui les a inspirés est très-juste et très-simple, il n'est pas surprenant qu'elle se soit produite de différents côtés.

Messieurs, pour arriver à expliquer la portée de mon

amendement, j'ai besoin de me demander d'abord quel est le but des poursuites en matière de presse.

Sans doute, on peut soutenir que dans la poursuite des délits de presse on se propose le même but que dans toutes les autres poursuites judiciaires, c'est-à-dire qu'on veut atteindre et punir un coupable. Vous savez que, sur ce point, je fais les réserves les plus expresses et que, suivant moi, la discussion purement scientifique et purement théorique ne constitue jamais aucun délit et n'entraîne par conséquent aucune culpabilité.

Vous pensez le contraire. Vous croyez qu'il y a des délits de presse et que la société a le droit de les punir. Mais vous me permettrez au moins de supposer que, dans toutes vos lois sur la matière, vous vous préoccupez bien moins de punir des coupables que d'assurer, par des pénalités, l'obéissance due à la loi. C'est en ce sens qu'on disait ici l'autre jour, avec beaucoup d'autorité, qu'il y a des circonstances où la prison ne flétrit pas.

Or, s'il s'agit principalement d'assurer l'obéissance due à la loi, il faut et il suffit que vous ayez, pour chaque violation de la loi, une personne qui en assume la responsabilité et qui comparaisse réellement devant la justice.

M. le ministre de l'intérieur discutait, il y a deux jours, à cette tribune, une question différente, et pourtant analogue, parce qu'elle repose sur des faits de même nature et dépend des mêmes principes. Il s'agissait de savoir si l'on peut appliquer une peine, non pas seulement à l'écrivain, mais au journal; en d'autres termes, si la suspension ou la suppression d'un journal est une peine légale ou une voie de fait.

M. le ministre de l'intérieur, en discutant cette question, vous expliquait la situation des diverses personnes qui concourent à la confection d'un journal. Il vous disait que l'auteur d'un article n'en est parfois que le signataire; que si la signature est vraie, il peut cepen-

dant arriver que l'auteur n'ait fait que prêter sa plume
à la pensée d'un autre, et soit moins un collaborateur
qu'un secrétaire ; qu'enfin, dans beaucoup de circonstances, le rédacteur en chef arrêtant le soir la composition du journal, et utilisant les articles déposés sur
son bureau, les modifiait suivant son opinion personnelle ou les convenances du journal, et rendait ainsi
les écrivains responsables, aux yeux du public et de
l'autorité, de doctrines et de jugements qu'ils n'avaient
pas exprimés. S'il en est ainsi, disait M. le ministre de
l'intérieur, si dans presque tous les actes d'un journal
il y a une confusion telle qu'il soit difficile à la justice
de déterminer exactement à qui revient la responsabilité, il en résulte pour elle le droit de frapper la col-
lectivité, et, par conséquent, de faire peser la pénalité
en même temps sur l'auteur, sur le gérant et sur le
directeur du journal. La logique de son raisonnement
l'emportait même si loin, qu'il ne reculait pas devant
la nécessité de frapper les actionnaires dans leur propriété, parce qu'en effet, s'ils ne sont pas agents directs
du délit, ils sont du même parti que les coupables, et
leur ont fourni les moyens de prévariquer.

Dois-je dire que je n'admets pas cette extension indéfinie des procès de tendance ? Je ne veux pas qu'on
étende l'action de la loi, dans un cas, aux propriétaires
du journal, et dans l'autre à l'industriel qui, en donnant ses presses, a fait un acte de commerce et non
un acte de complicité. Je tiens que, s'il y a un coupable en matière de presse, c'est celui qui donne son
nom, qui s'offre à la loi : celui-là dis-je, et celui-là seul.

Un membre à la gauche de l'orateur. C'est évident.

M. JULES SIMON. Tout d'abord, j'écarte loin de moi
la pensée, qu'en cherchant un second coupable, on amé-
liore la situation de l'accusé principal, en lui fournis-
sant la pénible et humiliante ressource des circonstances atténuantes.

Je tiens, au contraire, que si nous avons souci de la
dignité des lettres, — et il me sera permis, après tous
les clients dont on a parlé à cette tribune, tantôt la
liberté de la presse, qui, suivant M. Baroche, est la
cliente populaire des membres de l'opposition, tantôt
le gouvernement, qui est le client de M. Baroche, d'en
introduire un nouveau, qui n'est autre que la dignité
des lettres...

M. LE GARDE DES SCEAUX. Je n'ai pas dit « le Gouvernement; » j'ai dit « la société. »

M. JULES SIMON. Il n'y a aucune attaque contre vous
dans ce que je dis là.

M. LE GARDE DES SCEAUX. Sans doute, mais je rectifie
les paroles que vous me prêtez. Ce n'est pas le gouvernement que je prenais pour client, c'est la société!

M. JULES SIMON. Il n'y avait donc pas lieu à rectification; car je suis persuadé que ces deux intérêts se
confondent, Monsieur, dans votre pensée.

Je vous présente à mon tour le plus noble des clients,
et c'est la dignité des lettres. (Très-bien! très-bien! à
la gauche de l'orateur.)

Lorsqu'il a été question de la peine de l'emprisonnement, vous avez entendu à cette tribune un homme qui
a plus qu'aucun autre le droit de parler en notre nom,
demander qu'on nous fît l'honneur de chercher contre
nous des pénalités personnelles, de ne pas frapper le
capital, quand nous sommes les seuls coupables, de ne
pas donner, contre notre indépendance, à cet auxi-
liaire importun, une force nouvelle, en augmentant sa
responsabilité aux dépens de la nôtre. « Mon droit est
entier, disait M. Pelletan, si je n'expose que moi-même.
Je ne veux pas qu'un autre puisse me dire que c'est lui
que je compromets en exprimant ma pensée, et que
c'est sa bourse qui pâtira de mes hardiesses. » J'ai
quelque peine à m'associer aux conclusions de mon ami,
et à demander le maintien des peines corporelles; mais

je m'associe de tout mon cœur, de toute mon âme, à ses principes, et je demande, avec toute l'énergie dont je suis capable, que la responsabilité ne soit pas partagée; que l'écrivain ait tout le péril, comme il a tout l'honneur, qu'il soit seul devant la loi de son pays, comme il sera seul devant l'avenir.

En adoptant cette doctrine, conforme du reste à tous les principes sur la matière, vous ferez cesser jusqu'à la trace de cette confusion dont vous parlait, à l'une de vos dernières séances, M. le ministre de l'intérieur. Je suis persuadé qu'il désire comme moi, et tout autant que moi, que, quand il y a une signature au bas d'un article, cette signature soit sincère; que, quand il y a un homme qui, devant son pays, vient dire : « C'est moi qui ai écrit cette phrase, c'est moi qui ai soutenu cette doctrine, » il soit bien entendu que c'est en effet un homme qui est représenté par cette signature, et non pas cette triste et humiliante chose que, dans un langage vulgaire, mais juste, on appelle un homme de paille ! Qu'il y ait des hommes de paille, c'est une honte pour les lettres; et nous pouvons, en spécifiant la pénalité, en l'arrêtant sur une seule tête, en rendant l'écrivain responsable et seul responsable, écarter ces fantômes qui viennent ainsi se placer entre la justice et la pensée exprimée et avoir en face de nous, comme je le disais tout à l'heure, dans toute la force du terme, avec la signature, un homme. (Très-bien ! à la gauche de l'orateur.)

Quand je savais ce qui se passait dans les journaux, — il y a vingt ans de cela, — il arrivait trop souvent qu'au moment de mettre sous presse, en l'absence de l'auteur, le directeur modifiait le sens d'un article. Cela doit encore se passer ainsi, puisque la loi n'a pas changé. C'est une situation grave, puisqu'elle blesse la sincérité, et qu'elle oblige deux hommes, l'un à exercer, l'autre à subir une sorte de tyrannie. La faute n'en est pas aux écrivains, elle est à la loi. C'est elle qui, par cette responsabilité divisée, attente à la dignité des lettres, abaisse les caractères, trouble les notions du bien et du mal, et quand elle devrait être l'école de la dignité et de l'honneur, devient la conseillère et la maîtresse des plus honteuses transactions.

M. le ministre de l'intérieur nous parlait du danger des mesures inquisitoriales nécessaires pour découvrir, entre plusieurs accusés, le vrai coupable. Notre système les supprime, en n'admettant qu'un seul accusé et en choisissant celui qui se nomme. Si j'ose le dire, M. le ministre de l'intérieur discute trop toute cette affaire en magistrat, et en se plaçant à ce point de vue que, quand il y a un coupable, il faut le saisir et le punir.

Ce n'est pas là le principe sur lequel on doit s'appuyer; la vraie raison des dispositions pénales en matière de presse, c'est la nécessité réelle ou prétendue d'empêcher la violation des lois. S'il en est ainsi, qu'avez-vous besoin d'inquisition, de police, de complices? La signature répond à tout. Ce système est simple : il sauvegarde la dignité des lettres; il suffit à la vindicte publique.

Vous avez devant vous un homme : s'il s'agit de l'emprisonnement, c'est lui qui le subira; s'il s'agit de l'amende, c'est lui qui la payera, n'importe dans quelle bourse il la prenne.

Vous dites : Nous avons plus de sécurité avec le journal pour le payement de l'amende, parce que le journal a une caisse, et que l'écrivain n'en a pas. Je réponds : Est-ce un article de journal? Vous savez bien que vous serez payé. Est-ce un livre? Si l'auteur est insolvable, vous avez la confiscation. Non, je me trompe; M. le ministre de l'intérieur nous a appris que la confiscation n'existe plus; mais vous avez la saisie qui lui ressemble de très-près, de si près, que je désespère d'en découvrir jamais la différence.

Ainsi quand vous avez, d'un côté, la faculté d'emprisonnement sur la personne, de l'autre, la faculté d'imposer une amende et, à défaut du payement de l'amende, ou plutôt cumulativement avec elle, la saisie du livre, vous avez toutes les garanties désirables pour que vos lois soient observées. Par conséquent si, au lieu du vrai coupable, du seul coupable, de celui qui se nomme et se dénonce, vous cherchez des complices dont la culpabilité, comme je vais vous le montrer tout à l'heure, est plus que douteuse, vous le faites sans aucune utilité pour la vindicte publique. C'est pour cela principalement que nous voulons effacer de la loi française cette triste, cette honteuse mesure (Très-bien! à la gauche de l'orateur.)

Ces hommes que vous frappez sont de faux complices, de faux coupables dont la culpabilité est une pure fiction.

Je ne veux pas en faire la démonstration successivement pour l'éditeur et pour l'imprimeur. Je parlerai de l'imprimeur seulement, après vous avoir avertis que presque toutes les raisons que je donnerai pour celui-ci s'appliqueraient également à celui-là; cela m'évitera de répéter la même discussion et épargnera les moments de l'assemblée; vous suppléerez, s'il vous plaît, aux lacunes que je ne laisserai subsister que par égard pour la Chambre elle-même.

Je dis que l'imprimeur est un complice factice, un complice créé par la loi, que ce n'est pas un complice réel. Et il est évident que ce n'est pas un complice réel; vous n'avez, pour vous en convaincre, qu'à considérer la situation dans laquelle se trouvent les imprimeurs. Si on donne suite à la proposition de la commission et que l'usage prévaille d'avoir un imprimeur pour chaque journal, — un seul imprimeur pour un seul journal, — vous pourrez, à la rigueur, imaginer que l'imprimeur lira tous les jours, après le rédacteur en chef, le journal qu'il doit imprimer ; — cette supposition ferait sourire quiconque sait ce que c'est qu'un journal, et ce que peut y être la situation d'un imprimeur, d'un simple propriétaire de caractères et de presses d'imprimerie ; — mais enfin, il n'y aura pas impossibilité physique, dans ce cas, à ce que l'imprimeur lise le journal et se rende compte des articles qu'il contient.

Dans la vérité des choses, tout se passe bien différemment. Il existe rue Coq-Héron une imprimerie, qui est, je crois, celle de M. Dubuisson, dans laquelle on imprime je ne sais combien de journaux.

M. Adolphe Guéroult. Dix ou douze.

M. Jules Simon. Dix ou douze. Le propriétaire de cette imprimerie doit faire composer ces dix ou douze journaux dans le même moment de la journée ; de sorte que plusieurs centaines d'ouvriers sont occupés simultanément à composer un nombre infini de feuillets. Existe-t-il, je vous le demande, une intelligence humaine qui puisse se débrouiller au milieu de cette quantité d'idées? une horloge qui permette à un même homme, dans l'espace de cinq ou six heures, de lire ces dix à douze journaux, depuis la première ligne jusqu'à la dernière?

A moins de réaliser de tels miracles, il faut convenir que ce complice, imaginé et créé par vous, non-seulement n'est pas un complice, mais ne pourrait l'être, quand il le voudrait. Sait-il seulement d'une manière générale ce que ses douze journaux contiennent? Est-ce que c'est son métier? Son métier est-il d'être un homme instruit, sachant la politique, connaissant jusqu'aux matières religieuses, qui sont bien autrement délicates et épineuses que les matières politiques? Vous savez bien que non. Son métier est de savoir ce que c'est que des caractères d'imprimerie, qu'une machine à imprimer, de bien diriger ses ouvriers, de les payer convenablement, d'établir une bonne police dans ses ateliers et de faire faire des corrections exactes.

Ainsi, il n'a ni le temps, ni la compétence, ni la possibilité d'être complice; donc il ne l'est pas, ou il ne l'est que par une fiction légale, ce qui est déplorable. Songez-y; pesez la valeur de ces deux mots : un coupable de par la loi, qui est parfaitement et nécessairement innocent!

Je pourrais ajouter, Messieurs, en ce qui concerne les journaux, et sans sortir de la rue Coq-Héron, que je ne sais ce que pourrait exiger d'un rédacteur en chef cet imprimeur qui prête ses presses à douze journaux. Quand on vient lui proposer dans la même journée d'imprimer *l'Univers, la Quotidienne, l'Avenir national*, — je cite au hasard, car je n'ai jamais mis les pieds dans la maison, et je ne sais pas ce qui s'y passe, — j'admets qu'à la rigueur il s'enquière de la nuance du journal; mais peut-on exiger qu'il entre dans les détails de la rédaction, et qu'il soit un juge compétent? Ce serait une absurdité. Cela saute à tous les yeux.

De même que, pour la validité des actes notariés, on exige la présence du notaire et de son collègue, faisant ainsi le collègue responsable de ce qu'il ne peut connaître, et coupable d'une faute qu'il n'a pas faite : de même ici vous poursuivez et vous ruinez un homme nécessairement et invinciblement innocent. Il y a même cette différence : c'est qu'à la rigueur si le collègue voulait lire, il le pourrait, tandis que l'imprimeur, je l'en défie. Aussi ne sait-il jamais qu'il est poursuivi, et d'avance condamné, que quand il reçoit l'assignation du procureur impérial. (Assentiment à la gauche de l'orateur.)

Introduire dans une loi une fiction semblable, l'y introduire sans nécessité, c'est, je le répète, infliger à la loi une sorte de déshonneur; et il est non-seulement de l'équité, mais de l'habileté du Corps législatif, de faire disparaître une anomalie aussi grossière.

Cependant, Messieurs, cette pénalité qu'on applique sans justice et sans nécessité à un innocent, croyez-vous qu'elle soit douce? Vous savez quelle est la pénalité que vous avez établie dans la loi que nous discutons en ce moment. Elle peut être de 25,000 fr. d'amende pour un seul délit.

Prenez garde que M. Dubuisson peut avoir un délit dans chacun des douze journaux qu'il imprimera ce soir. Et ce n'est pas une hypothèse toute gratuite. Il se rencontre quelquefois que dix ou douze journaux commettent en même temps un délit, quoiqu'ils ne soient pas de la même opinion. Récemment, nous avons vu, réunis devant les tribunaux, des journaux qui ordinairement ne font pas cause commune. C'est vous qui les aviez réunis dans cette singulière solidarité. S'ils avaient été imprimés chez M. Dubuisson, et si, au lieu de 1,000 francs d'amende, on leur avait appliqué le maximun de la peine, vous voyez à quelle somme l'imprimeur aurait été condamné en vertu de votre loi.

M. Adolphe Guéroult. A 300,000 fr.

M. Jules Simon. Encore je suppose que dans un même numéro il n'y a qu'un délit. Mais, il pourrait y avoir un délit dans chaque article. Je fais cette supposition parce que, comme la loi n'est en elle-même qu'un vaste amas d'absurdités, il n'est pas étonnant que je puisse y attacher toutes les absurdités possibles.

Messieurs, non-seulement il y a des amendes de 25,000 fr., pouvant aller à 300,000 fr., à 600,000 fr., mais vous avez rétabli l'emprisonnement, aggravation pour l'imprimeur. Vous avez voté aussi la privation des droits politiques. Et, à ce propos, je reviens au procès des comptes rendus, qui naturellement hante notre mémoire à tous tant que nous sommes. Je ne puis oublier que parmi les journaux qui ont été condamnés à 1,000 fr. d'amende, il y en avait un, *l'Avenir national,* contre lequel le jugement ne relève que le délit d'avoir introduit dans sa première colonne une phrase d'un discours prononcé à cette tribune par un député de la Seine, qui s'appelle M. Jules Simon. Cette phrase n'est en rien criminelle, elle n'a excité aucune rumeur sur les bancs de la Chambre et n'a pas éveillé l'attention toujours présente de notre honorable président. J'ai donc le droit de dire qu'elle ne récelait aucun venin; et pourtant, pour l'avoir imprimée, M. Peyrat a été condamné à 1,000 fr. d'amende; on pouvait condamner aussi l'imprimeur. Pourquoi non? Ce n'est pas tout : comme dans votre article sur la privation des droits électoraux, tandis que vous introduisiez, avec pleine raison, la clause de la récidive, vous avez refusé de distinguer entre les délits, il aurait pu plaire au tribunal, ainsi investi d'une sorte de toute-puissance, de priver de leurs droits électoraux pour une durée de cinq ans, non-seulement l'homme éminent qui dirige *l'Avenir national*, mais l'imprimeur de son journal. Je me demande en vérité pourquoi votre loi épargne les compositeurs d'imprimerie.

Je ne veux pas relever cette circonstance grave que l'imprimeur, dans la situation que je viens de décrire, est punissable d'une peine énorme qui ne peut pas être appliquée à l'auteur de l'article ni au rédacteur en chef, c'est la peine de la privation de son brevet.

Quand vous aurez supprimé les brevets, — et pour le dire en passant, c'était avec la suppression de l'autorisation préalable tout ce qu'il y avait de bon dans votre projet de loi, — quand vous aurez supprimé les brevets, cette pénalité dont je parle ne sera plus possible, mais elle l'est encore aujourd'hui, de sorte qu'on peut condamner l'auteur, qui est le vrai coupable, si tant est qu'il y ait un coupable, à 1,000 francs, le rédacteur à 1,000 francs, l'imprimeur à 1,000 francs, plus à la suppression de son brevet, c'est-à-dire à sa ruine totale.

M. Delalain, président de la chambre syndicale des imprimeurs de Paris, a publié deux relevés de toutes les pénalités auxquelles les imprimeurs sont soumis, d'après les lois existantes, et de toutes celles auxquelles ils auraient été exposés d'après le projet de loi tel qu'il avait été présenté avec l'exposé des motifs de M. Pinard.

Vous avez tous, Messieurs, ces relevés entre les mains, et je me bornerai à vous en présenter le résumé.

Dans l'ancienne loi, celle qui existe encore à l'heure qu'il est : soixante-seize cas d'amende de 16 et 20 fr. a 12,000 et 50,000 fr. ; quarante cas d'emprisonnement de trois jours à cinq ans; six cas de privation des droits électoraux, et six cas de privation des droits civiques, civils et de famille.

Voilà l'aimable législation à laquelle sont aujourd'hui soumis les imprimeurs, dont l'industrie, si j'en crois ce qui me revient de tous côtés, n'est pas extrêmement rémunératrice. Dans le projet de l'honorable M. Pinard il y avait quelques aggravations, aucune diminution. Les aggravations étaient celles-ci : quatre cas de plus pour l'emprisonnement, trente cas de plus pour les droits électoraux. On ne nous donnait pas sans rançon ce que les orateurs et les journalistes du gouvernement veulent bien appeler la liberté de la presse.

Je dis que si on exécutait la loi il serait presque impossible qu'un imprimeur pût être élu député. J'en demande pardon à l'honorable M. Paul Dupont, que je regretterais de ne pas voir à son banc; mais je crains bien qu'il ne soit là que par la tolérance de messieurs les membres du parquet. Votre grande innovation de la récidive ne le sauverait même pas : quel est l'imprimeur qui ne soit forcément récidiviste? Les imprimeurs de journaux ne comptent plus leurs condamnations. On me dira peut-être qu'on les épargne? J'y consens, vous n'osez pas appliquer rigoureusement une telle loi. Raison de plus pour la rejeter.

Maintenant, je sais la réponse qu'on peut faire, il y en a une, mais il n'y en a qu'une : c'est l'article 24 de la loi du 17 mai 1819. Il n'est pas sans intérêt de dire que la loi de 1819 ne contenait pas d'abord cet article. Il se trouva parmi les membres de l'opposition des hommes qui furent indignés de cette pénalité sans motifs et sans mesure, et qui, appartenant aux lettres françaises et les honorant par leurs écrits, se crurent obligés de lutter avec une énergie indomptable pour arracher à la Chambre de 1819 une atténuation à cette loi déplorable. C'est à Benjamin Constant qu'en revient surtout l'honneur ; toutefois, on ne céda pas complétement à ses objurgations. L'article 24 fut tout ce qu'on accorda à ses raisons, à son éloquence. J'en relis les termes :

« Les imprimeurs d'écrits dont les auteurs seront mis en jugement en vertu de la présente loi, et qui auront rempli les obligations prescrites par le titre II de la loi du 21 octobre 1814, » — c'est la déclaration et le dépôt préalable, — « ne pourront être recherchés pour le fait d'impression de ces écrits, à moins qu'il n'aient agi sciemment, ainsi qu'il est dit à l'article 60 du code pénal, qui définit la complicité. »

Lorsque la Belgique fit sa constitution, après la révolution de 1830, on remit en délibération les lois sur la presse, parce que toutes les fois qu'un peuple fait une révolution, parmi les droits les plus sacrés que les vainqueurs inscrivent sur la première feuille de papier qui leur tombe sous la main en déposant le mousquet, ils ne manquent pas de mettre les droits de la pensée, c'est-à-dire les droits de la presse. Les états généraux de Belgique examinèrent la loi française, et leur premier désir comme leur premier devoir fut de la transformer complétement. Quand ils en vinrent à la question dont je parle, ceux qui voulaient conserver la responsabilité des imprimeurs ne manquèrent pas d'invoquer cet article 24, c'est-à-dire le mot *sciemment* qui s'y trouve.

Mais alors presque toutes les voix s'élevèrent pour dire que c'était là une égide insuffisante; que le mot *sciemment*, donnant lieu à des interprétations faites trop souvent par esprit de parti, n'était pas une protection pour l'instrument de la pensée; que si on voulait la pensée libre, il fallait lui donner un instrument indifférent; que c'était la première condition de la liberté.

Par une conséquence logique, l'article fut rejeté et remplacé par une disposition nette, formelle, précise, que voici : « Jamais l'imprimeur n'est responsable de ce qu'il imprime. » (Marques d'approbation à la gauche de l'orateur.) Il suffit, pour bien se rendre compte de la loi de 1819, de relire l'article 60 du code pénal, qu'elle invoque et qui règle la responsabilité dans la législation française.

On voit à l'instant quelles embûches, quels piéges de toute nature un pareil article peut cacher. C'est le paragraphe 2 de l'article. Il est ainsi conçu :

« Ceux qui auront procuré des armes, des instruments, ou tout autre moyen qui aura servi à l'action, sachant qu'ils devaient y servir. »

Il n'y a là ni précision, ni clarté, ni protection ; par conséquent tant que cet article subsiste, il n'y a pas de sécurité pour l'imprimeur et pas de liberté pour la presse.

Messieurs, la seule utilité possible de votre loi sur la responsabilité des imprimeurs, mais ce n'est pas une utilité avouable, c'est qu'elle transforme les imprimeurs en censeurs.

M. Eugène Pelletan. Très-bien! très-bien !

M. Jules Simon. Personne ne veut de la censure, excepté pour les pièces de théâtre, les gravures, les livres illustrés (On rit) ; à part ces exceptions, personne ne veut de la censure en France, et tous ceux qui viennent à cette tribune, si le mot censure est prononcé, commencent par déclarer qu'ils en ont tout autant d'horreur que nous-mêmes. Cependant, je vous supplie de me le dire, si vous rendez l'imprimeur responsable de ce qu'il imprime, ne créez-vous pas un censeur privé à la place de la censure publique? Je défie qui que ce soit de répondre une chose sensée à cet argument. Je ne sais pas ce qu'on pourra répondre, mais je dis et je répète à l'avance qu'on ne répondra rien de sensé.

Il est impossible que tout le monde ne comprenne pas qu'un imprimeur, qui est menacé de ces soixante-seize cas d'amende, de ces quarante cas d'emprisonnement, de ces six cas de privation des droits politiques, de cette privation de brevet, qui voit la ruine suspendue sur sa tête, se transforme en véritable censeur pour l'écrivain qui va lui offrir sa copie. Et ce censeur est à la fois moins capable et moins libéral que le censeur politique que vous avez au ministère de l'intérieur.

Quand vous formez votre bureau de censure vous choisissez d'abord des gens intelligents qui savent ce que c'est qu'écrire, et vous les voulez sans doute animés d'intentions droites, ennemis des taquineries, des vexations inutiles. Ils font une besogne, en somme, assez triste, quoique vous repoussiez l'idée de censure avec une indignation qui n'a de supérieure que la nôtre ; mais enfin ils n'ont d'autre préoccupation en la faisant que ce qu'ils appellent, ainsi que vous, les nécessités de l'ordre. L'imprimeur a un autre objectif, son intérêt, et une autre capacité, la capacité d'un industriel. Quelle est sa situation, à lui? Est-ce qu'il est obligé de savoir la théologie? Est-ce qu'il est obligé de savoir quand la discussion d'un dogme est faite gravement et avec des raisons graves, ou légèrement avec des raisons légères? quand elle est une attaque au lieu d'une discussion? quand elle offense un des cultes salariés par l'État? Si, dans cette Chambre, qui est le centre où toute la politique vient aboutir, nous avons besoin de toutes nos études, de toute notre expérience pour comprendre les fluctuations et les revirements dont on nous donne l'affligeant spectacle, pouvons-nous penser qu'un imprimeur à la tête de son industrie, absorbé par la direction de ses affaires et de son personnel, va se tenir au courant de tous ces mouvements et agir en connaissance de cause? Ainsi il est incompétent, et par conséquent dur et détestable censeur. De plus, il n'a pas d'intérêt, ou il a un intérêt contraire à celui de l'auteur. Quel avantage a-t-il à se risquer? C'est ici qu'éclate la différence : car, enfin, si un homme découvre une idée nouvelle, conçoit une grande pensée, son premier besoin comme son premier devoir est de la manifester. C'est le propre d'une pensée puissante d'agir sur l'esprit qui la conçoit avec une force telle qu'il devient impossible de la contenir et de la comprimer en soi-même. Il faut qu'elle éclate, qu'elle agisse au dehors, qu'elle entre dans le monde de l'action et de la lutte. La force expansive de la pensée est son plus noble caractère, son attribut le plus nécessaire. Plus on est animé de grands sentiments et de grandes pensées, plus on souffre péniblement de la privation de la liberté de la presse et de la liberté de la parole, et c'est presque une gloire pour un homme de ne pas pouvoir se résigner à toutes ces limitations et à toutes ces entraves dont on veut sans cesse et à toutes les époques charger et opprimer la pensée humaine. (Très-bien! à la gauche de l'orateur.)

Mais cette force de propagation qui nous anime et qui nous pousse à parler et à écrire, elle a sa compensation dans le sentiment de la vérité répandue, de la science agrandie, de la morale propagée, du pays quelquefois sauvé, de l'humanité rétablie dans ses droits et rehaussée à ses propres yeux, et s'il faut tout dire, elle peut avoir aussi pour compensation la gloire ! Voilà la part de l'auteur. Et, à ce prix, je comprends qu'on puisse affronter la ruine, affronter l'emprisonnement ; je comprends qu'on puisse aller à Sainte-Pélagie chercher ce fameux piédestal que promet aux auteurs M. le ministre de l'intérieur.

Mais l'imprimeur qui voit d'un côté la ruine et de l'autre ce qu'il appelle ses étoffes, c'est-à-dire le petit bénéfice industriel qu'il retire de la publication d'un livre, que fait-il ? Il refuse d'imprimer en disant : Je suis de votre avis et de votre parti ; s'il y avait une nécessité de donner sa vie, je la donnerais ailleurs comme vous ; mais ici, je ne suis qu'un commerçant, peut-être le gérant d'une compagnie. J'ai mon brevet à sauver, la faillite à éviter ; et j'agis en bon négociant et en bon père de famille en vous refusant mes presses.

Combien de fois voit-on un livre porté à un, à deux, à trois, à quatre imprimeurs ou éditeurs, avant d'être imprimé et répandu : triste métier pour l'auteur, nécessité humiliante. Le livre paraît ; il n'est pas poursuivi ! La censure de la peur a été plus sévère que celle du gouvernement. L'intérêt privé, que ne stimulait pas l'appât d'un grand bénéfice, s'est montré timide. Que voulez-vous ? Il est excusable. C'est vous, législateurs, qui ne l'êtes pas ! (Très-bien ! très-bien ! à gauche de l'orateur.)

Et vous me donnez le droit de dire, comme conclusion de ma discussion, que votre loi est une iniquité, qu'elle est un attentat contre la conscience humaine et contre les lettres. (Très-bien ! à la gauche de l'orateur.)

Quand on a discuté la loi, en 1819, dans une Chambre française, croyez-vous qu'on ait dissimulé ces conséquences ? Au contraire, on s'en est vanté ; c'était le temps où on se glorifiait — vanité étrange — de ne pas être libéral. Un homme que je ne veux pas nommer, parce qu'il est mort converti à la liberté, s'écria : « Imprimeurs, si vous craignez les amendes et les confiscations, si vous ne voulez pas être emprisonnés et ruinés, érigez-vous en censeurs des écrivains ! » Et M. Hua disait à son tour : « Où serait le mal, quand les imprimeurs s'érigeraient en censeurs ?... » En effet on aurait eu deux censures, une pitoyable et une impitoyable : celle du gouvernement et celle des imprimeurs ; abondance de répression, abondance de biens.

Benjamin Constant s'exprimait ainsi pendant cette discussion : « Un imprimeur est un homme qui concourt avec un écrivain à la publication d'un ouvrage ; l'écrivain y concourt par sa pensée, l'imprimeur par sa presse ; l'un est l'auteur de l'écrit, à lui en reviennent, si l'écrit est bon, le profit durable et toute la gloire. L'autre est l'instrument de la publication. Il n'a de profit que le salaire d'une industrie matérielle. »

Messieurs, à cette même époque, dans le procès Chevalier qui est demeuré célèbre, l'inculpé porta le mémoire de ses défenseurs à un imprimeur, qui refusa ; un second, un troisième refusèrent, et savez-vous combien il épuisa ainsi d'imprimeurs avant de pouvoir publier sa défense ? vingt-deux. Et le factum n'était pas poursuivable, et il ne fut pas poursuivi.

En finissant, Messieurs, je voudrais vous montrer que nous ne sommes pas à la tête de la civilisation pour ce détail de nos lois.

M. GLAIS-BIZOIN. Oh non !

M. JULES SIMON. Que nous sommes plutôt en arrière du reste de l'Europe. En Autriche..., je ne prononce pas le nom de l'Autriche dans une question de délit de presse sans me rappeler un livre, ou un pamphlet, ou une brochure, donnez-lui le nom que vous voudrez, qui ne contenait pas une idée qui ne fût juste, et jamais idées justes ne furent exprimées avec une éloquence plus saisissante ; l'auteur, qui n'est pas loin de nous, y demandait la liberté comme en Autriche. Il fut condamné, comme il fallait s'y attendre, et il expia sa faute à Sainte-Pélagie, avant d'obtenir des électeurs parisiens le droit de venir à cette tribune défendre les mêmes principes.

Si nous nous reportons à la législation autrichienne, nous la trouverons, en beaucoup de points, meilleure que celle de la France, notamment en ceci : L'éditeur et l'imprimeur sont responsables avec l'auteur, mais seulement pour omission des formalités légales. Quand ils ont omis les formalités légales, ils sont poursuivis, c'est tout simple. Il y a cependant une exception, mais une exception très-restreinte, c'est que, quand l'auteur d'un écrit est condamné à une peine sévère, l'imprimeur encourt une légère amende.

Il en est de même en Prusse où la condamnation de l'imprimeur, quand il s'agit d'un délit, ne peut pas dépasser cent thalers, et quand il s'agit d'un crime, deux cents thalers.

En Russie, l'éditeur et l'imprimeur ne sont responsables que dans le cas où l'auteur est inconnu ou absent. Ils peuvent être condamnés comme complices, mais quand ils le sont réellement, et quand on peut prouver directement qu'ils ont voulu commettre le délit, qu'ils y ont contribué sciemment : cette démonstration ainsi entendue est presque impossible, et n'est jamais faite.

En Belgique, en Danemark, et même en Espagne, il n'y a de responsabilité que pour l'auteur ; la règle est celle-ci :

Si l'auteur se fait connaître et s'il est dans le ressort de la cour qui doit juger, il est seul responsable. Si l'auteur ne peut être saisi par la justice du pays, ou ne se fait pas connaître, l'ouvrage est réputé anonyme, et alors c'est l'éditeur qui en répond. S'il n'y a ni auteur ni éditeur, alors enfin l'imprimeur est responsable.

Conséquence : tous les droits de la vindicte publique sont réservés; les lois ont leur sanction nécessaire et n'ont que leur sanction nécessaire. La dignité des lettres est sauvegardée, et en même temps la dignité de la justice ; car n'oubliez pas que quand vous créez des coupables, sachant qu'ils ne peuvent pas l'être, ce n'est pas seulement la pensée que vous blessez, c'est l'éternelle justice ; c'est à votre code, c'est à vos lois que vous imprimez une sorte de flétrissure... (Très-bien ! à la gauche de l'orateur.) non-seulement parce que vous créez des coupables là où il n'y en a pas, mais parce qu'en supprimant la liberté de la pensée, vous vous rangez volontairement parmi les peuples qui, au lieu de conduire le monde, s'occupent à l'empêcher d'avancer. Ce n'est pas seulement une faute, une erreur, c'est presque un crime. (Très-bien ! à la gauche de l'orateur.)

Je vous conjure donc, en l'absence d'utilité, en l'absence de nécessité, quand vous pouvez facilement vous passer de cette fiction cruelle, injuste, abusive, je vous conjure d'imiter les peuples où la liberté de penser et la liberté de la presse ne sont ni une illusion ni un mensonge, et de déclarer que celui qui a commis le délit en est seul responsable. (Vive approbation à la gauche de l'orateur.)

SUPPRESSION DU DÉLIT D'OUTRAGE
A LA MORALE PUBLIQUE ET RELIGIEUSE (1)

(20 février 1868.)

M. LE PRÉSIDENT JÉRÔME DAVID. — La discussion va porter sur l'amendement de MM. Marie, Jules Simon et plusieurs de leurs collègues, qui demandent l'abrogation de l'article 8 de la loi du 17 mai 1819.

(1) Un homme d'un grand talent a qualifié durement la doctrine contenue dans ce discours : il l'a traitée d'*odieux sophisme*. L'auteur persiste cependant à croire qu'il avait raison, et à penser, non pas, comme le lui fait dire par inadvertance Mgr l'évêque d'Orléans, que Dieu et la vérité n'ont pas besoin d'être défendus, mais, ce qui est profondément différent, que quand on met au service d'une cause, ou la censure ou la loi pénale, on ne fait que l'outrager et la compromettre. Il est étrange qu'un évêque animé d'une foi si profonde, et qui, dans d'autres écrits, s'est montré plus d'une fois libéral, en appelle au bras séculier contre ceux qui ne partagent pas ses opinions, et qui soutiennent contre lui, avec douceur et fermeté, les droits de la science. Assurément nous ne sommes pas surpris d'entendre un catholique demander à l'État de dresser un catalogue officiel pour les bibliothèques populaires, d'exercer sur les écoles publiques et privées une surveillance rigoureuse, d'interdire la parole, dans les conférences publiques, aux personnes dont l'orthodoxie est suspecte, de fermer au plus vite les cours où les professeurs de l'Université s'efforcent de donner quelque instruction aux jeunes filles, et de ne pas

Pour faciliter cette discussion, je vais donner à la Chambre lecture de cet article.

« Article 8. Tout outrage à la morale publique et religieuse, ou aux bonnes mœurs, par l'un des moyens énoncés en l'article 1er, sera puni d'un emprisonnement d'un mois à un an, et d'une amende de 16 fr. à 500 fr. »

M. Jules Simon a la parole.

M. JULES SIMON. Quand cet article fut présenté par M. de Serre, il n'était pas tel que nous le voyons aujourd'hui. Le gouvernement se bornait à punir l'outrage à la morale publique et aux bonnes mœurs ; c'est dans le cours de la discussion que l'article fut modifié. Deux amendements principaux avaient été présentés : l'un de Benjamin Constant, qui demandait de supprimer les mots : « à la morale publique, » et de ne laisser

permettre qu'on fonde, en dehors de l'influence la plus directe du clergé, des écoles destinées à donner aux filles du peuple, avec un peu d'éducation, les moyens de gagner honorablement leur vie. Un index, une censure, un monopole, tout cela ne répugne pas absolument aux traditions de l'Église; mais ce n'est pas jusqu'ici, en rappelant un passé si douloureux, et en reprochant à l'État d'exercer ses droits avec trop de mollesse, que le célèbre apologiste de Jeanne Darc avait servi sa religion. Lui-même devrait penser, à défaut d'arguments meilleurs, qu'il y a quelque péril à aggraver le poids de l'autorité, puisqu'il n'est occupé depuis plusieurs mois qu'à soutenir une guerre acharnée contre M. Duruy. Qu'il réussisse à renverser un ministre, et même, ce qui n'est pas impossible, à le faire remplacer par un homme selon son cœur : ne sent-il pas combien une telle victoire sera éphémère ? Les ministres peuvent être bons ou mauvais, suivant les hasards de la politique; mais il n'y a que la liberté qui soit un asile sûr. Non-seulement elle est l'honneur de ceux qui la défendent et la force de ceux qui s'y livrent, elle est aussi, elle est avant tout le droit absolu, — et le droit prochainement triomphant. Pour nous, qui savons respecter nos ennemis, et qui ne nous faisons illusion, ni sur leur talent ni sur leur puissance, nous n'invoquons, et nous n'invoquerons jamais pour lutter contre eux que les droits de la liberté. Nous laissons à ceux dont la confiance est moins robuste, la douleur de remplacer les raisons par des invectives, et l'humiliation de mettre leurs doctrines sous la protection du pouvoir.

subsister que ceux-ci : « Tout outrage aux bonnes mœurs... » Je n'ai pas besoin de dire à la Chambre que c'est notre amendement lui-même ; l'autre, de M. Chabron de Solilhac, qui proposait de dire : « Tout outrage à la morale publique, à la religion de l'État et aux autres religions... » C'est surtout sur cet amendement que la discussion s'établit. Le libéralisme de la Chambre consista à ne pas distinguer, même en apparence, l'outrage à la religion de l'État de l'outrage aux autres religions, et le mot de morale religieuse, improvisé dans le cours des débats, finit par passer dans le texte de l'article. C'est ainsi que furent inaugurées pour la première fois la morale publique et la morale religieuse. Jusqu'à cette heureuse découverte, la morale s'était appelée tout simplement la morale.

Je ne parlerai d'abord que de la morale religieuse.

Ma première observation, qui est toute de forme, sera pour dire que, même au point de vue de ceux qui veulent protéger la religion ou les religions par un article de loi, cet article 8 de la loi du 17 mai 1819 est parfaitement inutile et n'est dans l'ensemble de nos lois qu'une pure superfétation.

En effet, Messieurs, vous avez tout un ensemble d'articles destinés à protéger la religion ou les religions dans leurs dogmes, dans le culte et dans les ministres de leur culte ; je me contenterai de les indiquer, parce que tout le monde les connaît. L'article 260 du code pénal prononce des pénalités contre quiconque aura contraint ou empêché un citoyen de se livrer aux pratiques d'un culte. Cet article a au moins le mérite de proclamer le principe de la liberté de conscience. L'article 261 punit ceux qui troublent les cérémonies religieuses. L'article 262 protége les objets du culte dans les lieux où ils sont exposés à la vénération des fidèles, et les ministres du culte dans l'exercice de leurs fonctions sacerdotales. L'article 263 va jusqu'à prévoir les sévices personnels exercés contre les prêtres. Outre ces quatre articles du code pénal vous avez l'article 1er et l'article 6 de la loi du 25 mars 1822.

L'article 1er punit quiconque aura outragé ou tourné en dérision une des religions reconnues. Il est bien évident que l'amendement par lequel nous voudrions supprimer l'article 8 de la loi de 1819 n'aurait pas de sens si nous n'entendions pas que l'article 1er de la loi de 1822 devra tomber en même temps.

L'article 2 punit l'outrage fait publiquement d'une manière quelconque à raison de leurs fonctions ou de leur qualité à un des ministres d'une religion reconnue par l'État. En 1848, le décret du 11 août, dans son article 5, visa cet article de la loi de 1822 ou plutôt le répéta, en modifiant seulement ces mots : « religions reconnues par l'État, » et en leur substituant ceux-ci qui parurent alors plus clairs : « religions salariées par l'État. »

Je conclus de cette énumération, un peu fastidieuse, mais qui était pourtant nécessaire, que si nous demandions seulement de supprimer dans l'article 8 de la loi de 1819 les mots « morale religieuse, » nous ne ferions que simplifier le code, sans modifier le caractère de nos lois. Mais il doit être bien entendu, d'une part, que notre amendement, s'il était adopté, entraînerait l'abrogation tout au moins de l'article 1er de la loi de 1822, et de l'autre, que ce n'est pas seulement pour l'outrage à la morale religieuse que nous demandons l'impunité, mais encore et au même titre pour l'outrage à la morale publique.

Le premier reproche que je fais à l'article 8 dans son ensemble, c'est un reproche très-grave en matière de législation : je lui reproche d'être vague.

M. Garnier-Pagès. C'est cela !

M. Jules Simon. Quand on prononce une prohibition, et qu'à cette prohibition on attache une pénalité.

c'est un devoir rigoureux de s'exprimer avec une telle clarté que l'esprit du juge, s'il peut être embarrassé sur le fait, ne puisse pas l'être, au moins par la faute du législateur, sur l'appréciation du fait. Or, quand on définit un délit en disant qu'il consiste dans un outrage à la morale publique et à la morale religieuse, il semble qu'on fasse exprès de choisir des mots obscurs, de fuir la clarté et la précision. En doutez-vous? J'ai mes témoins, si cela est nécessaire, et je vais les chercher dans la discussion même de la loi, non pas parmi ceux qui l'attaquent, mais parmi ceux qui la défendent. Ce n'est pas là pour moi, et sans doute aussi pour vous, un mince sujet d'étonnement.

Ainsi M. le duc de Broglie, qui était rapporteur de la loi devant la Chambre des pairs, et qui, par conséquent, la défendait, a reconnu tout le premier que les expressions de « morale publique » étaient particulièrement vagues. Voici ses paroles :

« Le mot, dit-il, — le mot de « morale publique, » — était nouveau ; il pouvait être critiqué ; mais... »

Écoutez ces paroles, qui m'étonnent un peu dans la bouche de M. de Broglie, un des esprits les plus lucides et les plus libéraux de la génération qui nous a précédés :

« ... mais il avait l'avantage de ne rien exclure et de ne rien désigner... »

C'est comme s'il disait : Il avait l'avantage de ne pas être clair.

Et voici comment, après avoir constaté le mal, il essayait de s'en consoler :

« ... Il avait l'avantage de ne rien exclure et de ne rien désigner, de remettre seulement entre les mains de la société, représentée par plusieurs jurys successifs, une arme pour se défendre précisément sur le point où elle se sentirait blessée. »

C'est donc la pensée qu'en définitive, quand on juge-

rait un accusé pour délit d'outrage à la morale publique,
ce serait le jury, ou même, suivant son expression, plusieurs jurys successifs qui établiraient une sorte de jurisprudence en rapport avec les intérêts sociaux, c'est
cette pensée qui tranquillise M. de Broglie, et lui fait
accepter ce texte dangereux à force d'être équivoque.

M. de Serre, en apportant la loi à la Chambre des
députés, avait exprimé une opinion tout à fait analogue.
Voici comment il justifiait l'article 8 de la loi ; je cite
ses propres paroles :

« Quand le besoin de rétablir les principes moraux
sur leurs fondements est universellement senti et pro-
clamé, c'est un devoir du législateur de prêter son appui
à une nécessité des temps. » — Remarquez le mot, *nécessité des temps*. — « Et lorsque, en imposant le respect pour la morale publique, il confie aux citoyens
eux-mêmes, remplissant les fonctions de jurés, le soin
de décider si cette injonction a été violée, certes il ne
saurait être taxé ni d'affecter une sévérité excessive,
ni de rechercher un pouvoir arbitraire. »

Vous le voyez, M. de Serre, comme M. de Broglie,
invoque, pour excuser la loi, ce fait important, que le
jury sera seul chargé de l'appliquer. Sans ce grand fait,
dont l'importance capitale saute à tous les yeux, il ne
saurait comment défendre la loi contre le reproche
d'obscurité, et le gouvernemnet contre l'imputation de
rechercher un pouvoir arbitraire ; et remarquez que,
quand il parle ainsi en exposant les motifs de la loi,
c'est de son propre article qu'il parle, et par conséquent
de la morale publique à laquelle on n'avait pas encore
accolé la morale religieuse ; mais plus tard, lorsque
cette morale nouvelle sortit tout à coup des délibérations de la Chambre, savez-vous comment le ministre
l'accueillit ? — Et laissez-moi d'abord rappeler qu'il ne
s'agit pas ici d'une intelligence ordinaire, ni d'un de
ces esprits enclins à la critique par situation et par ca-

ractère ; il s'agit d'un homme d'État, d'un ministre, et d'un des hommes les plus éloquents et les plus sensés, à coup sûr, qui aient honoré la tribune française.

Voici ce qu'il dit en parlant de la morale religieuse : « Je suis encore à chercher quel sens on y attache. »

M. de Serre cherchait le sens de la morale religieuse, et voilà cinquante ans que ce mot est dans la loi et que le sens en est cherché, non pas, comme le pensait M. de Broglie, par des jurys successifs, mais, grâce à vos nouvelles lois, par les magistrats qui composent la sixième chambre du tribunal de police correctionnelle de la Seine. (Très-bien ! à la gauche de l'orateur.)

M. de Serre avait raison, en effet, de trouver que ce mot de morale religieuse est obscur ; il avait raison de préférer la proposition de M. Solilhac, qui disait : « outrage à la religion de l'État, outrage à une religion reconnue par l'État. » On sait parfaitement ce que c'est que la religion de l'État, quand il y en a une, et ce que c'est qu'une religion reconnue par l'État, telle que le protestantisme ou le judaïsme.

Ces religions ont leurs dogmes, leur morale, leurs préceptes, leur clergé, leurs cérémonies. Quand l'outrage s'adresse à elles, on sait au moins d'une façon précise quelle est la chose attaquée, et l'on ne peut hésiter que sur la nature, ou l'importance, ou le caractère de l'attaque ; tandis que la morale religieuse, comme on en fit alors l'observation, n'est pas la morale d'une religion déterminée, mais la morale du sentiment religieux. Or, qu'est-ce que le sentiment religieux? Existe-t-il en dehors d'une religion positive? Suppose-t-il seulement la croyance à l'existence d'un Dieu personnel? Peut-il exister dans une âme, en l'absence de convictions raisonnées, comme une mélodie que la mémoire retrouve après avoir perdu les paroles qui l'ont inspirée? Si les esprits les plus pénétrants, les plus versés dans la philosophie et dans les plus épineuses questions théologiques, hésitent sur la définition de ce mot, comment espérer que les magistrats, après une vie passée dans l'étude passablement absorbante de nos codes, puissent le définir avec exactitude, et par conséquent appliquer la loi avec sécurité? (Approbation à la gauche de l'orateur.)

Non-seulement, Messieurs, la loi est vague dans ces mots : « outrage à la morale publique ; outrage à la morale religieuse, » mais j'ajoute que le mot « outrage » est lui-même un mot très-vague, quand il s'agit d'opinion et de doctrine.

Je sais bien que ce mot est la principale défense de ceux qui veulent le maintien de l'article. Ils nous disent : La liberté philosophique n'est pas ici en jeu : il ne s'agit pas de discussion, il s'agit d'outrage. Il y a même une phrase de Royer-Collard que tout le monde a répétée, et que je demande à répéter à mon tour, parce qu'elle précise la question, et que j'ai quelques objections à lui faire, dont vous apprécierez la valeur.

La voici :

« Il est reconnu de toutes parts que les opinions ne sont l'objet de la loi ni comme vraies ni comme fausses, ni comme salutaires ou nuisibles ; aussi ne s'agit-il pas de simples opinions sur la morale publique, de quelque nature qu'elles soient ; l'article qui vous est proposé ne punit que l'outrage. »

Voilà ce que disait M. Royer-Collard en 1819, et je me demande si on le dirait encore aujourd'hui, tant nous avons fait de progrès en cinquante ans ! Nous en sommes à invoquer M. Royer-Collard, M. Lainé, M. de Serre, et à nous étonner de leurs hardiesses, nous, membres de l'opposition, que vous traitiez, hier encore, de factieux. Comment serais-je certain de voir accepter aujourd'hui la distinction entre la discussion et l'outrage, quand je me rappelle que, dès 1826, les tribunaux avaient franchi la limite qui sépare ces deux expres-

sions, et confondaient un dissentiment avec une in‑
sulte ?

Un écrivain avait exposé, dans un traité philoso‑
phique, la doctrine du piétisme ; c'est, avec quelques
différences, la doctrine de la religion naturelle. Il sou‑
tenait qu'on peut adorer Dieu, sans recourir à l'inter‑
vention des prêtres. Cela parut, au clergé probable‑
ment, une impiété. On déféra aux tribunaux ce blas‑
phémateur, qui ne voulait permettre à personne de se
placer entre lui et Dieu. Les tribunaux jugèrent qu'en
émettant cette doctrine, il avait commis le délit d'ou‑
trage prévu par l'article 8 de la loi de 1819, par l'ar‑
ticle 1er de la loi de 1822. Il fallut aller jusqu'à la Cour
de cassation, qui décida qu'on pouvait être piétiste et le
dire, sans outrager aucune des religions reconnues.
L'arrêt est du 3 août 1826. On avait fait, à reculons,
bien du chemin, dans l'espace de sept ans ; et, sans doute,
à l'heure qu'il est, beaucoup de nos juges et de nos
hommes d'État sont de l'avis des tribunaux de 1826,
bien peu de l'avis de Royer-Collard. La négation pure
et simple leur paraît un outrage ; la discussion, un ou‑
trage ; la critique, un outrage. Quoi ! ne peut-on, avec
sécurité, émettre l'avis qu'il est permis d'être philo‑
sophe ? Cela n'était pas trop prudent en 1826, et j'ose
dire qu'à plus forte raison il peut encore arriver au‑
jourd'hui que la simple affirmation des droits de la
pensée soit considérée par certains juges comme cons‑
tituant un outrage à la morale religieuse.

Maintenant j'irai bien plus loin, et je demanderai,
sans ambages, le droit d'outrager une religion. Je sais
bien qu'on peut affecter de prendre le change sur une
prétention pareille. Mais ici, comme dans tout ce qui
précède, je me mets à l'abri derrière un homme dont
assurément je n'épouserais pas toutes les doctrines,
mais que je trouve devant moi dans le chemin de la li‑
berté, et dont il est naturel et utile que je me fasse une

égide : c'est encore M. de Serre. M. de Serre ne voulut pas admettre cette distinction entre l'outrage et la discussion pure et simple ; il lui sembla avec raison que, quand la conviction était entière sur les questions religieuses et philosophiques, elle était nécessairement accompagnée d'un peu de passion ; et laissez-moi dire qu'en parlant d'un peu de passion, je ne vais pas jusqu'au bout de ma pensée.

Non, non, quand sur de pareilles matières on a une de ces convictions inébranlables qui font partie de la vie d'un homme, une fois qu'elles ont pénétré dans son esprit, ce n'est pas un peu de passion qu'on y apporte, c'est une passion véhémente ; et quand on entreprend d'apporter sa doctrine au milieu des autres hommes et de la faire partager par eux, ce n'est pas avec douceur qu'on la prêche, ce n'est pas en respectant les erreurs de ses adversaires ; c'est en les heurtant de front, en les accablant, en les outrageant ; c'est en mettant dans ses paroles, dans ses arguments, et jusque dans ses maximes, cette vigueur, cette âpreté, cette verve d'ironie et de sarcasme qui disparaissent sans doute quand la raison a repris tout son empire, mais qui donnent à la discussion, il faut bien le dire, cette force et cet éclat sans lesquels la vérité toute nue serait trop souvent impuissante. (Très-bien ! à la gauche de l'orateur.)

La croyance, sans la prédication, ce n'est rien ; la prédication où ne perce pas, par intervalles, une haine vigoureuse, ce n'est rien. Écoutez ce que disait M. de Serre : « Votre amendement, s'il était adopté, — c'est de la morale religieuse qu'il parle, — aurait pour effet d'entraver, de menacer toute prédication, et plus particulièrement la prédication de la religion de l'État. » Notez ces mots ; je m'y arrête au passage.

Ce n'est pas moi, c'est de M. de Serre qui signale cette ardeur particulière que le clergé catholique apporte dans les controverses. Nous en avons tous les

jours des exemples, soit qu'il tonne contre l'hérésie du
haut de la chaire, soit que, dans des écrits souvent admirables, il poursuive de ses épigrammes ou de ses anathèmes les hérétiques, les philosophes, et même les
ministres; je ne suis pas de ceux qui le lui reprochent;
au contraire, plus il est véhément dans ses critiques,
plus je dis qu'il fait preuve de sa foi. Je demande pour
lui cette liberté que je veux pour tout le monde, je n'ai
peur ni de la critique, ni même de l'outrage, je veux
qu'on puisse tout attaquer, à condition qu'on puisse tout
défendre...

M. JULES FAVRE *et quelques autres membres.* Très-
bien ! très-bien !

M. JULES SIMON... Et c'est aussi ce que M. de Serre
pensait : « Votre amendement, s'il était accepté, dit-il,
aurait pour effet d'entraver, de menacer toute prédication et plus particulièrement la prédication de la religion de l'État, parce que les dogmes de celle-ci sont
plus absolus, ses principes plus fixes, ses doctrines plus
inflexibles, le zèle de ses enfants plus vif et plus invincible. »

Et plus loin, dans le même discours, parlant des prédicateurs catholiques: « Les empêcherez-vous, s'écriait-
il, d'appeler les cultes étrangers des cultes adultères,
de les traiter d'impies, de sacriléges, d'attaquer les
dogmes et les rites étrangers, de les qualifier d'abomi-
nables erreurs ou d'infâmes profanations ?

« Voilà le langage que les ministres d'un culte, que
les simples fidèles, ont le droit de tenir. »

Le droit, vous l'entendez, et je le répète après lui;
oui c'est un droit, le droit de qualifier une doctrine
sans hypocrisie et sans fausse réserve, à la seule condition que la réponse obtiendra la même liberté ; oui,
c'est un droit, et quel droit? C'est le droit même de la
libre discussion, c'est le droit sur lequel repose la liberté de la presse, c'est le droit sur lequel repose la

philosophie, c'est le droit sur lequel repose la société moderne, je dis mal : c'est le plus nécessaire et le plus sacré de tous les droits : c'est le Droit! (Très-bien! très-bien! à la gauche de l'orateur.)

Permettez-moi de montrer la connexité de la doctrine que je soutiens en ce moment, avec une autre doctrine, celle de la liberté de discussion sur les actes de la vie privée, dont j'ai parlé ici à l'origine de ces débats, et qui a eu le malheur de déplaire à deux organes du gouvernement.

L'un d'eux, M. le ministre de l'intérieur, l'a qualifiée de barbare ; l'autre, M. le ministre d'État, plus cruel encore pour moi, a déclaré que mes collègues de la gauche étaient venus « modérer mon enthousiasme. » J'ai répondu sur-le-champ que ce n'était pas de l'enthousiasme, mais une conviction raisonnée, à la fois simple et inébranlable. Je peux bien ajouter que, quand même elle ne serait pas partagée par mes collègues, qui sont en même temps mes amis personnels et mes amis politiques, cela ne changerait rien à ma conviction.

M. Jules Favre. Très-bien! très-bien!

M. Jules Simon... Je ne suis pas sûr qu'ils soient aussi disposés qu'on le prétend à tempérer sur ce point ce qu'on appelle mon enthousiasme. (Assentiment à la gauche de l'orateur.)

Mais puisque je suis en train de vous citer M. de Serres, je me donnerai jusqu'au bout la triste satisfaction d'invoquer contre vous l'autorité d'un homme qui était ministre il y a cinquante ans, et ministre de la Restauration. Vous verrez que la mâle doctrine que je défends ne lui paraissait pas si barbare. Il admettait, je le sais, la théorie à laquelle vous adhérez si étroitement, que la vie privée doit être murée ; mais voyez, je vous prie, pour quelles raisons et avec quels regrets : « Le système de la preuve, dit-il, est dans le vrai ; c'est le seul qui soit capable de satisfaire pleinement l'hon-

nête homme calomnié. Le calomniateur défié de prouver ses imputations n'a plus la ressource des subter-
fuges ordinaires. Forcé qu'il est dans son dernier
retranchement, la justice éclatante et non équivoque
de sa condamnation répare entièrement l'honneur de
l'offensé, au lieu d'y porter une nouvelle atteinte,
comme il arrive trop souvent dans ces sortes de causes.
Malheur, sans doute, à quiconque a failli, si la preuve
est acquise contre lui ! Mais est-il juste de sacrifier
l'homme irréprochable à celui qui ne l'est pas? Que
chacun recueille le prix de ses œuvres : ce résultat est
aussi utile que moral. » Et il ajoute ces belles paroles :
« Avouons-le, Messieurs, ce système suppose des mœurs
plus fortes, plus mâles, de véritables mœurs politiques
enfin. »

Il eut le tort d'accommoder la loi à la faiblesse du
temps, au lieu de forcer les mœurs à se réformer et à
s'élever, en les soumettant à un régime sévère. Mais
j'affirme que si, au lieu d'être le ministre d'une aristocratie, il avait vécu dans un temps dont l'égalité est
le premier besoin et la première règle, dans un pays
chargé par le suffrage universel du poids de sa propre
destinée, il n'aurait pas hésité à accepter le système dont
il disait tout le premier : « Ce système est dans le vrai. »

A la gauche de l'orateur. Très-bien ! très-bien !

M. JULES SIMON. Or, si je parle de cela, c'est qu'il y
a une analogie complète entre les deux principes : la
liberté de discussion sur les personnes et la liberté de
discussion sur les théories : nulle autre protection pour
la vérité que la vérité, nulle autre force demandée pour
elle qu'elle-même. (Très-bien ! très-bien ! à la gauche
de l'orateur.)

Ce droit de libre discussion que je revendique, c'est
le droit même de la science, c'est le droit de la pensée.

Vos règlements, dont vous vous montrez si jaloux, et
que je repousse comme un attentat au progrès et à la

philosophie, ont un malheur que je signale aux esprits pratiques : outre qu'ils sont odieux, ils sont impuissants.

Comment ! vous croyez que vous allez empêcher l'expression de la pensée ? Le croyez-vous ? Quand vous faites de pareilles lois, est-ce parce que vous croyez à leur efficacité, ou bien parce que vous croyez nécessaire de faire acte de déférence envers la morale et la religion ? Oh ! s'il s'agit de montrer son respect pour la morale et de demander qu'elle devienne de plus en plus la souveraine des âmes, alors il n'y a ni difficulté, ni contestation entre nous. Mais nous discutons sur les moyens, et, croyez-vous, je vous le demande encore, qu'avec vos articles de lois, avec votre article 8, vous empêcherez les doctrines nouvelles de faire leur chemin ? Il n'y a qu'à regarder l'histoire.

Quels sont les moments où la morale et l'humanité ont fait les plus grands progrès ? Est-ce dans les temps où la loi était impuissante, l'autorité désarmée ; où les nouveautés se produisaient sans difficulté au grand jour de la discussion ?

Rappelez-vous, Messieurs, l'âge héroïque du christianisme. A coup sûr, quand le christianisme est venu apporter au monde la doctrine de l'égalité et de la charité, il n'a pas été accueilli comme un hôte bienvenu par la société raffinée et moribonde qu'il se proposait de remplacer. Ce même peuple romain, qui n'avait besoin que d'un proconsul et d'une légion pour triompher d'un royaume, employa toutes ses forces, ses empereurs, tout son sénat, tous ses magistrats, toutes ses légions et tous ses bourreaux pour triompher, de quoi ? de trois ou quatre préceptes prêchés par des hommes sans lettres, et qui n'avaient pas d'autre force de propagation que celle que la vérité puise en elle-même.

Sur plusieurs bancs. Très-bien ! très-bien !

M. Jules Simon. On prit en foule les apôtres et les

fidèles; on les jeta aux bêtes, au feu ; on déchira leurs membres avec des ongles de .fer. La terre qui buvait chaque jour ce sang généreux, produisait chaque jour de nouvelles légions de martyrs. Non, la dent du tigre, le fouet du bourreau, le glaive, le bûcher, la faim, la croix, rien ne prévaut, en vérité, contre une doctrine, quand elle est juste. (Nouvelle approbation sur plusieurs bancs.)

La scène change. Les chrétiens persécutés deviennent en une heure les maîtres du monde. Que font-ils de leur pouvoir nouveau? Je ne le leur reproche pas, je le reproche à leur temps. Si j'ouvre l'Évangile, j'y vois, à toutes les pages, l'amour; si je lis l'histoire du christianisme, je vois les victimes, à peine échappées au bûcher, en ramasser les charbons mal éteints pour allumer le bûcher de leurs ennemis. Cette persécution de la pensée par l'Église dura des siècles ; elle enfanta les guerres religieuses ; elle s'incarna dans l'inquisition. Notre France elle-même eut ses gibets et ses brûlements. Il n'y a pas une place encore subsistante du vieux Paris qui ne raconte sa tragédie. Est-ce que cela a empêché la France d'être le pays de Montaigne, de Descartes, de Pascal, le pays de Voltaire, de Rousseau et des encyclopédistes? Regardez encore, regardez plus près de nous, au siècle passé.

La société était-elle désarmée au dix-huitième siècle contre les ennemis de la morale publique et religieuse? Oh ! vous aviez un arsenal formidable, de quoi faire rudement la guerre à la pensée humaine : vous aviez la toute-puissance absolue du roi, vous aviez les lettres de cachet, vous aviez la Bastille, vous aviez l'exil, vous aviez le lieutenant de police, vous aviez les parlements, vous aviez le Châtelet, vous aviez le pilori, vous aviez le pilon et le feu contre les livres, et la mort contre les auteurs. Si on n'osait plus, dans les derniers temps, pendre ou brûler les philosophes autrement qu'en effi-

gie, on leur appliquait encore ce que les juges appe-
laient en leur langage : *omnia citra mortem*, c'est-à-dire
le fouet, la marque, le bannissement, les galères.

Eh bien! vous aviez tout cela, et avec tout cela est-ce
que vous arrêtiez l'encyclopédie? Est-ce qu'elle n'était
pas dans toutes les mains ? Voltaire n'était-il pas le roi
du siècle? Rousseau ne fondait-il pas la révolution ?

Ainsi vous n'y pouvez rien ; non, rien ! et c'est avec
ces souvenirs sous les yeux que vous osez maintenir
l'article 8 de la loi du 17 mai 1819, et prendre Dieu et
la morale sous votre protection ! Vous croyez honorer
vos lois en y mettant ces proscriptions ridicules ; et moi
je dis que vous les déshonorez ; que vous manquez,
comme à plaisir, au principe de la liberté de conscience,
qui est votre principe à vous-mêmes, sur lequel toute
notre société repose. Ce n'est pas à vous de dire, comme
M. de Puymorin en 1819 : « Opposons une digue à l'impiété ; » ce n'est pas à vous de dire, comme M. de Mar-
cellus, dans la même discussion, — vous le répéteriez
avec une variante : — « Toujours la cause de Dieu et
celle du roi seront inséparables ; toujours Dieu proté-
gera le roi de France, et toujours le roi de France pro-
tégera la cause du vrai Dieu. »

Protéger la cause du vrai Dieu ! cela ressemble à une
impiété.

M. Jules Favre. Très-bien !

M. Jules Simon. Il y a quelques années, dans la
libre Amérique, qui n'est pas libre encore dans toutes
les parties de son territoire, qui a encore des progrès à
faire, comme toute l'humanité, un journaliste fut condamné pour avoir outragé la religion protestante. Que
firent les ministres du culte? Ils adressèrent une péti-
tion au congrès pour demander, par respect pour leur
foi, qu'on leur permît de la défendre par des arguments
et qu'on cessât de la protéger par des condamnations.
Ils auraient rougi d'imposer silence à leurs adversaires,

convaincus qu'ils étaient que la vérité était avec eux.
Et quel fut le premier nom inscrit sur cette glorieuse
liste ? Ce fut celui de Channing, l'apôtre illustre de la
tolérance.

Voilà le vrai, tandis que toutes vos restrictions, en
même temps qu'elles sont impuissantes, sont comme un
attentat à la liberté de la pensée. (Très-bien ! à la
gauche de l'orateur.)

Messieurs, on ne protége pas la morale, on l'enseigne ; on l'enseigne par des exemples, par des prédi-
cations, par la pratique et l'habitude de la liberté ! La
force de la vérité est en elle-même. Toutes les fois que
vous mettez des obstacles à la discussion, savez-vous ce
que vous prouvez? Vous prouvez que vous n'avez qu'une
foi chancelante. (Approbation à la gauche de l'orateur.)
Quel est l'homme possédant une conviction, ayant une
croyance, qui ose, qui puisse, à l'heure où nous vivons,
demander autre chose pour sa foi que la liberté et le
grand soleil de la discussion ? (Très-bien ! à la gauche
de l'orateur.)

Est-ce qu'il y a une autre force pour s'emparer des
esprits que la force de la preuve ? Est-ce que la vérité
n'est pas évidente par elle-même ? Est-ce qu'elle ne se
lève pas radieuse dans les âmes comme le soleil se lève
à l'horizon pour illuminer le monde de son éclat et
l'embraser de sa chaleur ? Pouvez-vous sans honte
exiger qu'on s'humilie devant un dogme auquel on ne
croit pas ? Qu'est-ce donc que cette soumission à une vérité qui n'a pas été démontrée et à laquelle on n'adhère
pas de toutes les forces de son esprit et de toute la vie
de son cœur ? C'est l'hypocrisie, ce n'est pas la foi !
(Nouvelle approbation à la gauche de l'orateur.)

Si donc il y a une force dans la vérité, eh bien ! laissez
la vérité à elle-même ; et, entre la vérité et les esprits
auxquels elle veut s'imposer, ne placez rien ; ne déshonorez pas, n'abaissez pas vos propres lois.

Le temps approche où toutes les fictions et toutes les barrières vont enfin disparaître, et où sera absolu le règne de la critique qui est la véritable souveraine de la démocratie et des sociétés modernes.

Je vote d'ici le premier pour une loi que je crois celle d'un avenir prochain, pour une loi sur la presse ainsi formulée : « La pensée est libre sans restriction ni réserve. » (Très-bien ! très-bien ! à la gauche de l'orateur.)

LIBERTÉ DE LA LIBRAIRIE

(9 mars 1868.)

M. LE PRÉSIDENT ALFRED LE ROUX. Voici l'amendement qui a été présenté par MM. Jules Simon, Garnier-Pagès, Glais-Bizoin et Pelletan :

« La profession de libraire est affranchie de l'obligation du brevet. »

M. Jules Simon a la parole.

M. JULES SIMON. Messieurs, la question que je viens vous soumettre est toute différente de celle qui a été soulevée par le discours de l'honorable M. Berryer. (Interruption et bruits divers.)

Je dis que la question que je soumets à la Chambre est tout à fait différente de celle dont vous venez de vous occuper.

Vous venez de discuter sur la liberté de l'imprimerie, et je viens vous parler de la liberté de la librairie.

Un membre en face de l'orateur. C'est la même chose.

M. JULES SIMON. J'entends dire que c'est la même chose...

M. GARNIER-PAGÈS. C'est tout à fait différent.

M. JULES SIMON. L'honorable membre qui croit que

les deux questions sont identiques me permettra de lui dire qu'il ne les a peut-être étudiées profondément ni l'une ni l'autre.

Il paraît très-difficile aujourd'hui d'obtenir l'attention de la Chambre. D'autres orateurs en ont fait l'expérience avec moi. Il s'agit cependant d'une des branches les plus importantes de notre industrie, de celle qui contribue le plus à répandre notre influence; et il se trouve, par une coïncidence assez rare, que l'opinion que je viens soutenir était, il y a quelques semaines, l'opinion même du gouvernement. C'est lui qui a proposé la liberté de la librairie; lui qui, malgré les objections de la commission, a persisté dans son sentiment pendant toutes les discussions préparatoires, et réduit vos commissaires à nous apporter une sorte de procès-verbal de dissidence entre eux et lui. Dans ces conditions, je crois avoir le droit de compter sur un peu de silence (Interruption); mais s'il vous est impossible d'écouter, je ne lutterai pas contre le bruit, et je descendrai à l'instant de la tribune. (Parlez! parlez!)

Voix à gauche. Attendez le silence !

M. Jules Simon. Je vous demande pardon d'insister; mais ce n'est pas moi seul que je défends. Je parle pour tous ceux d'entre nous qui ont la voix un peu faible et qui, parfaitement prêts à discuter, n'ont ni le goût ni les moyens de crier. (On rit.)

Dans une précédente séance, la commission a demandé au gouvernement, le gouvernement a accordé à la commission l'ajournement de l'ancien article 15, c'est-à-dire de la liberté de l'imprimerie et de la librairie.

M. Berryer. Mais cela n'a pas été voté !

M. Jules Simon. M. Berryer dit que cela n'a pas été voté. Je le pense comme lui; la thèse que je soutiens en ce moment ne contredit sur aucun point la sienne. Nous pourrons voter tout à l'heure la liberté de l'impri-

merie; nous la voterons, si nous sommes sages. Mais
enfin il n'en est pas moins vrai que la commission a
proposé de l'ajourner, et que le gouvernement y a consenti. Je ne dis rien de plus, et il est évidemment impossible de contester cette assertion. Cela étant, nous
avons pensé et nous pensons encore que les raisons, fort
mauvaises à notre avis, qu'on allègue contre la liberté
de l'imprimerie, ne valent rien contre la liberté de la
librairie; et, pour ce motif, nous avons proposé à la
Chambre de les voter séparément. On s'est appuyé pour
demander l'enquête, c'est-à-dire l'ajournement, sur
deux questions : la question d'indemnité et la question
de propriété.

Qu'est-ce que la question d'indemnité? La voici : en
1810, les imprimeurs ont été réduits à 60 pour la ville
de Paris (leur nombre a été plus tard porté à 80); les
60 imprimeurs conservés ont payé à chacun de leurs
confrères supprimés une somme de 4,000 francs. De là
une réclamation dont vous apprécierez l'importance,
mais qui n'a rien à voir, de près ou de loin, avec la
librairie. Voilà pour la question d'indemnité.

Quant à la question de propriété, on peut la considérer à un double point de vue : s'agit-il de la propriété
du brevet? Cela ne me paraît pas être autre chose que
l'ancienne question des maîtrises. Je n'admets pas qu'il
y ait une propriété de cette nature. (Très-bien! à la
gauche de l'orateur.) Sous l'ancien régime, quand Turgot est venu proposer de supprimer les maîtrises, on a
parlé d'indemnité; pourquoi? Parce que les maîtrises
s'achetaient, et c'était seulement le prix payé en argent, et non pas du tout le brevet de maîtrise qui donnait droit à une indemnité. Ne parlons donc pas de la
propriété des brevets, parce qu'une telle propriété est
également contraire à la justice, au droit écrit et aux
principes de l'économie politique.

S'agit-il de la propriété du matériel? J'avoue que le

matériel d'une imprimerie a son importance en bâtiments, machines, caractères, etc.; et je dirai, si vous voulez, que les valeurs représentées par ce matériel pouvant être rendues improductives par les conséquences d'une loi sur la liberté de l'imprimerie, il y a là tout au moins un sujet d'hésitation. Mais, pour être libraire, il suffit d'avoir trois ou quatre volumes à mettre en vente. Ayez-en quatre mille, si vous voulez ; ayez en quarante mille : tout ce que vous avez comme libraire est vendable; tant qu'on n'en empêche pas l'écoulement, on ne vous cause aucun préjudice actuel. Il n'y a rien là d'assimilable à un outillage. Donc, sous ce rapport comme sous tous les autres, il est impossible de comparer la librairie à l'imprimerie. Donc, enfin, il n'y a pas une seule des objections pour lesquelles vous retardez l'affranchissement de l'imprimerie qui puisse être invoquée contre l'affranchissement immédiat de la librairie. Et c'est ce qu'il fallait démontrer.

Ce que je dois faire, après ces explications fournies, c'est d'établir qu'il ne faut pas ajouter, au tort très-grave que nous nous donnons, d'ajourner la liberté de l'imprimerie, le tort plus inexplicable d'ajourner la liberté de la librairie.

Je commence par me demander quel est l'intérêt des libraires et quelle est leur opinion. Vous verrez tout à l'heure que ce n'est pas uniquement leur intérêt qui me préoccupe, et qu'il s'agit de quelque chose de très-supérieur à une question de commerce ; mais il me semble qu'il est naturel de rechercher d'abord quels sont les inconvénients et les avantages du brevet que je propose de supprimer.

Le brevet ne peut avoir qu'un avantage ; il n'a qu'un inconvénient. L'avantage est de protéger l'écoulement de la marchandise par la limitation du nombre des marchands. Je vous montrerai sans aucune peine que cet avantage est illusoire. L'inconvénient, c'est que le brevet, par cela seul qu'il est donné, peut être aussi retiré ; ceci est grave.

Je sais que le brevet ne peut être retiré qu'après une condamnation judiciairement prononcée ; mais je trouve ici quelque chose d'analogue à ce qu'il y avait de plus déplorable et, pour dire toute ma pensée, de plus détestable dans la loi de 1852, c'est-à-dire la faculté donnée à l'administration d'ajouter arbitrairement à un jugement très-doux une peine très-dure. (Très-bien ! à la gauche de l'orateur.)

Un libraire, accusé d'une des mille contraventions inventées depuis soixante-dix ans par le génie de la répression à outrance, aura plaidé devant le tribunal les circonstances atténuantes ; il aura, à force de peine et à force d'évidence, déterminé les juges à prononcer la condamnation la plus légère ; et le ministre, ou plutôt les commis du ministre, pourront, sans l'interroger, sans connaître la plaidoirie de son avocat, du fond de leur cabinet, le condamner à la perte de sa profession, c'est-à-dire, je le répète, ajouter une pénalité énorme à une condamnation très-douce ! J'appelle cela un déni de justice ; plus qu'un déni de justice, le contraire même de la justice, la violation flagrante de tous les principes sur lesquels le droit repose dans toutes les nations civilisées.

Ce n'est pas malheureusement la seule occasion où nous ayons ainsi déshonoré et violé les décisions judiciaires par des aggravations de peine livrées à la discrétion d'un pouvoir occulte et irresponsable ; mais, pour me renfermer dans la question même de la librairie, je vois à son banc l'honorable M. Paul Dupont qui pourrait vous dire par expérience ce qu'il en coûte d'être à la merci de l'administration ; car il a été privé de son brevet en 1822. Combien d'autres ont été comme lui exposés à la ruine pour quelque acte de fermeté ou de courage ! Non, je ne puis admettre qu'en aucun cas un citoyen soit menacé dans sa liberté, dans sa propriété ou dans l'exercice de son industrie, sans que la sentence qui le frappe ait été rendue avec toutes les formalités protectrices du droit. (Approbation à la gauche de l'orateur.)

Ainsi l'inconvénient est considérable ; je vais vous montrer à présent, comme je vous l'ai promis, que l'avantage est illusoire.

Je voudrais pouvoir vous dire que c'est l'opinion unanime des libraires ; mais franchement je ne le pense pas. A Paris, le *Cercle de la librairie* demande avec instance la suppression des brevets : c'est très-important ; mais la librairie française, prise dans son ensemble, ne s'inquiète pas beaucoup de la question ; je l'y crois même indifférente. Voilà la vérité. Elle se trompe profondément. Avant d'entrer dans les détails, j'invoque le principe de la liberté du commerce. Je crois ce principe bon en droit et en fait ; par conséquent, je ne puis croire qu'il puisse en aucun cas être nuisible aux intérêts de l'industrie. Je déclare sans hésiter que le gouvernement est de mon avis. Je ne comprendrais pas qu'il eût décrété la liberté du commerce sans adhérer fermement au principe dont cette liberté est la conséquence. Je ne m'expliquerais pas la série des actes d'un gouvernement qui tantôt proclamerait la liberté du commerce et tantôt en ferait bon marché.

M. Fabre. Je demande la parole.

M. Jules Simon. Je comprends très-bien qu'on soit pour la liberté du commerce et je comprends aussi qu'on soit contre, mais je ne comprends pas qu'on soit tantôt pour et tantôt contre. Si vous pensez comme moi et comme le gouvernement que le principe de la liberté du commerce est le vrai, vous devez penser que si la librairie regrette le régime de la protection, elle se trompe. Elle ne le regrette pas, mais elle ne le repousse pas. C'est se tromper encore, quoique d'une façon moins grave. Elle est précisément, de toutes les industries, celle qui devrait voir le plus clair dans la question, car il n'y en a pas d'autre où il soit aussi vrai de dire qu'en augmentant le nombre des vendeurs, on augmente la vente; non pas seulement, entendez-le bien, la vente totale, mais la vente individuelle. (Bruit.)

M. Jules Simon. Il serait peut-être utile, Monsieur le Président, de remettre la séance à demain. La Chambre est peut-être fatiguée?...

M. le Président Alfred Le Roux. L'orateur demande si la Chambre est fatiguée, et veut remettre la discussion à demain.

Je ne crois pas que telle soit son intention. Mais alors je lui demanderai de vouloir bien écouter l'orateur, car le meilleur moyen de mettre un terme à cette fatigue, c'est d'écouter, et de vider la question sur un sujet qui a tant d'intérêt. (Oui! oui! — Écoutons!)

M. Garnier-Pagès. C'est une question très-importante que l'abolition des brevets.

M. Jules Simon. Je continue donc ma discussion, dans la pensée que, puisque la Chambre veut que je parle, elle voudra aussi être attentive. (Parlez! parlez!)

Je dis qu'en librairie, quand on augmente le nombre des vendeurs, on augmente aussi la vente; et non-seulement la vente totale, mais la vente individuelle. Ce qui m'importe surtout, c'est de prouver qu'on augmente la vente totale. La multiplication du nombre des livres est un intérêt de premier ordre, qui prime de plein droit tous les autres. Vous en êtes d'avis comme moi. S'il y a un point sur lequel nous n'ayons jamais été divisés, je le dis à l'honneur de la Chambre, c'est sur la nécessité de répandre l'instruction; nous avons fait beaucoup de sacrifices, — nous n'en avons pas fait assez, selon moi, — afin d'atteindre ce but. Il y a entre nous tous une généreuse émulation pour faire pénétrer l'instruction dans les masses profondes du peuple. Or il y a pour cela deux moyens : l'un consiste à multiplier les professeurs, et l'autre à multiplier les livres. Faites bien attention que si vous multipliez les professeurs sans multiplier les livres, vous n'aurez, pour ainsi dire, rien fait. Je prends spécialement l'instruction primaire qui nous intéresse tous si grandement, d'abord parce que c'est un devoir de s'y intéresser, et ensuite parce que c'est une nécessité politique dans un pays de suffrage universel.

Je suppose que vous ayez réussi à enseigner à lire à tous les enfants et que vous n'ajoutiez pas un seul livre à ceux qui circulent en France, vous avez perdu votre temps et vos peines. Il n'y a pas un homme ayant étudié la question qui ne sache que, si un enfant a appris à lire à dix ans, et que rentré dans son hameau, dans sa chaumière, il n'y trouve pas un seul livre, à quatorze ans il ne sait plus lire.

Quelques membres. C'est vrai ! c'est vrai !

M. JULES SIMON. M. le ministre de l'instruction publique a constaté dans un de ses rapports, ce qui, du reste, a été établi par toutes les statistiques, que le nombre des conscrits, des mariés sachant lire est inférieur à celui des enfants qui fréquentent les écoles. Rien n'est plus facile que d'expliquer ce fait par l'absence du livre, c'est-à-dire de l'occasion de lire.

J'ai déjà fait une fois, à cette tribune, une remarque que je crois juste, c'est que cet écart entre la population scolaire et le nombre des jeunes gens lettrés est plus grand dans les pays catholiques que dans les pays protestants. Et j'attribue cette différence à l'usage, très-répandu chez les protestants, d'avoir au moins une Bible dans chaque famille. Non-seulement les protestants ont une Bible, que tous les membres de la famille ont l'habitude de lire, mais ils portent au temple leurs livres de prières, tandis que dans les églises catholiques on chante de mémoire des paroles latines. On ne peut guère contester ni ces faits ni leurs conséquences. En tout cas, il est impossible de ne pas admettre que la création des écoles est une œuvre incomplète et avortée sans la multiplication et la diffusion des livres. Tous les efforts que vous faites en faveur des écoles seraient donc superflus, et les éloges que vous vous décernez avec une libéralité, assez naturelle d'ailleurs, seraient fort mal justifiés, si vous ne faisiez pas marcher du même pas la création des écoles et la fondation des bibliothèques.

Maintenant, comment multiplie-t-on les livres? Je réponds, sans hésiter, que c'est en multipliant les libraires.

Un membre à la gauche de l'orateur. C'est évident, cela!

M. JULES SIMON. Et j'espère que je vais vous le démontrer.

Messieurs, en 1867, il y avait à Paris 649 libraires, et, par parenthèse, ceux qui sont étrangers à cette question seront peut-être étonnés d'apprendre qu'outre les 649 libraires, il y avait à Paris 608 permissionnaires. Les permissionnaires ne sont pas des libraires étaleurs, pour lesquels une exception est consacrée dans la loi ; ce sont de véritables libraires qui n'ont pas de brevets, et à qui on permet de faire comme s'ils en avaient.

Je me demande pourquoi l'administration accorde des brevets à la première moitié de ces douze cents personnes et de simples permissions à l'autre moitié.

Ce n'est pas une question de capacité, comme on le disait tout à l'heure fort mal à propos en parlant des imprimeurs; car, pour obtenir un brevet, il ne faut pas fournir d'autre preuve de capacité qu'un certificat signé de deux imprimeurs ou libraires, et ces certificats ne supposent pas même que l'impétrant sache l'orthographe. Je crains bien qu'en se montrant avare de brevets et en multipliant les permissions, l'administration, qui aime à tenir les gens à sa discrétion, n'ait d'autre motif que celui-ci : c'est que, pour la perte d'un brevet, il faut avoir été l'objet d'une condamnation, tandis que les permissionnaires sont exposés à chaque instant à se voir arbitrairement retirer leur permission sans la garantie d'une décision judiciaire. Je dis cela en passant et je reviens à ma thèse.

Il y avait, dis-je, en 1867, à Paris, 649 libraires et dans les départements 4,239. Cela fait, pour une population de 38 millions d'habitants, 5,000 libraires. Or 5,000 libraires sont parfaitement suffisants, si vous regardez seulement à la production ; mais il faut voir deux choses pour la librairie : la production et la vente. J'accorde volontiers que 5,000 libraires peuvent produire autant de livres que la France peut en consommer. Donc, au point de vue de la production, 5,000 libraires suffiraient, d'autant plus que les auteurs ont toujours le droit d'être leurs propres éditeurs, de publier et de vendre eux-mêmes. Mais c'est au point de vue de la vente que le nombre de 5,000 est infiniment trop restreint.

Qu'est-ce que le livre ? Le livre est-il un objet de première nécessité ? Si nous parlions du pain, des autres aliments, de la boisson, on pourrait dire : La production et la vente sont mesurées sur les besoins de la vie ; il y a là une règle infaillible qui s'impose d'elle-même au commerce. On peut presque en dire autant pour certaines denrées nécessaires à notre luxe et à notre plaisir, si ce n'est qu'elles dépendent des variations de la mode.

Ce n'est plus du tout cela pour le livre : le livre n'est pas un objet de nécessité, un objet de luxe. Il est un objet de nécessité pour vous et pour moi, qui savons, suivant la parole de l'Évangile, que l'homme ne vit pas seulement de pain, et que de même que notre corps

a besoin d'être alimenté pour avoir du sang et des mus-
cles, il faut que notre esprit soit alimenté pour avoir
de l'énergie et de la puissance. (Très-bien! très-bien! à
la gauche de l'orateur.)

Mais vous n'ignorez pas que ce besoin n'est senti qu'à
mesure qu'on a commencé à en trouver la satisfaction.
Celui qui n'a jamais tenu un livre est le plus malheureux des hommes, sans doute, mais il n'en sait rien.
L'idée d'aller chercher un livre ne lui vient même pas.
Ce n'est que quand il en a lu un qu'il devient capable
d'en désirer un autre; en revanche, dès que le besoin
de la lecture s'est produit en lui, il va chaque jour en
croissant, et plus il lira, plus il voudra lire. (Nouvelle
approbation à la gauche de la tribune.)

Chaque fois que vous introduisez dans un hameau un
livre, un seul, vous rendez possible la création d'une
bibliothèque. Mais le premier livre est la grande difficulté; ce n'est pas le second, ce n'est pas le centième.

Quand ces paysans, dont on nous parle quelquefois
comme d'une population peu éclairée, auront commencé à lire, il faudra partout multiplier les presses;
mais, à présent, le livre n'est pas demandé, sa condition
est de s'offrir. Voilà la vérité. Sur ce point, nulle contradiction.

Et comment est-ce que le livre s'offre? Il n'y a que
deux manières d'offrir le livre : l'annonce et l'étalage.
Demandez à un libraire en quoi consiste le placement
d'un livre. Il vous répondra que ce placement n'est possible qu'à la condition de faire des annonces. Mais l'annonce est très-dispendieuse, et quand on se décide à
une grande publicité, c'est qu'on calcule sur une vente
très-considérable ; sans quoi les frais d'annonce absor-
beraient le rendement de l'édition. Ce n'est pas le seul
inconvénient des annonces, en voici un autre. Qui est-
ce qui lit les annonces? D'abord tout le monde ne lit
pas les journaux; les paysans, dont nous parlions, ne

les lisent jamais. Les lecteurs de journaux, à l'exception d'une classe toute spéciale, presque exclusivement composée de commerçants, ne lisent pas la quatrième page. Cela est si vrai que les auteurs préfèrent, en général, les annonces dites anglaises, annonces en petit texte, placées dans le corps du journal, à ces immenses annonces de la quatrième page, qui coûtent si cher. Ainsi les annonces sont à la fois très-coûteuses et peu efficaces, et dès qu'il s'agit non du public lettré, mais de la foule, elles sont d'une inutilité absolue.

Je le répète ; pour un livre scientifique, pour les livres qui s'adressent aux curieux et aux délicats, on peut se contenter des annonces; mais quand il s'agit de la masse des illettrés qu'il faut amener à la vie intellectuelle, qui n'ont pas un seul livre et à qui on veut en inspirer le goût, ce n'est pas une annonce qui produit cet effet, c'est l'étalage.

Je veux vous en donner une démonstration par les faits.

Il y a un certain nombre d'années, on a créé en France, à l'imitation de ce qui se faisait en Angleterre, une Bibliothèque des chemins de fer. Quand on a introduit pour la première fois dans les gares des armoires pleines de livres, les administrateurs s'y prêtaient de très-mauvaise grâce. Ils n'auraient pas fait plus de difficultés s'il s'était agi de vendre des joujoux. Ils croyaient à un avortement. Je me rappelle qu'ayant accompagné le fondateur de la Bibliothèque chez le directeur d'une grande compagnie, nous ne réussîmes à lui persuader que nous étions des gens sérieux qu'en lui apprenant qu'il s'agissait d'une mise de fonds de plus d'un million.

La suite a montré, en effet, que c'était une entreprise colossale, parce que ces mêmes Français qui, quand ils montaient en chemin de fer, n'avaient d'autre ressource que de fumer ou de dormir, trouvant à l'étalage des livres attrayants, qu'ils pouvaient feuilleter avant de les acheter, et un choix propre à satisfaire tous les goûts, ont pris l'habitude de lire en voyage; il y en a même qui ne lisent que là.

Croyez-vous que les livres vendus à la gare se seraient vendus chez le libraire de la ville? Erreur! la vente du libraire est restée ce qu'elle était; c'est l'acheteur qui a changé ou plutôt c'est l'acheteur qui s'est créé. La vente d'un livre est triplée quand il obtient la permission d'être vendu en chemin de fer. J'en ai fait l'expérience moi-même : un de mes livres, ayant obtenu l'estampille, s'est enlevé dans la journée à quinze cents exemplaires.

Voilà donc l'effet que produit l'étalage, et ce qui ne manquera pas de vous toucher, — car non-seulement vous vous intéressez à la diffusion de l'enseignement, mais vous vous intéressez profondément aux populations de nos campagnes, dont vous êtes les tuteurs naturels; — savez-vous, en 1860, combien il y avait de libraires ruraux en France?

Le chiffre n'est pas flatteur; je l'ai relevé dans l'*Annuaire de la librairie :* il y en avait en tout 165. Reprochez après cela à ceux de nos paysans qui ont appris à lire d'oublier leur science faute de livre! La plupart d'entre eux ne connaissent que le bréviaire de leur curé, et ils ne le connaissent que de vue.

Ainsi, en 1860, il n'y avait que 165 communes rurales en France qui eussent leur libraire; dans toutes les autres communes, si quelqu'un avait l'idée d'acheter un livre, — mais qui donc en avait l'idée, et où l'aurait-il prise? — si pourtant quelqu'un avait, par grand hasard, cette heureuse idée, il fallait qu'il s'abandonnât, pour le choix, à quelque renseignement incomplet, qu'il écrivît à un libraire, — et à quel libraire? — qu'il payât le port de sa lettre et le port du livre, ce qui par la poste est très-dispendieux, — car le transport par les messageries, beaucoup moins onéreux, n'est permis que pour les ballots, — et le port de son argent : double dépense au moins, sans compter les embarras et le temps perdu à attendre. Mais non, en vérité, personne n'était exposé à tant de frais et de peines; personne ne songeait à les affronter : les grands clercs lisaient un journal vieux de deux ou trois jours, qu'on se passait de main en main, et les livres ne sortaient pas de la sous-préfecture. Voilà où nous en étions; que dis-je? voilà où nous en sommes, et voilà comment les choses se passeront chez nous tant que la liberté n'existera pas. (Assentiment à la gauche de l'orateur.)

Par conséquent, si c'est sincèrement, comme je n'en doute pas, que le gouvernement veut propager l'instruction primaire, il voudra pour les mêmes raisons propager les livres, faire en sorte que les livres arrivent jusque dans les plus humbles communes de France, et pour cela il n'a d'autre moyen que de laisser au boulanger, à l'épicier, au petit marchand de village, au maître d'école le droit, en payant patente, d'avoir sur une planche les livres appropriés à la commune qu'ils habitent.

Je voudrais que le goût de la lecture se répandît en France comme il s'est répandu en Angleterre. Il n'est personne de nous qui n'ait vu, en parcourant les campagnes anglaises, un berger suivant son troupeau un livre à la main et des lunettes sur le nez. (On rit.)

Il n'en est pas ainsi malheureusement en France, et le goût de la lecture ne s'y répandra jamais qu'à la suite des livres. C'est un goût qu'il faut provoquer et qui ne naît jamais spontanément.

J'ai trouvé... — je vais faire l'éloge du gouvernement. (Ah! ah!) — C'est pour une fois, mais je ne demande pas mieux que de recommencer, s'il m'en fournit l'occasion. J'ai trouvé que le gouvernement, en proposant la suppression des brevets de libraire, était conséquent, soit à ses principes de liberté du commerce, soit aux efforts qu'il fait, je me plais à le reconnaître, pour répandre l'instruction parmi le peuple.

Si le gouvernement a eu raison de proposer cette suppression, comme il n'y a aucune nécessité de joindre l'imprimerie et la librairie, comme il n'est pas question d'indemniser les libraires, comme il n'y a pas de doute possible sur l'utilité de la mesure, comme il est évident pour tous les hommes éclairés que plus nous aurons de libraires plus on achètera de livres, je vous demande de consentir à la chose la plus sage, à la suppression d'une barrière qui ne sert à personne, et vous n'attendrez pas trois mois pour voir les conséquences de votre bonne action. Aussitôt que tout commerçant pourra vendre des livres, la production va augmenter, la lecture va entrer dans les habitudes courantes. Croyez-moi, en l'absence de raisons quelconques pour ajourner, n'empêchez pas de se produire les livres qui ne demandent qu'à naître, et ne retenez pas plus longtemps dans une disette mortelle pour l'intelligence, une multitude de Français et de Françaises qui ont besoin de lire et qui vous demandent de leur procurer la nourriture intellectuelle qui leur est nécessaire. (Très-bien! sur divers bancs.)

Messieurs, il n'y a qu'une objection possible à la liberté de la librairie ; je sais très-bien qu'elle n'arrête pas le gouvernement, puisque c'est lui qui le premier a proposé la suppression des brevets, et cela devrait rassurer les autres. Je veux parler de la propagation des livres dangereux, non pas des livres dangereux au point de vue politique, je ne crois pas que vous deviez vous en préoccuper, mais des livres obscènes.

Où donc les saisirons-nous, dit-on, quand tout le monde pourra vendre?

Certes, il n'y a personne ici qui puisse se vanter d'avoir plus d'horreur que moi pour les livres obscènes ;

mais je réponds qu'il est déjà très-difficile de saisir des livres dans la position actuelle, à moins qu'on ne les saisisse à leur source, c'est-à-dire à l'imprimerie. L'imprimeur, en effet, étant obligé de faire une déclaration et un dépôt préalables, vous pouvez lui saisir ses livres sans trop de peine, tandis que, quand ils ont été une fois livrés aux commerçants, vous n'aboutissez guère, par les plus minutieuses recherches, qu'à des procès-verbaux de carence. Vous aurez beau fouiller la maison depuis la cave jusqu'au grenier, vous n'en découvrirez pas un seul. Quand on fait cet infâme commerce de spéculer sur les mauvaises passions, sur les honteuses habitudes, on n'emmagasine pas sa propre infamie. Le jour où les ballots arrivent de l'imprimerie, on les livre à qui? aux colporteurs, c'est-à-dire à des hommes que vous surveillez, contre lesquels vous avez fait des lois sévères, mais qui n'ont, hélas! que trop de facilités d'échapper à la surveillance et aux lois. Ce sont eux qui portent les obscénités de canton en canton et de commune en commune, et quand les maires s'aperçoivent que leurs localités en sont empoisonnées, il est trop tard pour la répression; le colporteur est déjà loin et l'on ne sait plus où le retrouver.

Si, à la place de ce colporteur nomade, de cet homme dont on sait à peine le nom, qui va sans cesse de commune en commune et même de département en département, vous aviez des commerçants patentés, des négociants qui restent à poste fixe, qui sont connus de l'autorité municipale, vous pourriez toujours faire toutes les investigations que les mœurs exigeraient de vous. (Approbation sur divers bancs.) De sorte que ce qui paraissait tout d'abord une objection, quand on la regarde de près, devient, au contraire, un motif d'adopter l'amendement que je vous propose. (Nouvelle approbation sur les mêmes bancs.)

Telles sont, Messieurs, les observations que je voulais

vous présenter. Vous voudrez bien me permettre de me venger un peu de la difficulté que j'ai eue à me faire entendre dans le commencement, en vous disant que, si vous aviez bien voulu m'écouter dès l'abord, il y a très-longtemps déjà que j'aurais fini. (On rit.)

Je suis cependant obligé, précisément parce que je crains de n'avoir pas été entendu (Ah ! ah !) de résumer en trois mots toutes mes observations, et voici en quoi elles consistent :

1° Les raisons qui, dans certains esprits, paraissent incliner pour l'ajournement de la question en ce qui concerne l'imprimerie, raisons qui pour moi n'ont aucune valeur, ne peuvent être, à aucun point de vue, invoquées pour ce qui concerne la librairie...

Plusieurs membres. C'est vrai ! c'est vrai !

M. JULES SIMON. Non-seulement c'est vrai, mais c'est une vérité d'évidence.

2° Il n'y a aucun avantage pour les libraires à conserver leurs brevets ; car, après la suppression, ils vendront tout autant, si même ils ne vendent davantage.

3° Le vrai moyen de répandre les livres, c'est de laisser à tout le monde la facilité de les vendre ; pour faire arriver les livres jusqu'au fond des campagnes, il n'y a pas deux moyens, il n'y en a qu'un qui soit efficace, c'est la suppression des brevets de libraires.

Devant de pareilles raisons, je ne comprends pas l'attermoiement, et si l'on fait une objection tirée des livres obscènes, je réponds immédiatement que la surveillance des marchands est plus facile que la surveillance des colporteurs. (Assentiment sur divers bancs.)

Voilà pourquoi je tiens si essentiellement à ce que la librairie soit sur-le-champ affranchie.

Je n'éprouve aucune difficulté à ajouter qu'une fois la librairie affranchie, il sera de plus en plus difficile de laisser subsister une barrière à la profession d'imprimeur ; et vous le savez, plus les barrières s'abaissent, plus je crois que le temps de la prospérité et de la justice s'approche.

Messieurs, c'est la dernière fois que je prendrai la parole dans la discussion de cette loi; je ne puis m'empêcher de vous dire en finissant qu'à mes yeux il n'y avait que deux choses dans le projet qui pussent nous le faire supporter : l'une, c'est la suppression du régime arbitraire; l'autre, c'est la proclamation de la liberté du commerce des livres.

C'est en considération de ces deux articles que l'un de nous a déclaré à la tribune qu'il nous serait peut-être possible de voter la loi. Si nous le faisons, c'est que nous sommes réduits à opter entre la loi de 1868 et la loi tyrannique de 1852. Nous ne pouvons choisir qu'entre deux maux. A Dieu ne plaise que ce vote soit une approbation de la loi de 1868 ! Mais plus la loi de 1868 est mauvaise, et plus notre vote sera une réprobation énergique de la loi funeste qui, pendant seize longues années, a entravé la propagation des idées et l'avenir intellectuel du pays. (Très-bien ! très-bien ! à gauche de l'orateur.)

III

ABOLITION DES ARMÉES PERMANENTES

NOTE PRÉLIMINAIRE

Après avoir pendant plusieurs années borné ses vœux
à la réduction de l'effectif, l'opposition s'est enfin résolue, en 1868, à demander la suppression des armées
permanentes. On n'a pas manqué de la railler et de
l'injurier à ce propos. En effet, comment le monde vi-
vrait-il sans les armées permanentes ? On ne conçoit
pas une société civilisée sans armées permanentes. Il y
en a eu en tous temps dans tous les pays, et c'est à leur
nombre que se mesure la grandeur d'un peuple. La
France, qui pouvait avoir douze cent mille soldats,
comme le gouvernement vient de le lui prouver, s'est
volontairement réduite depuis cinquante ans, à n'en
avoir pas même quatre cent mille ! C'est avoir bien peu
le sentiment de son devoir et de sa dignité. Les hommes
sont faits pour vivre dans une caserne pendant leurs
florissantes années, sous le gouvernement absolu d'un
certain nombre de sergents et de caporaux, et pour
s'entretuer tous les dix ou quinze ans au son des fifres
et du tambour. Si l'opposition ne sent pas cela, et si au
lieu de dépenser, pour chaque année de paix, un bon
milliard à titre de dépenses de guerre, elle aime mieux
payer les dettes du pays, ranimer l'industrie languissante, ouvrir des écoles et donner du pain à ceux qui
en manquent, c'est qu'elle n'a pas de sang dans les
veines.

L'opposition a un autre tort, que les mêmes personnes

lui reprochent avec la même amertume, sans trop se
soucier de mettre d'accord leurs deux homélies : elle
voudrait remplacer l'armée permanente par des citoyens
bien armés et bien aguerris. L'idée n'est pas si étrange,
puisque M. le maréchal Niel, qui n'est pas un utopiste,
assure que l'armée permanente diminuera, à mesure
que la garde nationale mobile prendra de l'accroissement et de la force. On pourrait presque dire qu'entre
cette opinion, et la proposition de la gauche, il n'y a
qu'une différence de temps et de degré. Il est certain
que si tous les Français savaient manier un fusil et, au
besoin, exécuter une manœuvre, la France serait invincible chez elle. Elle ne serait plus capable de menacer la sécurité de ses voisins ; mais cette impuissance
serait autant de gagné pour ses voisins et pour elle-
même. L'opposition, en proposant ce système, croyait
faire une grande et favorable économie de temps, de sang
et d'argent, sans compter les heureuses conséquences
qui en découlaient pour la morale. Mais on lui apprit
que c'était elle, et non pas le gouvernement, qui voulait
faire du pays un immense camp retranché. Ces mêmes
héros qui ne voyaient de beau que la guerre, qui allaient
presque jusqu'à la provoquer, qui nous traitaient de fous
et de traîtres parce que nous voulions la rendre impossible, changeant de ton en une minute avec une naïveté
adorable, se mirent à s'apitoyer sur le sort des citoyens
français, cruellement transformés en soldats, pour une
grande moitié de la vie, par les traîneurs de sabre et
les grognards de l'opposition. Quoi donc ! on fera l'exercice le dimanche deux fois par mois ! On passera, dans
le cours de toute une vie, cinq ou six semaines sous le
drapeau ! C'est plus que n'en demandait le premier
empire ; c'est une tyrannie intolérable, c'est la ruine
des finances et de l'industrie. Cela efface les plus sanglants souvenirs de la guerre de Crimée et de l'expédition du Mexique.

En vérité, c'est se moquer que de confondre, avec le
dur métier de soldat, le service assez inoffensif et depuis fort longtemps expérimenté de la garde nationale ;
c'est se moquer que de déclarer dans le même moment,
qu'une armée de quatre cent mille hommes est insuffisante, et qu'on peut se passer non-seulement d'armée
régulière, mais de milice ; et enfin, c'est se moquer
que de ne pas vouloir reconnaître qu'il n'existe pas de
plus grand fléau, pour la santé, les mœurs et le trésor,
que les armées permanentes.

Inutile au dedans pour la justice, le soldat n'est pas
même nécessaire à la frontière. Un pays qui a des citoyens, — j'entends par des citoyens, des hommes
libres, ou, si l'on veut, des hommes, — un tel pays est
invincible ; cette terre enfante des vengeurs et des héros, comme un champ fertile qui donne par année deux
moissons. Avec ces armées permanentes, innombrables,
qui dévorent le budget, exténuent l'agriculture, me-
nacent la liberté, faussent l'esprit public, et, en définitive, ne gardent rien et ne rassurent personne, parce
que l'ennemi aligne autant de bataillons, avec une égale
folie, de l'autre côté de la frontière, on n'aura jamais
ni le règne de la paix, ni celui de la justice. Il est pa-
radoxal de dire que les gros bataillons assurent la paix
en rendant la guerre facile : *Si vis pacem, para bellum.*
Quand on a de si belles armes, il y a toujours des fous
qui brûlent de les essayer. Quand on met son effort dans
les choses de la guerre, il faut périr en la faisant, ou
périr en ne la faisant pas, parce qu'on n'est plus propre
à autre chose. Les soldats, comme le fer, se rouillent
dans la paix. Avant la frénésie de ces dernières années,
les gouvernements, pour se faire bien venir des peuples,
se vantaient d'être la paix ; on promettait un désarmement général ; on abattait de tous côtés les remparts :
ces terres maudites devenaient des promenades ou des
prairies. Les vieilles forteresses ne restaient debout

çà et là que pour embellir le paysage, à peu près comme
ces antiques cuirasses qui, dans un cabinet d'amateur,
font pendant à une collection de coléoptères. Espérons,
parce qu'il faut toujours croire au triomphe définitif du
sens commun, qu'après s'être tant hâté de fabriquer des
canons rayés et des fusils Chassepot, on ne mettra pas
moins de hâte à les remplacer par des socs de charrue.
On voudrait pour unique bonheur pouvoir clouer de ses
mains, sur la porte des arsenaux, un écriteau portant
ces paroles : *Musée d'antiquités*. Nous nous croyons
bien avancés en philosophie ; et pourtant le jour où on
fera cela sera le premier jour de la civilisation.

DISCUSSION DE LA LOI DE 1868 SUR L'ARMÉE

(23 décembre 1867.)

M. LE PRÉSIDENT SCHNEIDER. La parole est à M. Jules Simon pour la discussion générale.

M. JULES SIMON. Messieurs, jamais assemblée n'a eu à discuter une loi plus grave que celle qui est en ce moment soumise à vos délibérations.

Je me propose d'examiner quelle est l'étendue des sacrifices que cette loi demande au pays; quelles sont les circonstances qui, dans la pensée de ses auteurs, ont rendu ce sacrifice nécessaire, et enfin si, en faisant le sacrifice qu'on lui demande, le pays obtiendra le résultat qu'on veut atteindre.

Vous savez, Messieurs, que le projet de loi que vous avez maintenant devant vous est un projet transformé : l'année dernière, quand il a paru pour la première fois, il avait un aspect tout autre. Il importe de se rappeler le premier projet, parce que, dans certains cas, il sert d'explication au second.

Tout le monde sait que le premier projet avait pour but principal de demander une force armée de

1,200,000 hommes, divisés en trois corps à peu près égaux ; ce qui entraînait deux conséquences :

D'abord on prenait la totalité de la classe ; ce qui fut caractérisé immédiatement par un mot qui, si je ne me trompe, est la cause principale de l'abandon du premier projet ; on dit de tous côtés : « Il n'y aura plus de bons numéros! » Ce mot fit le tour de la France.

Une autre conséquence, qui émut surtout le Corps législatif et toutes les personnes qui ont souci des droits des grands corps de l'État, c'est qu'en vertu de ce projet, et pour la première fois depuis longtemps, l'impôt en hommes n'était plus voté annuellement par le Corps législatif.

Ainsi, pour tous les pères de famille cette douleur de n'avoir plus l'espérance de voir leurs enfants échapper à la conscription, et pour le Corps législatif la perte de celle de ses prérogatives à laquelle il doit le plus tenir : voilà quel était le premier projet, et j'insiste, avant de passer outre, sur l'énormité du chiffre demandé : 1,200,000 hommes, divisé en trois parties à peu près égales, et par conséquent une armée active, soit sous les drapeaux, soit dans la réserve, s'élevant à huit cent mille hommes.

Maintenant, après des transformations considérables, dues à l'opinion publique, au zèle des membres de la commission, à des concessions faites par le gouvernement, on en est venu à un projet qui, suivant M. le rapporteur, se rapproche de bien près de la loi de 1832. Il s'en rapproche, soit ; mais il en diffère principalement par les trois côtés que voici :

Il établit une séparation légale entre l'armée active et la réserve ; il porte la durée du service dans la réserve à quatre ans ; il crée une garde nationale mobile.

Voilà les trois points principaux de la différence

entre le projet qui vous est soumis et la loi du 21 mars
1832.

La séparation légale de l'armée active et de la réserve
n'est certainement pas une nouveauté dans nos lois;
vous savez, Messieurs, qu'elle existait déjà dans la loi
de 1818. Il y avait alors un service dans l'armée active
qui durait six ans, et un service dans la vétérance qui
devait aussi durer six ans, et qui, en fait, ne fut jamais
exigé.

Ce principe de la division légale entre le service sous
les drapeaux et le service dans la réserve est bon en
lui-même. On a même été jusqu'à dire que, la durée
du service étant de sept ans sous l'empire de la loi actuelle, et de cinq ans seulement dans l'armée active
sous le régime nouveau, il y aurait diminution de la
charge réelle imposée aux appelés. Mais, Messieurs,
il faut écarter cette fantasmagorie et rentrer dans la
vérité des faits.

Quelques membres à la gauche de l'orateur. Très-
bien! très-bien!

M. Jules Simon. Il est parfaitement certain que
nous ne pouvons pas prévoir, par le seul énoncé de la
loi que nous discutons, quelle sera la force, soit de
l'armée prise dans son ensemble, soit de l'armée sous
le drapeau, soit de l'armée dans la réserve. Le Corps
législatif reste maître de fixer chaque année le contingent par la loi du contingent, et d'en faire le classement entre l'armée active et la réserve par la loi de
finances. Il peut, dans le cadre de la loi que vous
faites, placer une armée active très-restreinte et une
réserve immense, ce qui serait, à mes yeux, un grand
progrès. Il peut faire l'inverse, et j'aurais le droit d'affirmer qu'il le fera, si je tenais compte des prévisions
énoncées à plusieurs reprises par le gouvernement sous
toutes les formes où sa pensée s'est produite depuis
un an. Partout nous l'avons entendu déclarer qu'il

voulait avoir un complet de 800,000 hommes, divisés en deux parties égales ou à peu près égales. Je lui rends cette justice, qu'il n'a jamais sur ce point dissimulé sa pensée.

De plus, dans le régime précédent, on ne versait pas, il s'en fallait de beaucoup, dans le cadre' de l'armée active la totalité des appelés.

M. le général Allard, dans une séance de l'année 1865, en faisant le calcul de ce qui restait à la disposition du ministre de la guerre après le tirage au sort de chaque année, l'évaluait à 71,000 hommes, toute déduction faite; il ajoutait qu'il fallait encore déduire 6,000 hommes mis à la disposition de la marine; que, sur les 65,000 restant, 25,000 seulement étaient versés dans l'armée active, et 40,000 étaient laissés dans leurs foyers. Ce classement ne sera plus fait de la même façon avec une loi qui diminue de deux ans la durée du service actif, et qui, pour le même motif, obligera, comme on le déclare dans le rapport, de donner à la marine 9,000 hommes au lieu de 6,000 hommes. Et d'ailleurs, qu'ai-je besoin d'insister? Tout est dans ce seul mot : La présente loi n'est ni une loi de quotité, ni une loi de classement ; mais elle est dominée par la demande positive et réitérée d'un complet de 800,000 hommes. Si donc il y a une présomption, elle est pour l'aggravation ; voilà la vérité des faits. (Très-bien ! à la gauche de l'orateur.)

Nous restons donc, sans compensation, en présence d'une disposition qui fait durer quatre ans le service dans la réserve, et de la création de la garde nationale mobile. Ce sont ces deux points-là que j'ai surtout à examiner.

Vous savez que sur la fixation de la durée du service dans la réserve, la commission s'est divisée par dix et huit ; la majorité a maintenu la durée de quatre ans, ce qui fait que les appelés devront à l'Etat un service total de neuf ans. La minorité a voulu le réduire à huit ans. Ce point-là est évidemment un de ceux qui seront le plus débattus quand nous en viendrons à la discussion des articles.

Les membres de la majorité de la commission ont donné pour raison de leur décision qu'il valait mieux faire servir les appelés une année de plus dans la réserve que d'augmenter les contingents de 10,000 hommes.

Si je remarque cette phrase du rapport, c'est pour faire voir de plus en plus que toute la lòi est faite en vue d'un nombre de soldats qu'on veut atteindre, c'est-à-dire d'une armée de 800,000 hommes.

« L'aggravation serait plus dure, nous dit-on, si, conservant la loi telle qu'elle est, nous changions seulement le chiffre de la durée du service, et si nous disions par exemple : Tout jeune soldat appelé devra huit ans de service; au lieu de dire, comme nous le faisons : cinq ans sous le drapeau et quatre ans dans la réserve. Car, le jeune soldat entré dans la réserve, après avoir fait cinq ans sous le drapeau, peut être considéré comme libéré. Il est, en quelque sorte, dans la même situation que s'il avait achevé son service. »

Je n'admets point cette explication, cette atténuation, je ne veux pas dire cette excuse; je tiens que le temps du service dans la réserve est très-réellement et très-durement un temps de service, et que la pensée d'être neuf ans dans l'armée, même avec la certitude de ne passer que cinq ans sous le drapeau, est une pensée douloureuse pour le jeune homme qui vient de tirer un mauvais numéro. (Très-bien! à la gauche de l'orateur.)

Mais ici se présente une remarque que je ne puis pas ne pas faire, c'est qu'on parle sans cesse d'une aggravation de deux ans. Ce n'est pas vrai; et si les membres de la commission n'étaient pas personnellement au-dessus d'un pareil reproche, je dirais que cette manière de parler, qui a pris cours depuis qu'on discute la loi, manque de sincérité. Ce n'est pas deux ans qu'on ajoute, c'est deux ans et demi. (Interruption. — Très-bien! à la gauche de l'orateur.)

Ce n'est pas neuf ans que durera le service, c'est neuf ans et demi.

A la gauche de l'orateur. Très-bien! très-bien!

M. JULES SIMON. Et la chose est manifeste puisque, dans la loi actuelle, le service commence à partir du mois de janvier et que, dans la loi future, il commence à partir du 1er juillet. Or, pendant les six mois qui s'écoulent pour le jeune soldat entre le 1er janvier et le 1er juillet, il a d'abord à souffrir la terreur du tirage...

M. GRANIER DE CASSAGNAC. Est-ce qu'on a des terreurs en France quand il s'agit de prendre un fusil?

M. JULES SIMON. Ensuite, après avoir tiré au sort, la douleur d'être tombé et de se voir dans une situation qui l'exile immédiatement des ateliers et trouble aussi profondément ses intérêts et ses relations de famille, que s'il était déjà sous le drapeau... (Interruptions diverses.)

C'est donc bien une aggravation de deux ans et demi, et une durée de service de neuf ans et demi qui est imposée par la nouvelle loi. (Bruyante interruption.)

Je sais bien qu'on peut le contester, parce qu'on peut tout contester; mais s'il y a une chose évidente, c'est celle-là.

M. GRANIER DE CASSAGNAC. Allons donc! ne parlez pas de terreur.

M. LE PRÉSIDENT SCHNEIDER. Je voudrais bien qu'on écoutât l'orateur.

M. GRANIER DE CASSAGNAC. Non pas, quand il blesse aussi profondément les sentiments de la Chambre. (Oui! oui! — Vif assentiment.)

Personne n'a peur d'être soldat en France. (Très-bien!)

M. LE BARON GEIGER. Certainement, non!

M. LE PRÉSIDENT SCHNEIDER. Je prie M. Granier de Cassagnac de s'abstenir d'interrompre.

M. PAUL BETHMONT prononce quelques mots qui se perdent au milieu du bruit.

M. LE COMTE DE JAUCOURT. Personne n'a peur en France d'aller à la conscription!

M. LE PRÉSIDENT SCHNEIDER. Pas d'interruption, je vous prie. Si nous commençons le débat par des interruptions aussi vives, comment le finirons-nous?(On rit. —Très-bien!)

M. JULES SIMON. La commission, dans son désir de démontrer que la situation du soldat dans la réserve équivaut presque à une libération, a affirmé qu'il n'y aura ni revues, ni exercices. Je ne sais pas s'il n'y aura ni revues, ni exercices pour les soldats de la réserve, je constate seulement que le projet de loi actuel ne le dit pas, tandis que la loi de 1818 le disait; le rapport n'a pas, par conséquent, le droit de l'affirmer.

Il y a plus; le projet dit expressément que les jeunes hommes de la réserve, quoique mariés, seront soumis à toutes les obligations du service militaire, ce qui peut parfaitement s'appliquer aux revues et aux exercices; mais je vais plus loin, Messieurs, moi qui ne suis pas partisan des armées permanentes, ni surtout des armées nombreuses. Je ne regarde pas comme une chose souhaitable que les soldats qui serviront quatre ans dans la réserve soient totalement exemptés de revues et d'exercices. Je sais bien qu'on dira que les soldats qui ont passé plusieurs années sous les drapeaux y ont appris leur métier. Mais ceux que vous laisserez dans leurs foyers et qui, pendant les cinq premières années, n'auront eu d'autre habitude du maniement des armes qu'un certain nombre de revues et d'exercices, ceux-là pourront fort bien avoir besoin d'être instruits plus complétement.

N'oubliez pas que ceux d'entre vos collègues qui désirent passionnément que l'armée active soit diminuée tiennent aussi beaucoup à ce que nous ayons une forte réserve, et demandent que cette réserve soit exercée pour être puissante.

Je dis donc qu'il y a peut-être un peu de facilité de la part de la commission à se laisser aller à faire cette promesse que les hommes de la réserve ne seront en aucun cas assujettis à des revues et à des exercices. Il y a d'ailleurs une chose que la commission ne peut pas leur promettre, c'est qu'ils ne pourront pas être appelés à l'activité, puisque la réserve est précisément faite pour être appelée à l'activité. La commission offre pour toute consolation à la réserve qu'elle ne pourra être appelée qu'en temps de guerre et par un décret impérial.

Un membre. En temps de guerre!

M. JULES SIMON. Oui, précisément, en temps de guerre et par un décret impérial.

La première difficulté que prévoit M. le rapporteur de la commission, avec sa sagacité bien connue, c'est que ce mot *en temps de guerre* est une expression très-vague.

Mais il a beau dire que le bon sens public saura toujours discerner ce qui est ou ce qui n'est pas le temps de guerre; je ne sais si le bon sens public fera cette distinction avec sûreté. Pour ma part, je dois avouer qu'il m'est très-difficile de la faire.

Voici un exemple qui rendra ma pensée plus précise et qui pourra amener des explications de nature à rassurer, non-seulement mon esprit, mais l'esprit de tous ceux qui auraient moins de perspicacité que MM. les membres de la commission.

Dans ces dernières années, nous avons eu un certain nombre de guerres. Nous avons eu la guerre de Crimée, nous avons eu la guerre d'Italie, nous avons eu, hélas! la guerre du Mexique, nous avons eu des guerres jusque dans la Cochinchine et, en ce moment, nous avons une armée d'occupation à Rome; eh bien! je le demande, où est l'état de guerre? (Assentiment à la gauche de l'orateur.)

Est-ce que l'état de guerre n'a lieu que lorsque la nation est en guerre contre une nation continentale européenne? faudrait-il encore compter les soldats de cette nation pour être sûrs que nous sommes en temps de guerre?

Il est important de savoir à quoi s'en tenir sur ce sujet; quand les hommes occupés dans les ateliers peuvent apprendre chaque matin qu'ils sont appelés sous les drapeaux, n'ont-ils pas grand besoin de savoir ce qui constitue le temps de guerre? S'ils entendent parler d'une division d'occupation envoyée dans quelque ville italienne, ou ailleurs, ne doivent-ils pas se demander avec anxiété si c'est là le temps de guerre ou si c'est un temps d'expédition qui peut passer pour une forme particulière de paix? (Très-bien! à la gauche de l'orateur.)

Un décret impérial, je l'avoue, ne me rassure pas à l'excès; tout le monde sait bien que ce n'est pas le ministre de la guerre qui décide la guerre; je voudrais que ce fût lui qui la décidât avec ses collègues, puisque ce n'est pas le Corps législatif, ce qui vaudrait beaucoup mieux. Mais, aux termes de la Constitution, c'est le chef de l'État, et lui seul, qui décide la paix ou la guerre. Devant un article de la Constitution, nous sommes impuissants, même pour discuter. Eh bien! puisque cet article existe, qu'il me soit permis de dire que le chef de l'État, décidant d'une façon absolue, par sa pleine autorité, de la paix ou de la guerre, nous pouvons souhaiter de ne livrer à sa discrétion, dans le cas où il la déclare, qu'un nombre aussi restreint que possible de nos concitoyens... (Très-bien! à la gauche de l'orateur.)

Loin de me rassurer en invoquant le décret impérial et le pouvoir conféré au chef de l'État, M. le rapporteur de la commission ne fait que me rappeller une situation politique qui m'inspire les plus grandes inquiétudes et la plus grande réserve, au moment où l'on nous propose une loi de la nature de celle-ci. (Nouvelles marques d'approbation à la gauche de l'orateur.)

Or, indépendamment de la situation des jeunes soldats de la réserve, je vous prie de considérer que nous sommes en présence, dans toute cette loi, des intérêts du travail national; au moindre bruit de guerre, à la moindre inquiétude qui se manifestera, et, Dieu sait si, depuis quelques années, les inquiétudes de cette nature sont chose rare; au moindre bruit de guerre, non-seulement les jeunes soldats de la réserve craindront d'être appelés sous les drapeaux, mais les chefs d'industrie craindront de les employer dans leurs ateliers (Interruption.), car il peut ne pas convenir à un chef d'industrie d'employer des hommes qui, un beau matin, au premier appel inséré dans *le Moniteur*, seront obligés de déserter l'atelier en masse.

Maintenant je rencontre une question d'une gravité toute particulière : c'est la question du mariage. Je disais en commençant que peut-être la grande bataille de la loi se livrerait sur le terrain du service dans la réserve, sur la question de savoir si cette durée serait de quatre ou de trois ans. Mais il y a une autre question dont assurément vous connaissez tous l'importance capitale : c'est la question de savoir pendant combien de temps les jeunes gens de la réserve seront astreints au célibat rigoureux. (Mouvements divers.)

Je n'hésite pas à dire et à croire que la question

paraît aussi grave à ceux qui demandent le plus, qu'à ceux qui demandent le moins.

On diffère d'une année ou de six mois, car le dissentiment s'est réduit, en fin de compte, à six mois. Quoi qu'il en soit, la question est d'une importance capitale, et je ne puis m'empêcher de vous rappeler qu'en 1865 un membre de la majorité de cette Chambre, un des membres de la plus pure majorité... (Rires et mouvements divers.), dont les opinions ne peuvent vous être suspectes à aucun degré, dont le dévouement à l'empire et aux institutions de l'empire est au-dessus du soupçon, l'honorable M. Delamarre, que voilà là sur son banc... (Hilarité générale, à laquelle prennent part M. Jules Simon et M. Delamarre.), s'est plaint, vous savez avec quelle énergie, avec quelle abondance de documents, de la situation qui existait alors, et qu'on est en train en ce moment d'aggraver. Je pensais assurément, ce jour-là, comme M. Delamarre, et beaucoup d'entre nous, de diverses parties de la Chambre, se joignaient avec ardeur aux réclamations qu'il faisait entendre. Et pourquoi? C'est qu'il s'agissait à la fois de la puissance nationale et de la morale elle-même.

M. Garnier-Pagès. Très-bien! très-bien!

M. Jules Simon. Voilà, Messieurs, une quantité de jeunes soldats que vous prenez; il y en a, je suppose, cent mille; vous les envoyez dans l'armée pour y rester pendant sept ans ou pendant huit ans, exclus du mariage. Il en résulte trois conséquences également fatales : la première, c'est le fait même de l'interdiction du mariage à six ou sept cent mille jeunes gens dans la force de l'âge, choisis parmi les plus sains et les plus robustes.

La seconde, c'est qu'environ cent mille hommes chaque année, ou trop petits de taille pour le service militaire, ou atteints d'infirmités incurables et laissés pour ce motif dans leurs foyers, ont plus d'occasions et de facilités pour contracter des mariages. (Légère interruption.) Je dis des choses dures, Messieurs, mais je parle en statisticien, en patriote, en père de famille, et la chose est trop grave pour que vous voyiez dans mes paroles autre chose que la gravité que j'y mets. (Trèsbien! à la gauche de l'orateur.)

Enfin, il faut bien le dire, les jeunes soldats que vous envoyez mener la vie de caserne n'y vivent pas absolument comme des saints, et il en résulte un certain accroissement d'enfants naturels... (Rumeurs diverses.)

M. Glais-Bizoin. Et quelque chose de plus!

M. Jules Simon. Je vois là, disais-je, un triple malheur : d'abord parce qu'il est regrettable que la race ne soit pas reproduite par les individus les plus sains et les plus robustes ; ensuite parce qu'il est dangereux que des individus dont la santé n'est pas bonne soient favorisés au point de vue du mariage ; et enfin parce que le nombre croissant des enfants naturels est tout ce que l'on peut imaginer de plus déplorable à tous les points de vue possibles. (Mouvements divers.)

Je suis fort éloigné assurément de dire que les sentiments qui attachent un père à son enfant dépendent de la célébration régulière du mariage ; je sais que ce sont là des sentiments que la nature elle-même inspire, et qui, dans toutes les situations, doivent être considérés comme puissants et sacrés ; mais tous ceux qui m'entendent seront d'accord avec moi quand je dirai qu'il y a une grande différence entre l'homme de plaisir qui se voit gratifié un beau jour d'une paternité peut-être douteuse (Rumeurs et exclamations.), et l'homme qui, en présence du magistrat, de l'aveu de deux familles, en appelant ses amis à témoins, consacre, sous l'égide de la loi, le lien le plus auguste de la société humaine. La statistique vient à l'appui de mes paroles. L'enfant qui peut nommer son père et sa mère, qui a ses parents et ses auteurs, qui a des protecteurs naturels de toutes parts, qui vit au milieu d'eux, est, très-certainement, pour la santé du corps et pour la santé de l'esprit, dans une position très-supérieure à l'infortuné qui n'a ni père reconnu ni mère honorable. (Approbation à la gauche de l'orateur.)

Et si je regardais seulement la durée de la vie humaine, je serais obligé de vous rapporter ces déplorables renseignements des dernières statistiques qui nous ont montré dans certains départements de la France les enfants naturels et les enfants assistés frappés par la mort avec plus d'intensité que les armées, même quand elles sont moissonnées sur le champ de bataille par les plus meurtriers engins que vous ayez pu encore inventer. Ainsi, dans le département de la Loire-Inférieure, sur cent enfants naturels on n'en sauve pas dix; dans le département d'Eure-et-Loir on n'en sauve pas cinq.

Ce sont de véritables hécatombes. En présence de ces faits déplorables, que font, que doivent faire les honnêtes gens de tous les partis? Ce qu'ils font, c'est de demander avec les plus vives instances que, laissant de côté les questions qui nous divisent, nous pensions par-dessus tout à reconstituer le foyer domestique, à relever l'institution sacrée du mariage, à faire en sorte que tous les enfants aient des pères... (Légères rumeurs.) et ils le demandent au nom de la morale, au nom de la justice, au nom de l'humanité, au nom de l'intérêt national. N'est-ce pas le sentiment qui nous anime tous? Eh quoi! c'est quand nous sommes tous animés de cette pensée, c'est quand nous frémissons de cette mortalité effrayante, quand nous voyons les désordres moraux que l'absence d'une famille fait naître, c'est à ce moment-là que vous venez nous demander d'interdire le mariage à un nombre considérable de citoyens, à ceux précisément qui sont les plus jeunes et les plus robustes; et vous ne voyez pas que vous portez atteinte à ce qui fait la prospérité et la force d'un peuple! (Très-bien! Très-bien! à la gauche de l'orateur.)

Quoi! nous unissions si récemment nos vœux pour demander que la loi ancienne fût rendue moins dure, et voilà qu'on nous en apporte une nouvelle qui aggrave encore la situation dont nous nous plaignions; et dans quel moment?

Dans un moment où vous voulez armer le plus de soldats possible, et lutter contre les autres nations par la quantité. Mais si vous voulez accroître le nombre de vos soldats, ne commencez pas par prendre des mesures qui auront pour effet infaillible de diminuer les classes. Souvenez-vous qu'en Angleterre il ne faut que cinquante ans pour doubler la population, tandis qu'il nous en faut cent cinquante en France, si nous en croyons M. le rapporteur. Mes calculs ne me conduisaient qu'à cent vingt-deux ans; mais cent vingt-deux ans ou cent cinquante ans, ne voyez-vous pas quelle énorme différence nous sépare de nos voisins? Croyez-moi, loin d'augmenter le mal, notre premier souci devrait être d'y porter remède. Votre loi nous coûtera plus d'hommes qu'une bataille perdue.

Puisque je viens de prononcer le nom de l'Angleterre, permettez-moi de vous rappeler qu'en Angleterre il n'y a pas, comme chez nous, une armée considérable placée en quelque sorte en dehors de la nation, et un clergé de plus de cinquante mille prêtres, voués à un célibat éternel.

Ne craignez pas qu'en disant cela j'aie le dessein de prononcer une seule parole contraire à la liberté individuelle et à la liberté de conscience; je constate seulement un fait qui n'est pas sans influence sur la population de notre pays, et voici la réflexion qu'il me suggère: Les membres du clergé catholique, voués au célibat par leur volonté et par leur conscience, observent la loi qu'ils se sont faite; non-seulement ils l'observent, mais ils portent jusque sur leur personne un signe toujours visible de leur vocation. Les soldats dont je vous parlais jusqu'ici, ceux que vous envoyez dans les casernes, ont aussi leur signe sur eux, leur uniforme ; mais ceux que vous laissez dans leurs foyers, ou que la loi nouvelle va y ramener nécessairement après cinq ans de service sous le drapeau, quel est leur signe à ceux-là ? Quand ils sont dans les ateliers, en quoi sont-ils distingués des ouvriers qui n'appartiennent pas au service militaire et qui, par conséquent, peuvent se marier ? S'ils s'oublient dans l'effervescence de la jeunesse, ou peut-être parce qu'ils n'auront pas reçu cette sainte éducation de la famille dont je parlais tout à l'heure, ne voyez-vous pas que la jeune fille séduite est doublement malheureuse et doublement trompée, puisque le tort qu'on lui a fait est irréparable? (Interruption prolongée.)

Je dis, Messieurs, que le danger d'immoralité est considérable, que cette quantité énorme de jeunes gens de vingt ans à vingt-neuf ans qui sont laissés dans leurs familles, qui y vivent de la vie de tout le monde, qui sont dans les champs, dans les ateliers, et qui ne peuvent pas contracter mariage, qui cependant n'ont pas fait de vœu comme le prêtre, qui n'ont pas de conscience qui les oblige à cette chasteté absolue, qu'on regarde, même dans l'Église catholique, comme une espèce de martyre, constituent, j'oserai le dire, l'immoralité organisée. (Très-bien ! à la gauche de l'orateur.)

S'il arrive que, dans cette situation, une faute ait été commise, si une jeune fille a été trompée sur la situation de son séducteur, que doivent demander les hommes de cœur? Que doivent demander les hommes de devoir? Que doivent demander les hommes de religion ? Que doivent demander ceux qui défendent les principes sacrés de la famille ? Que doivent demander les hommes d'honneur ?

Et ici, Messieurs, je m'interromps pour rappeler que le plus beau caractère de nos soldats, c'est de représenter au milieu de nous, dans notre âge prosaïque, cette chevalerie de l'honneur dont ils se croient, avec raison, les dépositaires.

Que doivent-ils demander à ce séducteur ? C'est de donner à la fille séduite la seule réparation possible en pareil cas, c'est-à-dire d'effacer la faute par le mariage. Eh bien! la loi sera là, qui défendra à la société d'intervenir, au séducteur de diminuer sa faute, qui obligera le chef de l'armée lui-même à consommer, ou plutôt à prescrire une injustice. Pour moi, quand je n'aurais d'autre raison pour être ennemi des armées permanentes, de ces institutions militaires qui créent au milieu de nous une race d'hommes séparés du reste de leurs concitoyens, cela me suffirait pour voter contre une pareille loi et contre toutes les lois analogues. (Très-bien! à la gauche de l'orateur.)

Vous voyez, Messieurs, combien sont considérables les sacrifices que l'on nous demande par l'aggravation de la réserve.

Maintenant, je vais parler de la garde nationale mobile.

La garde nationale mobile peut être soumise à des exercices ou réunions dont la durée ne peut dépasser huit jours pour une réunion, vingt jours pour la même année et deux mois et demi pour les cinq ans. La garde nationale mobile ne peut être appelée à l'activité qu'en temps de guerre et par une loi, mais elle peut être réunie dans le département par un simple décret, vingt jours avant la présentation de la loi de mise en activité.

Il ne vous échappera pas, Messieurs, que ces diverses obligations sont extrêmement graves. La situation des jeunes gens dans la garde nationale mobile est tout autre assurément que celle qui leur est faite par notre

inoffensive garde nationale, obligée de temps en temps
d'aller faire une faction de deux heures devant la porte
de la mairie.

Cet embrigadement sous des chefs nommés, ces réunions qui peuvent être de huit jours, mais qui peuvent
se renouveler plusieurs fois dans la même année, cette
obligation de quitter les ateliers pour aller, loin de la
famille, fréquenter des sociétés qui ne sont pas toujours
celles que la famille aurait choisies, c'est le *tout*, remarquez-le bien, le *tout* de la Suisse ; c'est, au contraire, ce que vous offrez, en France, à ceux qui n'auront pas été appelés. Voilà les bons numéros que vous
nous avez rendus ! Non, non. J'ai le droit de répéter,
en présence du projet, ce qu'on disait l'année dernière :
non, il n'y a plus de bons numéros ; il y en aura de
plus mauvais et de moins mauvais, mais de bons, il n'y
en aura plus. (Très-bien ! à la gauche de l'orateur.)

On a introduit ici, je le sais, l'intervention de la
loi ; c'est une tout autre garantie qu'un décret. Cependant, vingt jours avant le vote de la loi, vous pouvez
faire un rassemblement au chef-lieu. Voilà une guerre
à l'horizon ; il est de votre sagesse, de votre devoir
strict de faire un rassemblement ; puis la guerre disparaît ; car la guerre ressemble à un nuage qu'on voit dans
un ciel d'été : tout à coup un nuage très-épais se forme
et, au moindre vent, il se dissipe. Vous avez cru à la
guerre, vous avez fait faire le rassemblement, et, les
vingt jours étant expirés, les notes diplomatiques sont
venues, elles ont rendu la guerre évitable ; elle était
certaine, elle n'est plus même plausible. Que ferez-vous
alors ? Vous présenterez un projet de loi qui vous servira d'excuse et qui sera rejeté par le Corps législatif,
d'accord avec le gouvernement ; mais le rassemblement
n'en aura pas moins eu lieu. Et combien de fois cela
peut-il se reproduire ? Nul ne le sait. C'est donc, comme
je le disais, à tous les points de vue, un lourd fardeau

que votre garde mobile impose aux jeunes gens non appelés.

Or, sur qui va peser cette obligation nouvelle? Ce n'est pas seulement sur les hommes valides qui ont eu de bons numéros; c'est sur tous ceux que toutes nos lois, depuis 1818, ont exemptés du service militaire.

Ainsi, vous n'excluez de la garde nationale mobile que les exemptés de la première et de la deuxième sections, c'est-à-dire les hommes qui n'ont pas la taille, et ceux qui souffrent d'infirmités incurables. Mais les fils aînés de veuve, mais les orphelins de père et de mère, mais le frère d'un soldat actuellement engagé sous les drapeaux, vous les placez dans la garde nationale mobile. Il n'y a plus d'égards pour les soutiens de famille, pour un père dont le fils aîné est déjà au danger. Toutes les garanties disparaissent, toutes les espérances s'évanouissent. Ce n'est pas seulement une dure loi, c'est une loi impitoyable.

Il me reste, à propos de la garde mobile, deux faits graves à mentionner : le remplacement et la rétroactivité.

Le remplacement fait l'objet d'un amendement tout récemment déposé par mon honorable ami, M. Javal, et dont il est sans doute question dans le rapport que M. Gressier a déposé ce matin et que nous ne pouvons pas connaître ; cet amendement a pour objet d'interdire le remplacement dans la garde nationale mobile.

Quelle que soit l'opinion qu'on adopte sur le remplacement dans l'armée ordinaire, le seul motif qu'on puisse alléguer, c'est que, indépendamment du recrutement de l'armée, il y a à pourvoir au recrutement de l'armée intellectuelle. Il est évident que, si vous prenez nos enfants sur les bancs de l'École de droit ou de l'École de médecine pour les faire soldats pendant neuf années, vous pourriez bien ne pas avoir assez d'hommes éclairés pour répondre aux besoins du pays. Mais ici, de quoi s'agit-il? D'un remplacement en temps de paix, pour les deux mois et demi de service répartis sur une durée de cinq ans? Les seuls qui n'en souffriront pas sont ceux qui pourraient se faire remplacer. D'un remplacement à l'heure du danger? Ah! Messieurs, *on n'envoie pas un homme se faire tuer pour un autre.* Vous savez de qui sont les paroles que je cite; et assurément c'est un nom militaire qu'on peut invoquer, même devant l'honorable maréchal Niel.

Oui, ce serait envoyer tuer un homme à la place d'un autre homme, et cette dispense ainsi conçue offense le sentiment de l'humanité, aussi bien que le sentiment de la justice. Il n'y a pas un seul de vous, Messieurs, qui ne pense avec moi que, le danger étant imminent pour le pays, ce n'est pas seulement la garde nationale mobile qui doit aller sur les champs de bataille offrir sa poitrine à l'ennemi, que ce ne sont pas seulement les hommes de vingt à vingt-cinq ans, mais que tous les citoyens, les vieillards, les magistrats, que nous tous, nous devons marcher à la frontière. Non! non! je le répète, il n'est permis à personne de payer un homme pour se faire tuer à la place d'un autre. (Approbation à la gauche de l'orateur.)

Maintenant, je dirai un mot sur la rétroactivité.

Votre loi, à l'égard de la garde nationale mobile, est une loi de rétroactivité. Elle rappelle dans la garde nationale mobile des hommes qui ont satisfait depuis quatre ans à l'obligation du service militaire; elle reprend pour deux ans la classe de 1863 et celle de 1864; pour une période plus longue la classe de 1865 et celle de 1866.

Cependant, Messieurs, il y a eu contrat passé, permettez-moi de le dire, et vous ne pouvez pas revenir sur ce contrat. C'est M. le général Allard qui nous rappelait, à ce sujet, dans une des précédentes sessions,

qu'en vertu de la loi de 1832, le préfet, qui préside le
conseil de révision, clôt les opérations pour chaque canton en prononçant ces paroles sacramentelles : « Tous
les jeunes gens de la classe qui ne sont pas compris dans
cette liste sont complétement et définitivement libérés. » Ils le sont...

M. LE GÉNÉRAL ALLARD, *président de section, commissaire du gouvernement.* C'est la loi.

M. JULES SIMON. Ils le sont. Et quoiqu'ils le soient
en vertu de l'article 28 de la loi du 21 mars 1832, vous
venez leur demander, quoi ?... Si vous ne leur demandiez
que de passer quelques revues, d'assister à une parade ;
si vous ne leur demandiez que le service un peu aggravé
de la garde nationale, je n'aurais rien à dire ; mais
non, ce n'est pas cela ; vous leur dites : Vous ferez partie
d'une armée qui sera appelée aux périls de la guerre.
En agissant ainsi, vous ne tenez pas le contrat passé
avec eux. (Mouvements divers.)

Messieurs, en présence des aggravations considérables que je viens d'énumérer, je comprends que le
chef de l'État, en parlant de cette loi pour la première
fois dans une circonstance solennelle, ait invoqué le
patriotisme du pays et déclaré qu'il faudrait l'accepter
avec résignation. Résignation est le mot. En effet, au
point de vue des appelés, on leur demande neuf ans de
service au lieu de sept ans ; au point de vue de la garde
nationale mobile, il n'y a plus en réalité de bons numéros ; au point de vue du travail national, tout bruit
de guerre menace de vider les ateliers ; au point de vue
des finances, on augmente les charges des contribuables,
car on ne saurait nier que les armées plus nombreuses
ne soient une nouvelle et lourde charge pour le budget ;
et en dehors de la loi de finances, voilà M. le ministre
de la guerre qui nous prévient à l'avance qu'il logera
les gardes nationaux mobiles chez l'habitant, impôt
nouveau ajouté à tous ceux qui nous écrasent ; au point

de vue de la population, je vous l'ai démontré, on aggrave les interdictions du mariage, on augmente le nombre des enfants naturels.

Enfin, Messieurs, le projet de loi est une aggravation de la toute-puissance impériale, parce que le pouvoir absolu que l'empereur exerce pour faire la paix ou la guerre pèsera désormais sur un plus grand nombre de soldats qu'aujourd'hui.

Voilà les aggravations qu'on nous propose, en pleine paix, de sanctionner par notre vote.

Et ici, je ne puis pas m'empêcher de me rappeler que sous la Restauration, quand nous sortions des désastres de 1815, on nous demandait, quoi? Un contingent de 40,000 hommes; que cela a duré de 1815 jusqu'à 1824; que le gouvernement de juillet ne nous a demandé que 80,000 hommes, quand il avait contre lui une coalition redoutable; que jamais dans les complications les plus menaçantes il n'a dépassé ce chiffre de 80,000 hommes. Vous avez inauguré les contingents de 100,000 hommes, et non-seulement vous les avez inaugurés, mais trois fois vous avez été obligés de demander à la nation des contingents de 140,000 sur 157,000 que nous pouvions fournir en donnant tout.

Il n'y a pas encore bien longtemps, c'était en 1857, le chef de l'État, s'adressant aux Chambres, leur disait qu'il fallait arriver, pour maintenir la situation de la France en Europe, pour maintenir sa dignité, son importance et son influence, à un complet de 600,000 hommes. Nous trouvions déjà cela excessif; et voilà qu'à présent, au lieu de 600,000 hommes, on nous parle de 800,000 hommes; et quand on parle de 800,000 hommes, on sous-entend qu'il y aura encore derrière 400,000 hommes de garde mobile !

Mais qu'est-il donc arrivé? Quelle est la politique qui nous a conduits là? Quel est le système de gouvernement qui nous coûte si cher ? (Mouvements en sens divers.)

MM. GLAIS-BIZOIN et ERNEST PICARD. C'est le fruit du gouvernement personnel. (Murmures.)

M. JULES SIMON. Messieurs, après la liberté et l'ordre, ce que les peuples demandent avec le plus d'instance à ceux qui les gouvernent, c'est l'abaissement de l'impôt ; c'est l'abaissement de l'impôt d'argent, et l'abaissement de l'impôt du sang. (Rumeurs diverses.)

Quand l'impôt d'argent s'augmente, on répond que l'augmentation de l'impôt indirect est une preuve de l'accroissement de la richesse nationale ; ou encore, qu'on ne demande tant d'argent que pour faire des dépenses fructueuses, de façon que l'argent qu'on donne servira à en recevoir davantage.

M. JULES FAVRE. Comme dit M. le préfet de la Seine.

M. JULES SIMON. Quand on demande des aggravations à l'impôt du sang, il est naturel d'espérer qu'on dira au pays que ce sacrifice, assurément plus cruel que l'autre, aura pour conséquence un accroissement de gloire, d'influence et de richesse. Mais ici, on nous demande ce sacrifice au nom d'une politique qui au dedans ne nous a pas donné la liberté, qui nous avait promis en échange l'influence et même la prépondérance au dehors, et qui est obligée de venir nous dire maintenant que nous en sommes réduits à armer la nation entière, non point pour monter, mais seulement pour ne pas déchoir. (Très-bien ! à la gauche de l'orateur.)

C'est que vous vous êtes mis dans une situation à être entièrement isolés, et à ne plus pouvoir compter absolument que sur vous. Il n'y a pas un peuple que notre politique n'ait blessé. (Rumeurs sur plusieurs bancs. — Approbation à la gauche de l'orateur.)

Si je regarde l'Angleterre, je ne vous rappellerai que cette singulière émeute qu'on a appelée la conspiration ou la conjuration des colonels, et qui serait seulement ridicule, si elle n'avait été un symptôme. La Russie, vous l'avez atteinte par la guerre de Crimée ; l'Autriche, vous l'avez touchée par l'Italie ; la Prusse, par l'Autriche ; l'Amérique, par vos sympathies mal déguisées pour le Sud et par la funèbre expédition du Mexique. Sans alliés par notre faute et un peu par la faute de nos institutions, parce que le pouvoir absolu n'appelle pas des alliances durables... (Assentiment à la gauche de l'orateur.), nous avons en outre ou créé, ou laissé créer à côté de nous deux nationalités, l'une assez forte pour occuper au moins la moitié de notre armée, et l'autre déjà numériquement aussi forte que la France et qui, peut-être, dans un avenir peu éloigné, deviendra numériquement plus forte. Dans cette situation, conséquence de votre politique, vous entretenez avec soin, au milieu même de l'Italie, un petit royaume qui peut devenir une occasion aux ennemis du Midi de se coaliser avec les ennemis du Nord, de façon que vous ne sachiez, en vérité, de quel côté vous défendre.

Voilà la situation telle que votre politique l'a faite ; c'est parce que vous nous avez mis dans cette situation que nous en sommes, aujourd'hui, à armer tous nos enfants. (Mouvements divers.)

Il y a six ans, mon honorable ami M. Hallez-Claparède vous rappelait que, sous la Restauration, quiconque approchait de l'urne avait soixante-deux bonnes chances ; aujourd'hui il n'y en a plus que trente-six, combien en restera-t-il l'année prochaine ? C'est vous, je le répète, c'est vous seuls, c'est votre politique que nous devons en accuser. (Approbation à la gauche de l'orateur.)

Il ne faudrait pas qu'on vînt nous dire, à mes amis et à moi : De ces deux nations, qui ont leurs frontières à côté de nous, et dont vous parlez, il y en a au moins une que vous avez été heureux de voir naître et dont vous avez acclamé la naissance.

Je soutiens, Messieurs, qu'il n'y a aucune parité entre l'unité italienne et l'unité allemande. L'Italie était très-réellement, très-positivement sous la main de l'étranger, tandis que la nationalité allemande, que la politique de M. de Bismark a déjà absorbée, était composée de populations autonomes. Il n'y a donc aucune comparaison à établir entre les deux situations ; et, quand vous avez été en présence du mouvement de formation de l'unité allemande, vous n'avez su ni l'arrêter à temps, ni vous faire un ami dans l'un des deux camps ; vous avez attendu que l'événement du champ de bataille vous dictât votre politique. Aujourd'hui vous n'êtes aimés nulle part, appuyés par personne : il ne s'agit plus pour vous de vous agrandir, mais de vous maintenir, et c'est dans cette situation douloureuse que vous venez nous dire : France, donne tous tes enfants!... Voilà le jugement que les événements eux-mêmes portent sur votre politique. (Approbation à la gauche de l'orateur.)

Certes, je n'ignore pas que, quand je dis que c'est votre faute, vous pouvez me répondre : Oui, c'est notre faute, mais enfin le résultat est ainsi, la chose est faite, et il s'agit d'y porter remède.

J'en suis d'avis. Quel que soit le gouvernement qui aurait mis mon pays à deux doigts de sa perte... (Murmures) je suis loyalement d'avis que la première chose à faire, c'est de combattre de toutes nos forces pour reconquérir la situation qu'il a perdue. Je l'avoue, si nous en sommes là, le plus urgent est de songer au remède ; mais la question est de savoir si le remède que vous nous apportez est efficace.

M. Jules Favre. Il ne fait qu'aggraver le mal.

M. Jules Simon. Mon cher et illustre collègue

M. Jules Favre dit que cela ne fait qu'aggraver le mal : il a raison, et il devance ma pensée.

En effet, que faites-vous dans la situation où vous vous trouvez? Vous augmentez de deux ans la durée du service militaire !

Eh bien ! ces deux années dont vous augmentez la durée du service militaire n'auront d'effet dans les rangs de l'armée que dans six ans. Alors votre effectif s'élèvera, il est vrai, d'environ 65,000 hommes. Il faudra attendre des années pour que l'état militaire que vous allez constituer existe ; par conséquent, pendant ce temps-là, vous vous trouverez en présence d'une guerre sinon probable, du moins possible, avec l'armée que vous avez.

Pour moi, je l'avoue, je ne crois pas cette guerre très-prochaine ; personne, à mon sens, n'y a intérêt. Je ne vois pas, en effet, que la Prusse ait intérêt à faire la guerre à la France, parce qu'elle a les yeux sur le midi de l'Allemagne, et qu'elle a chez elle à lutter et à s'organiser, et je ne vois pas davantage que vous ayez intérêt à faire la guerre, parce que vous n'arriveriez qu'à accélérer ce que vous voulez éviter. Je suis de ceux qui pensent que l'Allemagne complétement unie sera moins redoutable pour vous que la confédération du Nord soumise à l'hégémonie de la Prusse. Je compte sur les tendances démocratiques qui ne manqueront pas de se faire jour dans un parlement vraiment allemand. Je suis convaincu que, dans l'Allemagne complétement unifiée, vous trouverez des sympathies qui aujourd'hui vous font défaut. Je ne crois pas, je le répète, à une guerre probable, je crois seulement à une guerre possible ; mais, si par malheur vous deviez entrer en campagne, ce ne serait pas l'espoir d'avoir 65,000 soldats de plus dans six ans et 210,000 soldats de plus dans dix ou quinze ans qui vous donnerait la victoire. Vous n'améliorez donc pas la situation par votre nouvelle organisation; j'ajoute même, avec mon ami M. Jules Favre, que vous l'aggravez. Et en effet, dans cette loi même, par laquelle vous préparez pour l'avenir une si puissante armée, vous créez une institution qui fonctionne de façon à diminuer la population. Vous aurez beau épuiser les classes, si elles diminuent par la diminution des mariages, votre armée ira comme elles en s'amoindrissant. C'est pratiquer une politique à courte vue, c'est ignorer ce qui fait la puissance d'un peuple.

Accroître la population vaut mieux que gagner des batailles; une bataille perdue n'est qu'une génération moissonnée. Ne vous rappelez-vous pas ces années où l'on ne trouvait pas de conscrits pour remplir les cadres, parce qu'elles correspondaient aux guerres violentes de l'Empire? Perdez-vous sitôt le souvenir? Si c'est dans le soldat et dans son nombre que vous mettez votre espérance, ayez donc soin d'accroître la population au lieu d'en retarder le mouvement; tâchez de devenir les égaux de vos voisins au lieu d'être en arrière de toute l'Europe. (Très-bien! Très-bien! à la gauche de l'orateur.)

Quant à moi, qui ne suis pas militaire....

M. LE GÉNÉRAL ALLARD, *président de section, commissaire du gouvernement*. On le voit.

M. JULES SIMON. Cela se voit; comme le dit très-bien M. le général Allard, et j'espère que je le montrerai de plus en plus.

Quant à moi, disais-je, je ne puis m'empêcher de penser que ce n'est pas seulement le soldat qui fait la force d'un pays. Je crois que l'étude attentive, la science de la géographie, toutes les connaissances que possède si bien l'honorable général Allard, qui me reproche mon ignorance, je crois que toutes ces connaissances sont d'une importance capitale; qu'une campagne bien prévue, bien étudiée, bien concertée, est une campagne à moitié gagnée. Je crois que de grands approvisionnements bien faits, des armes de précision, des finances considérables dans lesquelles on peut, au moment du danger, puiser à pleines mains, offrent de plus fortes ressources qu'une nombreuse armée de soldats. Je crois que, quand on a un canon, il se trouve toujours un homme pour mettre le feu à la lumière ; mais quand on n'a que des soldats sans canons, on est toujours sûr d'être vaincu sur le champ de bataille. (Approbation sur quelques bancs à la gauche de l'orateur.)

Et quant au soldat lui-même, si vous ne regardez que lui, qu'est-ce qui fait le soldat ?

Nous sommes habitués, en France, à certaines fanfares qu'on appelle chauvinisme et qui perdent un peu de terrain tous les jours. On dit sur tous les tons que le soldat français est le premier soldat du monde ; je n'en sais rien, mais je veux le croire... (Réclamations et murmures.)

Plusieurs membres. Comment, vous n'en savez rien !

D'autres membres. Il l'a assez prouvé !

M. GRANIER DE CASSAGNAC. Il n'y a que vous qui l'ignoriez !

M. JULES SIMON. Je crois qu'il y a ailleurs que chez nous de très-bons et de très-vaillants soldats, et je suis persuadé que ceux qui les ont combattus à la tête de notre armée leur rendent pleine justice. Pour moi, je me borne à dire que, si nos soldats n'ont pas de supérieurs, ils ont peut-être des égaux ; mais le moyen de faire de nos soldats les premiers soldats du monde, si vous ne le savez pas, moi je le sais. (Ah! ah! — On rit.) Oui, Messieurs, je le sais. (Voyons! voyons!)

Ce qui fait le soldat indomptable, c'est la cause qu'il défend. (Très-bien ! à la gauche de l'orateur.)

Voilà les événements de Sadowa qui, l'année dernière, ont trompé les prévisions des plus habiles géné-

raux. Eh bien! je suis allé sur les lieux... (Ah! ah!)
étudier les causes morales de la victoire, et en voici
que je vous apporte : c'est qu'il y avait, dans certaines
parties de l'armée autrichienne comme un sentiment
inconscient de l'utilité pour l'Autriche d'être vaincue...
(Réclamations et rumeurs.) Et quand je leur ai dit :
« Vous paraissez vous plaindre de n'avoir pas été assez
battus à Sadowa, » il y en a qui m'ont répondu : « Oui! »
(Nouvelles rumeurs.)

Un membre en face de l'orateur. C'étaient des patriotes !

M. JULES SIMON. Vous me dites que ce sentiment est
inintelligible pour un Français ! Je le pense comme vous.
Mais ceux dont je parle voyaient d'une part la patrie autrichienne, et de l'autre la patrie allemande ; ici, la maison de Habsbourg, là, les espérances de la liberté. Ne
le niez pas : ce qui a fait la force de l'armée française
autrefois et sa plus grande puissance, c'est la cause
sacrée qu'elle avait à défendre, une cause qui était un
objet d'envie pour ceux qui se battaient contre nous,
tandis qu'elle était pour nous la source puissante et féconde de l'enthousiasme... (Vive approbation sur plusieurs bancs à la gauche de l'orateur. — Bruits et mouvements divers sur les autres bancs.)

Oui, Messieurs, il n'y a qu'une cause qui rende une
armée invincible, et malheureusement cette cause n'est
pas celle que nous défendons en ce moment; cette
cause, c'est la liberté ! (Exclamations et murmures sur
les bancs en face de l'orateur. —Très-bien! Très-bien!
à sa gauche.)

Oui, cette grande cause nous refera invincibles. Hors
de là, malgré le courage des armées de la France, malgré leur héroïsme, si vous voulez, vous n'aurez avec
toutes vos lois que des agglomérations plus nombreuses
de soldats...

M. GRANIER DE CASSAGNAC. Allez vous y frotter !

M. Jules Simon... et plus de poitrines à offrir aux fusils Chassepot! (Rumeurs sur les bancs en face de l'orateur. — Applaudissements à sa gauche.)

(L'orateur, en retournant à sa place, reçoit les félicitations de ses amis.)

ORGANISATION DÉMOCRATIQUE DE L'ARMÉE

(23 décembre 1867.)

M. LE PRÉSIDENT SCHNEIDER. J'appelle l'attention de la Chambre sur les divers contre-projets qui doivent précéder la discussion de l'article 1er.

Le premier contre-projet à mettre en délibération est un amendement, sous le n° 10, qui est sous les yeux de la Chambre, contre-projet en seize articles signé de MM. Jules Simon, Bethmont, Magnin, Hénon, E. Picard, Jules Favre.

En voici le texte :

« Art. 1er. Tout citoyen français doit à l'État le service militaire.

« La force militaire est divisée en trois classes. La première classe comprend tous les citoyens de 20 à 26 ans; la seconde classe, tous les citoyens de 26 à 34 ans; la troisième classe, tous les citoyens de 34 à 40 ans.

« Art. 2. Tout citoyen inscrit dans la première classe est tenu :

« 1° A assister à l'école de recrutement pendant la première année de son service dans cette classe ;

« 2° A assister chaque année aux exercices de tir et à l'école de répétition ;

« 3° A assister une fois, dans le cours des six années, à un camp de manœuvres.

« Art. 3. La durée de l'école de recrutement est fixée à trois mois.

« Elle est réduite à un mois pour ceux qui prouveront : 1° qu'ils ont reçu une instruction primaire complète, et 2° qu'ils connaissent le maniement du fusil et la manœuvre du peloton et du bataillon.

« Art. 4. Les exercices du tir ont lieu le premier et le troisième dimanche de chaque mois ; ils sont précédés ou suivis d'une heure de manœuvre.

« Art. 5. La durée de l'école de répétition est fixée à dix jours.

« Art. 6. La durée du camp de manœuvres est fixée à trois mois.

« Les jeunes gens inscrits sur le registre d'inscription de l'une des écoles de l'État peuvent obtenir de n'assister au camp de manœuvres qu'après l'expiration de leur temps d'études.

« Art. 7. Les citoyens inscrits dans la seconde classe assistent aux exercices du tir et à l'école de répétition comme ceux de la première classe. Ils assistent une fois, pendant leur service dans cette classe, à un camp de manœuvres dont la durée est réduite à un mois.

« Art. 8. Les citoyens inscrits dans la troisième classe ne sont astreints qu'à suivre les exercices du tir.

« Art 9. La durée des écoles de toute nature est augmentée de moitié pour les sous-officiers ; elle est doublée pour les officiers.

« Art. 10. Les officiers, sous-officiers et soldats reçoivent une solde du trésor public pendant le temps qu'ils passent sous le drapeau.

« Les officiers et sous-officiers chargés d'une façon

permanente de l'instruction des corps et des divers services de l'intendance reçoivent un traitement annuel et ont droit à une pension de retraite.

« Art. 11. Les corps spéciaux comprenant le génie, l'artillerie, la cavalerie et la gendarmerie, sont formés par des engagements volontaires et par des rengagements. Ils reçoivent une haute paye.

« Art. 12. Sont dispensés du service :

1º Les ministres des différents cultes;

2º Les fils aînés de veuves ;

3º Les jeunes gens qui n'atteignent pas la taille de 1 mètre 54 cent.

4º Ceux que le conseil de révision reconnaît actuellement impropres au service.

Cette dispense peut être renouvelée d'année en année ou déclarée définitive.

« Art. 13. Peuvent être exemptés, sur leur demande, les fonctionnaires âgés de vingt-cinq ans au moins, qui prouveront que les nécessités présentes de leurs fonctions sont incompatibles avec le service militaire.

« Cette exemption peut être renouvelée d'année en année.

« Art. 14. Dans toutes les écoles de l'État de tous les degrés, les jeunes gens de douze à vingt ans sont exercés trois fois par semaine au maniement des armes et aux manœuvres militaires.

« Art. 15. La présente loi sera exécutoire à partir du 1er juillet 1869.

« Art. 16. Jusqu'à la mise en vigueur de la présente loi, la loi de 1832 est maintenue.

« Néanmoins, la durée du service actif est réduite à trois ans.

« Art. 17. La loi de 1855 est abrogée. »

La parole est à M. Jules Simon pour développer ce contre-projet.

M. JULES SIMON. Messieurs, nous avons déposé

l'année dernière un amendement que M. le président qualifie avec raison de contre-projet, parce qu'il contient un système complet, qui est précisément le système le plus opposé à la loi que vous discutez. Le projet soumis à vos délibérations est, à nos yeux, une organisation de la guerre ; l'amendement que nous proposons est une organisation de la paix.

Cet amendement a été critiqué pendant la discussion générale, avant même d'avoir été développé devant vous.

On a prétendu nous combattre en attaquant le système des levées en masse ; on nous a reproché de ne vouloir plus en France qu'une garde nationale fortifiée par trois mois d'exercice sous les drapeaux ; on a aussi soutenu que nous voulions désarmer complétement la France en présence de l'Europe armée.

J'espère que les très-courtes observations que je vais faire vous démontreront que ce n'est pas là la situation que nous prenons, et qu'aucune des réfutations qui ont été essayées ne nous réfute.

Du reste, j'ai si peu le dessein d'affaiblir la portée de notre amendement en vous le présentant sous son côté le plus acceptable, que je le résume, dès à présent, par les deux propositions suivantes :

Supprimer les armées permanentes ;

Armer la nation entière.

Voix à la gauche de l'orateur. C'est cela.

M. JULES SIMON. Je puis laisser de côté les détails, car notre amendement est un plagiat : nous l'avons pris, avec quelques changements indispensables, dans la constitution de la confédération helvétique du 12 septembre 1848 et dans la loi fédérale sur l'organisation militaire du 8 mai 1850.

La difficulté, pour moi, ne consiste pas à montrer combien il serait utile de supprimer l'armée permanente. Sur ce point tout le monde est nécessairement d'accord : il est toujours bon de supprimer un impôt, surtout un impôt de la nature de celui-ci. La seule question est de savoir s'il est possible de s'en passer ou de le remplacer.

Je sais bien qu'il y a des esprits résolus qui proposent à la France de se placer dans cette situation : « Donnez l'exemple du désarmement et attendez! » et qui comptent sur un désarmement général.

C'est là une audace qui m'inspire une admiration cordiale, mais je ne me sens pas le courage de l'imiter. L'histoire contemporaine ne m'a laissé aucune illusion sur la magnanimité des peuples. Au moment où je déclare qu'il est temps de penser à détruire dans un avenir prochain les armées permanentes, je me hâte de proposer un système qui doit rendre la France invincible chez elle.

Ce système n'étant d'ailleurs, comme je le disais tout à l'heure, qu'un plagiat, j'ai le droit de commencer par invoquer l'exemple d'une nation voisine, d'une petite nation, à la vérité, mais qui a été célèbre à toutes les époques de l'histoire par la fermeté et le courage de ses enfants, et chez laquelle on ne peut dire qu'il n'y ait pas d'armée. Au contraire, l'armée suisse est essentiellement vivante et puissante, et remplit parfaitement le but auquel la constitution fédérale l'a destinée.

J'ajoute maintenant que le système suisse, que nous vous proposons, n'est pas aussi éloigné qu'on pourrait le croire du système Scharnhorst, qui a fait ses preuves à différentes époques, et notamment d'une manière accablante l'année dernière.

Dans une des précédentes séances, M. le baron Jérôme David nous a très-bien expliqué le système de l'armée prussienne, qui est celui de Scharnhorst. Tout le monde connaît parfaitement cette distinction entre l'armée active, dans laquelle on sert trois ans, la réserve, la landwehr, divisée en ses deux bans, et la landsturm ;

mais c'est sur l'armée active de la Prusse que j'appelle
en ce moment votre attention, parce que je trouve
qu'on en a incomplétement expliqué l'organisation. On
répète tous les jours, dans nos discussions, qu'un service de trois ans dans la ligne est imposé à tous les
citoyens de la Prusse. Cela n'est pas, ou du moins, cela
n'est pas dans la proportion où on l'a prétendu. Il est
très-vrai que, dans la loi prussienne de 1814, le chiffre
du service actif a été fixé à trois années. Ce chiffre a
été abaissé à deux ans en 1832, et reporté à trois ans
en 1854, dans des vues que l'histoire de l'année dernière
s'est chargée de développer. Malgré cela, jusqu'au moment d'une guerre imminente, les trois années de service n'étaient pas exigées, et, presque toujours, après
deux ans, deux ans et demi passés sous le drapeau, on
obtenait d'être introduit dans la réserve.

Autre remarque également grave : on a tort de dire
que la loi prussienne prend tous les jeunes citoyens
pour les introduire dans l'armée active ; il y a en Prusse
un tirage au sort, et voici, Messieurs, — pour vous le
rappeler, non pas pour vous l'apprendre, — comment les
choses se passent.

Chaque année, une commission locale, composée de
magistrats, de médecins et d'officiers supérieurs, exa-
mine tous les jeunes gens de la classe, non pas, comme
le fait ici le conseil de révision, les jeunes gens tom-
bés au sort, mais tous les jeunes gens de la classe.
Cette commission élimine ceux qui ne sont pas propres
au service, ou qui jouissent des dispenses légales. Ces
dispenses sont bien moins nombreuses en Prusse que
chez nous. On exempte, par exemple, les docteurs en
théologie, et non les instituteurs et les professeurs.

Cette opération terminée, on procède à un tirage au
sort entre les jeunes gens propres au service. L'appel
n'était d'abord que de 40,000 hommes ; il a été porté
depuis 1860 à 60,000 hommes, et le tirage au sort dans

cette condition laisse encore en dehors dé l'armée active à peu près un dixième de la population valide. . Lorsque par trois fois vous avez demandé au tirage au sort un contingent de 140,000 hommes, c'est à peu près aussi un dixième de la population valide que vous avez laissé en dehors de l'appel.

Il n'est donc pas vrai, comme vous le voyez, que tous les jeunes Prussiens passent réellement trois ans sous le drapeau ; et il y en a un certain nombre qui entrent immédiatement dans la réserve.

Voici enfin une troisième restriction à la rigueur de la loi prussienne, que j'ai grand intérêt à vous rappeler, parce qu'elle me servira à déterminer le caractère de notre système.

Il n'arrive presque jamais que les jeunes gens de la bourgeoisie en Prusse soient deux ans ou deux ans et demi sous le drapeau. En prouvant qu'on a suivi les classes d'un gymnase jusqu'à la seconde inclusivement, ou en passant un examen très-facile, et que je caractérise en le déclarant très-inférieur à notre examen de bachelier, on a le droit de s'engager volontairement à l'âge de dix-huit ou de dix-neuf ans, et cet engagement est contracté pour une année seulement. Le jeune engagé ne passe pas cette année unique dans un régiment nomade comme le sont les nôtres ; le régiment séjourne presque toujours au chef-lieu du cercle administratif ; l'engagé s'habille à ses frais, porte l'uniforme, et, — détail qui n'est pas absolument insignifiant, — il le fait faire avec du drap plus fin et une coupe plus soignée. Cela seul vous indique déjà qu'il sert en quelque sorte comme cadet. Il ne demeure pas à la caserne ; il n'y prend pas sa nourriture. C'est le matin seulement qu'il endosse son uniforme, se mêle aux exercices, fait sa corvée comme les autres. A midi, il rentre chez lui, à son hôtel, dans sa famille ou chez ses amis, reprend l'habit bourgeois, suit les cours de l'Université, vaque

à ses affaires et devient, en un mot, absolument maître
de ses actions. L'armée, est pour lui une école plutôt
qu'un service militaire dans la rigueur de ce mot.

Ainsi, vous le voyez, il n'est exact à aucun point de
vue de dire que tous les Prussiens passent trois ans
sous le drapeau. Les jeunes gens engagés volontairement ne servent qu'un an dans la ligne; c'est à peine
s'ils servent un an. Or, laissez-moi vous le dire sur-le-
champ, dans le système que nous vous proposons, les
jeunes gens durant la première partie du service passent
treize mois sous le drapeau. Il n'est donc pas question
de venir prétendre, comme le faisait l'honorable rapporteur de la Commission, que nous n'offrons qu'une
garde nationale renforcée par trois mois d'exercice.
Non-seulement nos jeunes gens, pendant leurs treize
mois, auront étudié le service militaire aussi complétement que ces jeunes gens prussiens qui n'ont été engagés que pour un an, et qui n'en sont pas moins les meilleurs soldats de l'armée prussienne, puisque c'est parmi
eux qu'on choisit ensuite tous les officiers de la landwehr; mais nous ne laissons pas arriver nos réserves
jusqu'au jour de l'enrôlement sans leur apprendre le
maniement des armes.

Je m'arrête ici un moment pour vous dire que même
en rejetant le système que nous vous proposons, il y a
dans le détail, dont je vais vous dire deux ou trois mots,
quelque chose qui me paraît digne de l'attention de la
Chambre : c'est l'instruction militaire donnée aux enfants, à une époque de la vie où on apprend tout très-
bien et où on ne perd pas, pour le travail et pour le
salaire, le temps qu'on emploie à l'étude. (Très-bien ! à
la gauche de l'orateur.)

Quand vous enseignez l'école de peloton à des adultes,
le temps que vous leur prenez, le travail de l'atelier le
perd. Mais quand vous apprenez les détails du service
à des enfants, il n'y a de temps perdu pour personne, et

l'étude du métier des armes est assurément aussi complète.

En Suisse, par exemple, il n'est personne d'entre vous qui n'ait vu des écoles de cadets, et qui ne sache avec quelle ardeur, avec quelle joie les jeunes Suisses, soldats et officiers, font cette petite guerre dans laquelle ils apportent une précision de mouvements, une exactitude, un entrain, une alacrité qu'on trouve à peine au même degré dans les armées composées de véritables soldats. Ces jeunes gens, au moment où ils entrent dans ce qu'on appelle en Suisse l'élite, et en France l'armée active, sont déjà des soldats tout formés. Cette même institution existe dès à présent en Angleterre.

Les Anglais, avec leur instinct pratique et leurs habitudes d'économie exacte, se sont bien vite aperçus qu'il y avait avantage à remplacer une dépense de temps demandée à des hommes faits par une dépense de temps demandée à des enfants. Que dis-je? la dépense de temps est nulle : quand on prend le temps des enfants, ce n'est pas même à leur atelier qu'on dérobe quelques heures, c'est à leur récréation. En ce moment, toutes les écoles anglaises qui acceptent les dotations de l'État, — car vous savez qu'en Angleterre les écoles sont libres de refuser l'argent de l'État, mais qu'en l'acceptant elles sont obligées d'accepter en même temps le règlement; — toutes les écoles, dis-je, qui acceptent la dotation de l'État et qui subissent le règlement, ont chez elles des fusils et des officiers, et enseignent aux enfants le maniement des armes.

Je reprends.

Quand nous enverrons les jeunes soldats à cette première partie de leur service pendant laquelle ils passeront treize mois sous les drapeaux, nous aurons le droit de supposer qu'ils savent déjà manier un fusil, tirer et tirer juste, et nous continuerons à leur faire faire des exercices de tir.

Je ne puis pas m'empêcher de penser que savoir faire la charge régulièrement est une chose et que savoir tirer juste en est une autre, et je suis convaincu que, en prenant le système que nous proposons, on arriverait à avoir de meilleurs tireurs et des hommes plus aguerris que vous n'en avez avec votre dur système de cinq ans de service actif. Nous vous donnons dans ces conditions une armée de deux millions d'hommes.

Quant à ce qui est du cadre d'officiers, des approvisionnements, du matériel de guerre, nous ne changeons rien à ce qui existe, ou, si nous y changeons quelque chose, ce n'est pas pour diminuer, c'est pour améliorer et fortifier.

Telle est notre proposition résumée en peu de mots, et je crois qu'il suffit d'avoir entendu cette exposition pour comprendre à quel point on a eu tort de considérer une pareille organisation comme un abandon de toute force armée dans le pays et comme quelque chose qui ressemble à la théorie des levées en masse, ou à la théorie d'une simple garde nationale. (Assentiment à la gauche de l'orateur.)

Il manque pourtant quelque chose à notre armée ainsi conçue : c'est l'esprit militaire, je le reconnais tout le premier. Cette armée est une armée de citoyens qui se réunissent pour défendre leur pays et pour maintenir l'ordre. Ce n'est à aucun degré une armée de soldats.

L'esprit militaire est un esprit artificiel, qui résulte d'un grand nombre d'éléments très-complexes. Prendre un homme au milieu de sa famille, l'éloigner, — car on y tient, — de son pays natal, le faire changer fréquemment de garnison ; l'obliger à demeurer dans une caserne, l'astreindre à la vie commune ; l'affubler d'un uniforme, lui faire porter le sabre, même dans la vie ordinaire, au milieu d'une population à laquelle le port des armes est soigneusement interdit ; lui donner des

lois qui diffèrent de la loi commune, des juges qui
ne sont pas ceux des autres citoyens, lui inculquer
de certains principes qu'on aurait tort d'inculquer au
reste de la nation et qu'on est obligé de lui inculquer à
lui, lui dire, par exemple, que son premier devoir est
d'obéir immédiatement et sans réflexion à ses chefs, —
je ne blâme rien, je constate, — tout cela résulte du
principe des armées permanentes, et tout cela fait
l'esprit militaire. (C'est vrai ! à la gauche de l'orateur.)

C'est dans le même but qu'on interdit le mariage
aux soldats, et moi qui suis l'adversaire de l'interdiction du mariage, je reconnais parfaitement la vérité de ce que disait l'autre jour l'honorable M. Jérôme David : c'est qu'une des causes de la supériorité
de nos soldats, c'est précisément cette interdiction du
mariage. Je sais très-bien que, quand un homme passe
la frontière, il est bon, au point de vue militaire, qu'il
n'ait plus d'autre souci que de marcher le plus près
possible de l'ennemi et de lui offrir sa poitrine, sans se
préoccuper des êtres qu'il laisse derrière lui et dont la
vie dépend de la sienne. En parlant ainsi des conditions
de l'esprit militaire et de la façon dont vous le formez,
je ne vous reproche pas de vous tromper, mais d'être
conséquents avec un système déplorable et de substituer
chez le soldat l'esprit militaire à l'esprit national. (Approbation à la gauche de l'orateur.)

M. Eugène Pelletan. C'est l'esprit prétorien !
(Bruit.)

M. Jules Simon. Quand je dis que l'armée que nous
voulons faire serait une armée de citoyens et qu'elle
n'aurait à aucun degré l'esprit militaire, ce n'est pas
une concession que je fais, c'est une déclaration, et une
déclaration dont je suis heureux, car c'est pour qu'il n'y
ait pas en France d'esprit militaire, pour qu'il n'y ait
pas au milieu de nous quatre ou cinq cent mille hommes

dont les habitudes, les idées, les sentiments diffèrent de ceux de la nation entière, pour qu'il n'y ait pas une armée qu'on puisse à chaque instant lancer contre les pays étrangers, et peut-être même, dans des jours néfastes, contre notre propre pays, c'est pour qu'on soit, je ne dirai pas dans la nécessité d'aimer la paix, mais dans l'impossibilité de l'enfreindre, c'est pour cela précisément qu'au lieu d'une armée imbue d'esprit militaire, nous voulons avoir une armée de citoyens qui soit invincible chez elle et hors d'état de porter la guerre au dehors. (Approbation à la gauche de l'orateur.)

M. GARNIER-PAGÈS. Le militarisme est la plaie de l'époque.

M. LE BARON VAST-VIMEUX. Il n'y a pas d'armée sans esprit militaire !

M. JULES SIMON. Vous me faites l'honneur de me dire qu'il n'y a pas d'armée sans esprit militaire. Je comprends parfaitement votre interruption, je l'accepte. S'il n'y a pas d'armée sans esprit militaire, je demande que nous ayons une armée qui n'en soit pas une. (Rires et mouvements divers.)

M. EUGÈNE PELLETAN. Pas d'armée prétorienne ! (Rumeurs.)

M. LE PRÉSIDENT SCHNEIDER. Je demande à M. Pelletan de ne pas se servir d'expressions ayant un caractère blessant. Celle qu'il vient de renouveler ferait croire qu'il veut porter atteinte à l'une des choses les plus respectées et les plus respectables de notre pays. (Très-bien ! Très-bien !)

M. EUGÈNE PELLETAN. Ce n'est pas dans cette salle qu'il faut le dire, Monsieur le Président. (Bruyantes protestations.)

M. LE PRÉSIDENT SCHNEIDER. Cela se dit partout, et peut se dire devant cette Chambre comme ailleurs. (Vive approbation.)

M. EUGÈNE PELLETAN. Cette salle vous donne un

démenti, Monsieur le Président. (Exclamations et rumeurs.)

M. LE PRÉSIDENT SCHNEIDER. Monsieur Pelletan, je
vous rappelle à l'ordre. C'est déjà trop que vous ayez
manqué d'égards pour ce que vous devez respecter en
dehors de la Chambre ; je ne vous laisserai pas maintenant manquer de convenances vis-à-vis du président
qui a l'honneur d'être à la tête de cette assemblée.
(Nouvelle et vive approbation.)

M. JULES SIMON. Au moment où s'est produit cet
incident, je répondais à un de mes honorables collègues
pour le remercier d'une interruption qui me servait à
préciser le caractère de mon système. C'est précisément
pour ne pas avoir une armée dans le sens qu'on attache à
ce mot, c'est-à-dire une armée ayant l'esprit militaire,
que nous demandons sans ambages, vous le voyez, de supprimer l'armée permanente et d'armer la nation entière... (Mouvements divers.) ; de la rendre, je répète le
mot, invincible au dedans et incapable de faire la
guerre au dehors. (Bruit et interruption. — Marques
d'approbation à la gauche de l'orateur.)

Pourquoi avez-vous besoin d'une armée? Pour l'une
de ces deux choses : ou pour porter la guerre au delà
de nos frontières, ou pour maintenir au dedans la volonté du pouvoir contre la volonté de la nation. Je puis
bien dire, apparemment, puisque vous déclarez en tête
de toutes les lois que vous régnez par la volonté nationale, que vous n'avez pas besoin de prétoriens. Avez-
vous donc besoin d'envahisseurs, vous qui ne cessez
d'invoquer la paix et d'attester vos résolutions pacifiques? Ni prétoriens, ni envahisseurs, que seront donc
vos soldats? des citoyens, défenseurs de leurs foyers.
C'est précisément l'armée que nous vous donnons.

Assurément, je n'ai pas l'intention de faire le procès
aux armées permanentes.

Un membre. Vous ne faites que cela.

M. Jules Simon. Je regarde comme inutile de faire
le procès aux armées permanentes, qui ne sont, même
pour leurs défenseurs, qu'un mal nécessaire. Je ne veux
vous rappeler ni ces huit cent mille hommes arrachés
à l'agriculture et à l'industrie, qui en ont tant besoin,
ni les effets désastreux de la vie de caserne, et particulièrement de cette réserve avec interdiction de mariage, telle que vous l'entendez. Je ne veux pas même
aborder cette question redoutable du remplacement
militaire, qui, pour une législation démocratique et
dans l'organisation d'une armée démocratique, est un
obstacle tout à fait infranchissable. Non, non : je ne
vous parlerai pas non plus, pour le moment, de cette
transaction, qu'on désigne dans le langage le plus ordinaire par cette expression à la fois étrange et vraie :
« Acheter un homme. »

J'écarte ces pensées, sauf à les reprendre ; mais il y
a deux points qui, avec le désir de manifester une première fois nos principes, lesquels, grâce à Dieu, ont
pour eux l'avenir.... (Mouvements en sens divers.)

Un membre. C'est ce qu'il faudra voir.

M. Jules Simon. Il y a deux points qui nous ont dé-
cidés à placer résolûment, comme nous le faisons, l'organisation de la paix en face de l'organisation de la
guerre.

Le premier, c'est que vous n'avez pas d'autre moyen
de rassurer l'Europe que de supprimer ou de diminuer
considérablement votre armée. (Très-bien ! Très-bien !
sur les bancs à gauche de l'orateur.)

J'entends bien que, depuis quinze ans, on nous parle
de paix, et que l'empire s'est en quelque sorte inauguré
par un mot qui serait sublime s'il était vrai : « L'empire, c'est la paix ! »

J'entends bien que M. le ministre d'État, à la dernière
séance, a senti le besoin de clore la discussion générale

d'une loi qui a pour objet l'organisation de la guerre
par les déclarations les plus pacifiquès.

Je sais qu'il est venu nous dire que nous pouvions
delibérer sur cette loi avec sérénité; — je crois que
c'est l'expression dont il s'est servi, — et je me suis
rappelé alors une autre époque où, à une tribune
voisine de celle-ci et qui n'est plus qu'un souvenir dans
l'histoire, on disait aux représentants du peuple : « Représentants de mon pays, délibérez en paix! » (Mouvements divers. — Très-bien! Très-bien! à la gauche de
l'orateur.)

Ni nous, Messieurs, ni l'Europe ne pouvons être tran-
quilles.

Je ne vous rappelle pas que, quand on est le second
empire, quand on invoque chaque jour, comme une
sorte de légitimité de la gloire, les souvenirs de Napoléon, il est difficile de se faire accepter, sur une simple
promesse, comme étant l'empire de la paix. Je ne vous
rappelle pas ce que ce grand héritage porte avec lui de
redoutable, le fardeau de ces longues campagnes, de ces
guerres d'extermination, de cette ambition effrénée
dont la France a certainement plus souffert que l'Europe. Je ne vous rappelle pas que nous avons eu cent
quarante-trois départements, avec le Rhin pour frontière. Mais, comment ne pas évoquer des souvenirs
plus récents et qui ne datent que d'hier? ce projet
de loi, dont voici les restes, qui nous a été apporté
l'année dernière sous cette forme : « Donnez-nous
1,200,000 hommes! » qui, après l'abandon du projet
des maréchaux, nous est revenu avec les mêmes exigences et sous une forme différente; qui, en ce moment,
se restreint, en apparence à 800,000 hommes, mais
avec une garde nationale mobile de 400,000 soldats?

A l'heure qu'il est, on peut dire, je le sais, que, par
une erreur des plus singulières, la loi n'organise l'armée
qu'à long terme, et n'augmentera que dans sept ou

huit ans le nombre de vos bataillons. Mais le projet actuel est la conséquence du premier, du second, du troisième ; il procède du même esprit, il tend au même but. C'est la guerre, vous dis-je (C'est cela! Très-bien! à la gauche de l'orateur.), et il n'y a pas de déclarations pacifiques qui puissent faire que pendant que vous organisez ainsi la guerre, que pendant que vous développez l'armée, que pendant que tout le monde voit que c'est à cela que vous tendez, on puisse croire qu'en effet c'est la paix que vous voulez.

M. le rapporteur était bien plus dans la vérité des faits à la dernière séance ; la vérité parlait par sa bouche. Je ne m'étonne pas qu'après avoir passé un si long temps à étudier avec tant de scrupule cette loi militaire, après avoir manié en idée tant de contingents et tant de bataillons, il vienne nous dire : Nous voulons tous la paix, mais il n'y a qu'un moyen de l'obtenir, c'est une grande guerre! (Mouvements divers.)

Quant à moi, Messieurs, moi partisan de la paix, savez-vous ce que j'ai au fond du cœur? c'est que, s'il fallait choisir entre une grande guerre suivie de la paix et cette espèce de paix armée dont vous nous parlez, qui consiste à armer toute la nation, à donner tous nos hommes et tout notre argent pour ne pas faire la guerre et pour être toujours prêts à la guerre, j'aimerais mieux une grande guerre dans laquelle on mettrait tout ce qu'on a de sang dans les veines et tout ce qui reste d'argent au fond de notre trésor épuisé, guerre après laquelle nous aurions enfin l'espérance sérieuse de la paix, que vous nous enlevez jour par jour, avec vos déclarations pacifiques.

Oui, j'aimerais mieux une grande guerre que la paix armée, que cette organisation qui a tous les inconvénients de la guerre, avec cela de plus qu'elle ne finit jamais, qu'elle ne donne pas la seule chose qui puisse consoler des batailles : cette énergie, cette virilité des peuples qui se retrempent dans le sang versé. Ah! cette paix armée, c'est une guerre écœurante, une guerre énervante; ces soldats que vous laissez dans les casernes ne font que s'y énerver, tandis que sur les champs de bataille ils grandissent. (Approbation à la gauche de l'orateur.)

Je le déclare donc, la loi que vous présentez est la pire des lois.

Si vous étiez venus nous dire : « Il faut faire la guerre, donnez-nous des hommes, » eh bien! malgré vos fautes passées (Rumeurs.), nous en aurions peut-être subi les conséquences. Mais nous déclarer qu'on ne fera pas la guerre, et nous demander toujours, en hommes et en argent, les sacrifices que la guerre exige! Nous cherchons, et nous cherchons avec une anxiété patriotique comment, devant cette exigence éternelle nous pourrons faire face aux nécessités les plus urgentes du pays, doter l'instruction, encourager l'industrie, diminuer les impôts. Nous ne le trouvons *jamais*, parce qu'il y a aussi un *jamais* au bout de votre proposition ; tandis qu'au moins la guerre est une chose qui passe vite, et, si triste qu'elle soit, elle laisse après elle une espérance. (Rumeurs. — Approbation à la gauche de l'orateur.)

Nous demandons avec la dernière énergie qu'on adopte notre contre-projet, car avec lui la France sera invincible chez elle, à l'abri de l'invasion ; elle n'aura à craindre ni envahisseurs du dehors, ni prétoriens du dedans. Nous demandons que la nation soit armée tout entière, que l'armée permanente soit à jamais supprimée. (Vive approbation et applaudissements à la gauche de l'orateur.)

INTERDICTION DU REMPLACEMENT DANS LA GARDE NATIONALE MOBILE

(11 janvier 1868.)

M. LE PRÉSIDENT SCHNEIDER. Je donne lecture de l'article 7.

Il est ainsi conçu dans sa rédaction nouvelle :

« En cas d'appel à l'activité ou de réunion des bataillons de la garde nationale mobile conformément à l'article 3 de la présente loi, le conseil de révision, réuni au chef-lieu de département ou d'arrondissement, pourra dispenser du service d'activité, à titre de soutiens de famille et jusqu'à concurrence de 4 pour 100, ceux qui auront le plus de titres à cette dispense.

« Il pourra autoriser le remplacement au profit :

« 1° De ceux qui se trouvent dans l'un des cas d'exemption prévus par les numéros, 3, 4, 6 et 7 de l'article 13 de la loi du 21 mars 1822 ;

« 2° Du chef d'un établissement agricole, industriel ou commercial, ou de celui qui le dirige, lorsque la présence de l'un ou de l'autre à la tête de cet établissement sera reconnue nécessaire. »

La parole est à M. Jules Simon.

M. Jules Simon. La chambre, il y a quatre jours, a renvoyé à la commission un amendement de mon collègue et ami M. Javal interdisant d'une façon absolue le remplacement dans la garde nationale mobile. Le vote qui a décidé ce renvoi à la commission n'était pas un vote d'entraînement généreux, comme cela a été dit à la séance d'hier; c'était un vote parfaitement réfléchi et parfaitement motivé.

Le principe qui nous a déterminés est celui-ci : le remplacement dans la garde nationale mobile n'est à aucun point de vue analogue au remplacement dans l'armée permanente. Quand un jeune homme se fait remplacer dans l'armée permanente, ce qui explique sa conduite, c'est que, s'il est obligé de servir pendant cinq, sept ou neuf ans, sa carrière littéraire, scientifique ou industrielle se trouve interrompue à l'époque même où il pourrait avec le plus de fruit s'efforcer de la créer. Et ce dommage causé à l'individu est en même temps un dommage public, parce qu'il nuit au travail national et au recrutement des sciences, des lettres et de l'industrie.

Or, vous avez justement pensé que, quand il s'agissait de la garde nationale mobile, il n'était plus question d'interrompre, pour plusieurs années, les carrières.

En effet, dans la garde nationale mobile, le service est en apparence de cinq ans; mais il faut tenir compte de l'article 9 et de l'article 4 de la loi. Dans l'article 9, vous décidez que les soldats de la garde nationale mobile qui prouveront qu'ils ont l'habitude du maniement des armes seront exemptés des exercices.

Dans l'article 4 nouvellement introduit par le projet de la commission, vous leur donnez une liberté qui a été fameuse il y a dix-huit ans et qui n'a pas à cette époque rencontré beaucoup de succès à la tribune, la liberté d'aller et de venir.

S. Exc. M. ROUHER, *ministre d'État*. Elle est restée
en route.

M. JULES SIMON. Elle est restée en route, comme
vous dites, parce que tout le monde s'est aperçu qu'on
ne pouvait la contester à personne. La commission a
bien voulu vous donner un article 4 dans lequel elle
reconnaît ce droit à la garde mobile.

M. GRESSIER, *rapporteur*. Sur la demande des membres de la gauche.

M. JULES SIMON. Sur la demande des membres de la
gauche, qui croient très-nécessaire aujourd'hui de sti-
puler les droits les plus élémentaires. Je suis loin de
m'en plaindre; au contraire, j'en remercie la commission.

Mais je dis qu'il résulte de ces deux articles que le
service de la garde nationale mobile est purement et
simplement le service au moment du danger : non pas,
comme on l'a dit une fois avec exagération, au moment
du danger de la patrie, — il n'est pas question du danger de la patrie, et je ne suis pas de ceux qui pensent
que le jour où la France est en guerre, elle est en danger; je parle seulement du danger pour les personnes,
et je dis qu'il est certain que c'est au moment où commence la guerre, où commence le danger pour les personnes, que commence aussi le service de la garde
nationale mobile.

Eh bien! vous n'avez pas voulu que, dans ces conditions ainsi déterminées, un jeune soldat de la garde
nationale mobile pût se faire remplacer : c'est là le
sens du vote que la Chambre a émis. Il y a une parfaite
logique dans la conduite de la Chambre qui, d'une part,
maintient le remplacement dans l'armée permanente,
— ce qui ne me regarde en aucune façon, puisque je
suis l'adversaire résolu des armées permanentes, — et
qui, quatre jours après, interdit le remplacement dans
la garde nationale mobile. Ce sont deux choses profon-

dément différentes, et, en tout cas, la seconde résolution de la Chambre est incontestablement légitime.

Je n'ai pas besoin de remonter au principe du remplacement ni de discuter des thèses générales pour
arriver à cette conclusion. Un mot suffit : si nous avions
l'ennemi sous les murs de Paris, — je suppose une
chose qui, je l'espère, ne se réalisera jamais, — si nous
avions l'ennemi sous les murs de Paris, à ce moment-
là qui oserait dire : Il s'agit d'aller servir un canon ou
de faire le coup de fusil sur les remparts, je vais vous
donner de l'argent, vous irez à ma place? Personne. Au
contraire, quand il ne s'agira que de la garde nationale
ordinaire et d'une inoffensive faction à la porte d'une
mairie, on peut comprendre une convention de cette
espèce.

Voilà la différence : elle est très-nette, très-simple;
la Chambre était dans son droit en la faisant, et elle fera
son devoir en la maintenant.

Dans la discussion générale du projet de loi, on a
invoqué deux fois, en des sens opposés, l'autorité de
Napoléon. Si je ne me trompe, notre honorable collègue
M. le baron de Beauverger a cité une déclaration de
Napoléon en faveur du remplacement dans les armées
permanentes, et j'ai, de mon côté, invoqué cette parole
célèbre : « Je n'admets pas qu'un homme en paye un
autre pour aller se faire tuer à sa place. »

La Chambre a pensé et jugé comme Napoléon Ier.
C'est une assez belle autorité pour elle en matière militaire.

Je suis donc convaincu qu'elle voudra aujourd'hui ce
qu'elle voulait il y a quatre jours, et je suis fort aise de
me trouver d'accord en cela avec M. le ministre d'État.

Mais voici où je suis en dissentiment complet avec
lui : c'est quand il vous conseille d'accepter la transaction, — c'est ainsi qu'il s'est exprimé, — proposée par
la commission.

Je vous demande, au contraire, de ne la point accepter, et même je n'admets pas le mot ; je ne regarde pas
cela comme une transaction : la Chambre a voulu que le
remplacement dans la garde nationale mobile fût interdit, et la commission vous propose un moyen nouveau
de le permettre.

Voici en effet ce que fait la commission...

M. LE RAPPORTEUR. C'est une exception.

M. JULES SIMON. Elle introduit tout à coup le conseil de révision, auquel elle donne un droit tout nouveau. Et ici, je ne puis m'empêcher de vous dire que ce
conseil qu'on va investir d'un droit si énorme est déjà
chargé de trop de pouvoirs.

Quand mon honorable collègue et ami M. Malézieux
vous a parlé de ces jugements sans appel des conseils de
révision, vous n'avez pas voulu admettre son amendement, parce que vous avez craint les difficultés qui en
résulteraient dans la pratique. Mais non-seulement les
conseils de révision jugent sans appel, ils jugent aussi
sans recours. On aurait pu, et à mon sens on aurait dû,
puisqu'on ne voulait pas transformer le conseil d'État
en tribunal d'appel par rapport aux conseils de révision,
le transformer au moins en tribunal de cassation par
rapport aux violations de la loi qui auraient été com-
mises. (Très-bien ! sur quelques bancs.)

Quoi qu'il en soit, il est certain que le conseil de révision est déjà armé d'un pouvoir énorme ; il est le seul
pouvoir en France qui dispose de l'état des citoyens
sans recours et sans appel.

Or, c'est à ce conseil déjà investi d'un pouvoir exorbitant que la commission remet les droits suivants :

Premièrement, elle lui permet de dispenser du service de la garde nationale mobile les soutiens de famille
jusqu'à concurrence de 4 pour 100.

Deuxièmement, elle lui permet d'autoriser ou de
refuser le remplacement de tous ceux qui sont exemp-

tés en vertu de l'article 13 de la loi de 1832, à tout
autre titre que pour défaut de taille ou pour infirmités.

Troisièmement, elle lui permet d'autoriser ou de
refuser le remplacement au profit du chef d'un établissement agricole, industriel ou commercial, ou de celui
qui le dirige, lorsque la présence de l'un ou de l'autre
à la tête de l'établissement sera reconnue nécessaire.

Eh bien, Messieurs, je ne crois pas,—et j'en demande
pardon à la commission, qui sait bien que je ne veux
attaquer ni sa capacité ni ses intentions, — mais je ne
crois pas qu'il fût possible de rien faire de plus impopu-
laire et de plus injuste.

Quelques membres à la gauche de l'orateur. Très-
bien ! Très-bien !

M. JULES SIMON. Je vais essayer de le démontrer, si
la Chambre veut bien m'écouter quelques instants.

D'abord, Messieurs, je prétends que l'article de la
commission introduit une disposition parfaitement arbitraire. (Bruit.)

Je dis que l'article de la commission introduit une
disposition parfaitement arbitraire. Vous chargez le
conseil de révision de décider qui est soutien de famille
et qui ne l'est pas. C'est une décision d'une difficulté
extrême.

L'honorable M. Segris vous disait hier, avec autant
de vérité que d'éloquence, qu'il était plus que difficile
de décider, d'une façon précise, qui est ou qui n'est pas
soutien de famille, surtout...

M. LE RAPPORTEUR. Vous l'avez accepté dans l'article 4.

M. JULES SIMON. Je n'ai pas voté l'article 4, et je
vous prie de croire que je n'ai rien accepté de votre loi
et que je n'en accepterai rien. (Mouvement.)

Cela est surtout difficile, disait M. Segris, au moment où le tambour bat déjà le rappel et où on entend
les premiers coups de canon.

M. LE RAPPORTEUR. Mais l'article 4 est voté.

M. JULES SIMON. Non-seulement il faudra que le conseil de révision décide qui est ou n'est pas soutien de ·famille, mais vous mettez à sa décision arbitraire une limite arbitraire, vous l'enfermez dans la proportion de 4 pour 100. Vous disiez 10 pour 100 dans un autre article, vous vous restreignez à 4 pour 100 dans celui-ci. Cela ne fait à mes yeux aucune différence. Je n'attaque que le principe.

M. LE RAPPORTEUR. Les 4 pour 100 s'ajoutent aux 10 pour 100, cela fait 14 pour 100 en tout.

La Chambre a voté hier que les conseils de révision, au moment de la formation de la garde nationale mobile, avaient le droit d'accorder 10 pour 100 pour soutiens de famille : c'est un fait accompli.

Maintenant, au moment du départ, l'article 7 propose de concéder à nouveau aux conseils de révision 4 pour 100.

Le principe est posé dans l'article 4; c'est l'application du même principe que vous trouvez dans l'article 7.

M. JULES SIMON. Il n'y a aucun dissentiment entre ce que dit M. le rapporteur et ce que je dis moi-même; seulement M. le rapporteur ne m'a pas entendu. La faute n'en est pas précisément à moi : je fais tous les efforts possibles pour donner un volume suffisant à ma voix; mais il ne suffit pas d'avoir une voix et d'avoir la parole, il faut encore avoir l'oreille de la Chambre. Elle ne me semble pas disposée à faire silence, et c'est ce qui explique que M. le rapporteur ne m'ait pas entendu.

Je disais donc que, dans l'article 7 actuellement en discussion, vous permettiez de dispenser les soutiens de famille dans la proportion de 4 pour 100. Il en résultera que non-seulement, dans certains cas, personne ne se rendra compte des motifs de préférence qui auront déterminé le conseil, mais que fort souvent ces motifs n'existeront pas, et que le conseil sera obligé de dire à deux postulants : « Vous avez les mêmes droits; mais, comme je touche à la limite de 4 pour 100 et que je ne puis plus exempter qu'un seul, je le choisirai suivant le hasard ou suivant mon caprice. »

Vous avez un précédent de cette situation bizarre daus l'ancienne loi sur la gratuité de l'enseignement primaire. Les préfets fixaient une limite, et l'autorité chargée de faire participer les indigents au bénéfice de la loi était obligée de s'arrêter devant ce chiffre arbitraire, lors même que la commune regorgeait de demandes d'admission et de familles indigentes. Vous avez eu l'honneur d'abroger cet article de loi détestable. Ayez la sagesse de ne pas le faire revivre dans la loi militaire. Ne mettez pas chaque conseil de révision dans la nécessité d'avoir deux poids et deux mesures, et tous les conseils réunis dans l'impossibilité d'avoir une jurisprudence uniforme et de régler les cas d'exemption d'après un niveau commun.

M. LE RAPPORTEUR. Cela se fait depuis trente ans. Il y a 2 pour 100 accordés pour les soutiens de famille tous les ans dans les contingents.

M. ERNEST PICARD. Mais vous avez introduit une innovation considérable.

M. JULES SIMON. Je discute avec la plus grande liberté, et je suis prêt, si la Chambre le désire, à transformer mon monologue en dialogue avec l'honorable M. Gressier.

M. LE PRÉSIDENT SCHNEIDER. Je demande qu'il n'en soit rien et que vous veuillez bien parler à la Chambre.

M. JULES SIMON. Je ne le ferai alors que par déférence pour M. le président, car, pour ma part, j'accepte toutes les interruptions, et je suis prêt à y répondre, aucune interruption ne pouvant me détourner de la ligne que j'ai résolu de suivre. (Parlez!)

En relevant l'objection actuelle de M. le rapporteur,

je lui dirai que je n'admets à aucun degré qu'on puisse répondre à une raison par un antécédent.

Que sommes nous ici, Messieurs, sinon un pouvoir législatif? Et quel est notre droit, sinon de faire des lois? et notre devoir, sinon de les faire justes? Comment viendra-t-on dire que nous sommes obligés de faire une mauvaise loi parce qu'il en existe déjà une? Cela n'est pas raisonnable. Nous jugeons les textes des projets de loi par ce qu'ils contiennent et non par leur histoire. (Très-bien! à la gauche de l'orateur.) Si on s'est trompé pendant trente ans, c'est une raison de plus pour qu'on ne se trompe pas demain. (Très-bien! à la gauche de l'orateur.)

Je passe au second droit conféré aux conseils de révision : celui de permettre ou de refuser le remplacement à tous ceux qui ont été exemptés du service dans l'armée permanente, à quelque titre que ce soit, excepté pour défaut de taille ou pour infirmité physique.

On nous a montré hier combien il y aurait de difficulté pour le conseil à se déterminer sur les demandes qui lui seront faites. Permettez-moi d'insister encore un moment.

La question est de savoir pourquoi la commission, au lieu de dire : « Tous ceux qui ont été exemptés dans l'armée permanente pourront s'exempter dans la garde mobile, » a préféré dire : « pourront obtenir l'autorisation de s'exempter dans la garde mobile. »

Je suis convaincu que le but de la commission a été un but d'humanité, mais d'humanité mal entendue. Ainsi l'article 13 de la loi de 1832 exempte le fils aîné d'un père aveugle ou septuagénaire. Or, parmi les jeunes gens qui se trouvent dans cette position, il y en a qui sont nécessaires comme soutiens de famille, et la commission entend que le conseil de révision pourra faire ce discernement : exempter les pauvres, faire partir les riches. Telle est évidemment sa pensée.

Mais ce même article 13 contient aussi une exemption pour les enfants de familles nombreuses, qui, suivant le texte de la loi, doivent être partagés par égalité entre l'armée et la famille.

Un membre. On n'entend pas.

M. LE PRÉSIDENT SCHNEIDER. Si on n'entend pas, ce n'est pas absolument de la faute de l'orateur. Je demande donc qu'on veuille bien faire silence, et l'orateur sera entendu.

M. JULES SIMON. Je me permets de faire une rectification aux paroles de M. le président. Ce n'est nullement de ma faute si je ne suis point entendu ; je donne un volume de voix suffisant pour être entendu dans toutes les parties de la Chambre. (Oui ! oui !)

Peut-être la question du remplacement ou du non-remplacement ne paraît-elle pas importante au Corps législatif? (Si ! si ! parlez !)

Quand le législateur de 1832 a écrit l'exemption qui partage par égalité, entre l'armée et la maison, les enfants d'une famille nombreuse, est-ce qu'il a eu pour but d'exempter les soutiens de famille? Non : ce n'est pas aux nécessités pécuniaires de la famille qu'il a pensé, c'est au droit du sang. Il n'a pas voulu qu'une mère pût voir ses deux fils emportés par le même boulet.

Dans cette situation, je me demande ce que va faire votre conseil investi d'un pouvoir arbitraire. Comment va-t-il choisir entre le riche et le pauvre ? S'il épargne le pauvre et fait partir le riche, je dis qu'alors il commet une injustice, et que le riche est puni de sa richesse. Quand nous parlons de justice, d'égalité, de droit, il n'est personne qui ne sache que c'est le droit de tous que nous défendons. (Approbation à la gauche de l'orateur.)

Pourquoi, quand on a voté l'article 13 de la loi de 1832, n'a-t-on pas introduit cette distinction entre les fils qui sont soutiens de famille et ceux qui ne le sont pas?

Pourquoi a-t-on fait une règle précise, absolue, s'appliquant à tout le monde, aux familles riches comme aux familles pauvres? C'est parce qu'on a repoussé l'idée de faire une loi d'exception, parce qu'on a voulu une loi commune pour tous, parce qu'on a craint de livrer à des fonctionnaires ce qui appartient essentiellement à la loi. Quoi donc! ce que n'ont voulu faire ni le législateur de 1818, ni le législateur de 1832, vous, dont les intentions sont bonnes, je le reconnais, vous qui appartenez à un régime démocratique, vous allez le faire (Nouvelle approbation à la gauche de l'orateur.)

J'ai le droit de dire que vous avez, de propos délibéré, introduit l'arbitraire dans votre loi. J'aimais mieux la règle que vous nous apportiez d'abord et qui permettait ouvertement, à tout le monde, de se faire remplacer devant le péril. Je la préférais, tout en la condamnant, à une loi qui confère à un conseil de révision, qui regorge de droits, le droit étrange d'envoyer au feu qui il lui plaît. En vérité, cela n'est ni juste, ni raisonnable, ni possible dans une loi française. (Assentiment sur plusieurs bancs.)

Mais, Messieurs, comme si ce n'était pas assez de l'arbitraire, on nous propose aussi de consacrer un privilége.

En effet, voici quels sont les derniers mots de votre article :

« Le conseil de révision peut autoriser le remplacement en faveur du chef d'un établissement agricole, industriel ou commercial, ou de celui qui le dirige, lorsque la présence de l'un ou de l'autre sera reconnue nécessaire. »

Eh bien! qu'est-ce qu'un pareil article, si ce n'est pas un privilége, accordé non-seulement à ceux qui se trouvent à la tête d'un établissement, mais à

ceux qui ont assez d'argent pour en fonder un dans
l'unique pensée de jouir de ce privilége? (Mouvements
divers.)

L'arbitraire, le privilége éclatent, pour ainsi dire, à
chaque pas; ainsi vous dites: « Lorsque la présence de
l'un ou de l'autre à la tête de l'établissement sera reconnue nécessaire. » Pas de loi précise, pas de catégorie; le droit donné au conseil de révision d'apprécier
et de décider comme il l'entendra.

Vous dites encore : « Un établissement agricole, industriel ou commercial. »

Qu'est-ce que c'est qu'un établissement agricole, industriel ou commercial? Est-ce que vous le savez?
Quand on a fait la loi de 1841 sur le travail des enfants
dans les manufactures, le législateur a déclaré qu'il ne
savait pas d'une façon précise ce qui constitue un établissement industriel. Mais alors qu'a-t-il fait? A-t-il
laissé au ministre des travaux publics le droit d'appréciation? Pas le moins du monde. Il a fixé lui-même une
ligne précise qui ne pouvait être dépassée. Je ne dis
pas qu'il l'ait bien fixée, car je pense le contraire; mais
il est certain qu'il a voulu établir d'une façon nette et
claire ce que c'est qu'un établissement industriel. Il a
décidé que la loi s'appliquerait toutes les fois qu'il y
aurait vingt ouvriers travaillant ensemble dans un atelier, et non pas dix-neuf. Quant à vous, comme il ne
s'agit ici que du sang de nos enfants, vous vous sentez
plus à l'aise. (Murmures sur un grand nombre de
bancs.)

Vous dites : Un établissement agricole, industriel et
commercial, et vous ne vous croyez obligés de rien
ajouter. (Nouveaux murmures.)

Vous n'avez pas toujours été si faciles. Dans cette
même loi, quand vous avez voulu établir une exemption
en faveur des instituteurs primaires, vous avez pris des
précautions de toutes sortes; vous avez dit que l'exemp-

tion ne serait accordée qu'à des instituteurs inscrits dans des écoles fondées depuis deux ans, dans des écoles qui réuniraient au moins trente élèves, et à la condition que ces instituteurs prendraient l'engagement de se vouer pendant dix ans à l'enseignement primaire.

Vous avez eu vos motifs pour prendre ces précautions, c'est que vous ne vouliez pas qu'on fondât aujourd'hui une école, pour pouvoir profiter demain de l'exemption qu'elle confère. Vous ne vouliez pas qu'on appelât école la réunion de cinq ou six élèves dans la même chambre, ou instituteur un jeune homme qui ne le serait que pendant les opérations du recrutement.

Et vous avez eu raison : pourquoi, ce que vous avez fait dans un cas, ne le faites-vous pas dans l'autre ? Pourquoi ne demandez-vous pas que l'établissement réunisse un certain nombre de travailleurs, présente un certain mouvement d'affaires, existe depuis un temps déterminé ? Et pourquoi n'obligez-vous pas ceux qui veulent profiter de l'exemption à se vouer à l'industrie pour une période de dix années ?

M. LE RAPPORTEUR. Parce que dans un cas il s'agit d'une dispense obligatoire, et que dans l'autre il s'agit d'un remplacement facultatif.

M. JULES SIMON... Pourquoi ne faites-vous pas ici ce que vous avez fait là ? Parce que, dans votre article 7, vous organisez l'arbitraire. (Approbation à la gauche de l'orateur. — Murmures dans les autres parties de l'assemblée.)

Mais il y a plus, et quand vous venez nous dire : Le chef d'un établissement sera exempté du service de la garde nationale mobile...

M. LE RAPPORTEUR. Non pas « sera exempté, » mais « pourra se faire remplacer. »

M. JULES SIMON. Soit : pourra se faire remplacer. Quand vous dites cela, vous donnez pour motif qu'il importe non-seulement à son propre travail, mais au travail d'autrui que le directeur reste à la tête de son établissement. (Oui ! oui ! — C'est pour cela !) Oui ! je connais toutes vos raisons, et je rends justice à vos intentions ; oui ! vous avez pensé cela. Mais, est-ce que vous pouvez établir d'une façon absolue, dites-le moi, que le chef d'un établissement lui importe plus qu'un ouvrier quelconque de ce même établissement ? Si vous le prétendez, je soutiens que ce n'est pas exact ; je soutiens qu'il y a tel établissement, par exemple un établissement d'impression sur étoffes, dans lequel un chimiste, qui est un ouvrier, — appelez-le si vous le voulez un employé, cela ne changera rien à ma thèse, — importe beaucoup plus que le directeur lui-même à la prospérité de l'établissement. Et cela est si vrai que, si ce chimiste disparaissait, l'établissement disparaîtrait avec lui ; tandis que le directeur peut être à tout moment remplacé sans que le sort de l'atelier soit compromis. (Mouvements divers.)

Non-seulement cela est vrai pour un chimiste, mais pour un dessinateur, pour un graveur. Il n'y a personne ayant visité une usine qui ne sache qu'un bon ouvrier, un ouvrier d'élite, est souvent plus important et plus difficile à remplacer qu'un contre-maître ou un chef d'industrie. Je ne nie pas le talent de diriger ; mais je soutiens qu'en beaucoup de cas il n'est pas autre chose que le talent de surveiller.

Vous n'avez donc aucun motif de faire ce que vous faites.

Il ne faut pas, Messieurs, que vous vous le dissimuliez : les ouvriers qui liront cette loi ne seront que trop enclins à chercher si elle consacre, oui ou non, des priviléges : jusqu'à présent, jusqu'à la présentation de l'article que nous discutons, on pouvait, à la rigueur, prétendre que la loi était égale pour tous ; depuis la présentation de cet article, je vous défie de soutenir qu'elle a conservé ce caractère ; je vous défie d'établir

qu'il n'y a pas là un pouvoir arbitraire donné à des
fonctionnaires de décider quels seront les jeunes gens
qui iront au feu ; je vous défie de prouver qu'il n'y a pas
là le pouvoir arbitraire d'exempter ou de ne pas exempter des chefs d'établissement, alors que ce genre d'exemption n'est pas à la portée de ceux qui n'ont pas de capital. (Vive approbation à la gauche de l'orateur.)

Ainsi, Messieurs, vous allez en droite ligne contre
l'intention si hautement et si noblement manifestée,
l'autre jour, par la Chambre : vous rétablissez, dans une
pire condition, la faculté de remplacement ; vous la re-
constituez à titre d'arbitraire et de privilége, quand au
moins, la première fois, vous l'établissiez d'une façon
uniforme, ce qui était la seule excuse que vous pus-
siez avoir. Je dis à la Chambre : Sachez bien qu'en
adoptant l'amendement de la Commission vous enlevez
à ceux qui veulent le remplacement dans l'armée active le seul argument sérieux qu'ils puissent invoquer.
Si vous vous en étiez tenus au vote de l'autre jour, on
ne pouvait plus dire que, quand un homme est acheté,
il est acheté pour être tué à la place d'un autre, puisque,
ayant refusé hier de voter l'amendement de l'honorable
M. Paulmier, vous aviez décidé que tout le monde, rem-
plaçant et remplacé, irait au danger en même temps ; il
ne s'agissait donc plus dans le remplacement que de
changer de carrière avec un autre, et non pas d'ex-
poser sa vie pour lui. Mais ce bénéfice de votre premier
vote, la commission vous l'enlève, puisqu'elle dispense
du danger ceux précisément qui sont le plus intéressés
à ce que le remplacement dans l'armée permanente soit
maintenu.

Je conclus que votre loi est équivoque, qu'elle est
arbitraire, qu'elle consacre un privilége. Voilà ce que
vous faites. (Assentiment à la gauche de l'orateur.) Et
comment, Messieurs ! on vient aujourd'hui nous faire
une loi dans laquelle l'arbitraire est contenu, dans la-

quelle le privilége est établi! Est-ce que cela est possible? Quel est, chaque jour, le champ de la discussion
entre vous et nous? Quand nous parlons du rétablissement des classes, vous vous indignez; vous avez raison.
Quand nous parlons de riches et de pauvres, et que
nous disons qu'il y aura des droits pour les riches qui
n'existeront pas pour les pauvres, vous vous indignez;
vous avez encore raison, si vous ne consultez que vos
cœurs, parce que vous êtes tous parfaitement résolus à
ne pas créer de pareils priviléges. Quand nous parlons
du gouvernement personnel, ne contestez-vous pas toujours que le gouvernement sous lequel nous vivons mérite cette qualification? Mais savez-vous ce que c'est
que l'arbitraire!

L'arbitraire est l'équivalent, dans la loi administrative, du pouvoir personnel dans la loi constitutive. Il
en est la conséquence naturelle et nécessaire. Si vous
ne voulez pas qu'il y ait de gouvernement personnel, si vous ne voulez pas qu'il y ait de privilége pour
les riches, si vous ne voulez pas qu'il y ait de l'arbitraire, eh bien! faites donc une loi qui trace des divisions claires, nettes, précises, absolues, qui ne laisse
rien à la volonté des hommes, qui ne mette pas des
fonctionnaires dans cette abominable situation de venir,
non pas à la veille du péril, mais le jour où le péril
commence, affronter toutes les haines que votre loi ferait naître. Ne condamnez pas le gouvernement, au
moment où il a le plus besoin d'union, au malheur de
provoquer dans les cœurs de ceux qui seront repoussés
par vos conseils de révision, une haine légitime ou qui
croira l'être.

Rien de plus profondément impolitique, rien de plus
contraire à la justice, rien de plus contraire à l'essence
de nos lois, rien de plus contraire à la démocratie et à
la liberté que la solution que la Commission vous propose. C'est pourquoi, Messieurs, j'espère, j'espère fer-

mement que vous persévérerez dans la résolution que
vous aviez prise. Vous aviez résolu d'interdire le marché de la vie humaine, et vous direz encore aujour-
d'hui : Nous interdisons le remplacement au moment du
danger ; nous ne permettons pas ce honteux trafic,
qui est un sacrifice terrible pour celui qui le subit et
une lâcheté pour celui qui le demande. (Vive approbation sur divers bancs.)

En agissant ainsi, vous ne ferez qu'obéir à la morale.
Si nous avons dans le Code Napoléon un article 6 qui déclare que tout contrat contraire à la morale est nul de
plein droit, un article 780 qui défend d'engager à jamais sa liberté, nous devons en avoir un aussi qui dé-
fende de livrer sa vie pour celle d'un autre. Voilà la
doctrine que vous consacrerez par vos votes, j'en ai la
ferme espérance. Laissez-moi dire que j'en ai la certitude. (Vive approbation à la gauche de l'orateur.)

IV

LES ÉCOLES

NOTE PRÉLIMINAIRE

1° La société est établie pour rendre aux membres qui la composent les services les plus indispensables, et spécialement ceux qui ne peuvent pas leur être rendus par l'industrie privée.

Or, l'instruction étant absolument indispensable, la société a le devoir de la donner à ses membres, comme elle a le devoir de rendre la justice.

La fonction d'instituteur n'étant pas suffisamment rémunératrice, l'État ne peut pas se reposer sur l'industrie privée du devoir qui lui incombe d'assurer l'instruction à tous les citoyens.

2° Non-seulement il est nécessaire à chaque citoyen d'être instruit;

Mais l'instruction de chaque citoyen est nécessaire à tous les autres citoyens et à l'État,

Parce que l'instruction est le plus grand élément de paix intérieure et de richesse publique.

3° L'établissement du suffrage universel,

La suppression prochaine des douanes,

L'abolition des articles 414, 415 et 416 du Code pénal et de l'article 1781 du Code Napoléon,

Rendent la création des écoles plus urgente que jamais, parce qu'il faut être éclairé — pour voter, — pour lutter contre la concurrence étrangère, — et pour défendre, dans les conditions d'une égalité complète, les droits du travail contre ceux du capital.

4° Il résulte de ces principes :

En premier lieu, que l'État doit aux citoyens de leur fournir les moyens de s'instruire,

Et que les citoyens doivent à l'État d'acquérir toute l'instruction qu'ils peuvent acquérir.

L'État, en donnant l'instruction gratuite et en rendant gratuitement la justice, accomplit des devoirs de même ordre.

Le citoyen, en étudiant dans les écoles, ou en payant l'impôt, ou en s'exerçant au maniement des armes, accomplit des devoirs de même ordre.

5° Les hommes n'ont pas plus de droits à l'instruction que les femmes.

L'instruction des femmes est aussi nécessaire à l'État que celle des hommes.

Toutes les fois que l'État consacre plus de soin et d'argent à l'éducation des garçons qu'à celle des filles, il est infidèle à sa mission, premièrement en ce qu'il commet une injustice, secondement en ce qu'il compromet l'intérêt général.

6° On peut introduire de nombreuses améliorations dans la construction des écoles, dans leur mobilier, dans les bibliothèques scolaires, dans les écoles normales d'instituteurs et d'institutrices, dans les traitements, dans les pensions de retraite, dans l'inspection, dans le mode de nomination et d'avancement, dans la discipline ;

Mais toutes les améliorations sont impossibles sans argent, et toutes les améliorations deviennent immédiatement possibles avec de l'argent.

Il faut donner a l'instruction tout l'argent dont elle a besoin, et ne pas le regretter.

Le peuple qui a les meilleures écoles est le

PREMIER PEUPLE. S'IL NE L'EST PAS AUJOURD'HUI, IL LE SERA DEMAIN (1).

7° L'État doit donner l'enseignement à tous les degrés. En même temps, il doit permettre aux efforts individuels et à l'initiative privée de donner l'enseignement, à tous les degrés, avec une entière liberté ;

Premièrement, parce que la liberté d'enseigner est de droit absolu comme la liberté de penser et d'écrire ;

Secondement parce que le stimulant le plus efficace des fortes études est la concurrence.

Avoir peur de la liberté, c'est calomnier la nature humaine.

IL N'Y A QUE LA LIBERTÉ D'AGIR ET DE PENSER QUI SOIT CAPABLE DE GRANDES CHOSES, ET ELLE N'A BESOIN QUE DE LUMIÈRES POUR SE PRÉSERVER DES EXCÈS (2).

(1) *L'École*, par Jules Simon.
(2) *La Liberté de conscience*, par Jules Simon.

L'EMPRUNT DES ÉCOLES

(8 avril 1866.)

M. LE PRÉSIDENT SCHNEIDER. M. Jules Simon a la
parole.

M. JULES SIMON. Messieurs, M. le rapporteur de la
commission du budget se plaignait tout à l'heure des
reproches contradictoires auxquels la commission est
exposée depuis le commencement de la discussion.

Ces paroles m'ont rappelé qu'il y a trois jours un
des membres du gouvernement disait aussi que, dans
la discussion générale, nous reprochions au gouvernement l'excès des dépenses, et que dans la discussion
des budgets particuliers, nous lui reprochions l'excès
des économies.

Ce reproche ainsi formulé, Messieurs, en nous présentant comme coupables de contradiction, me serait,
je l'avoue, extrêmement sensible si je le croyais bien
justifié.

Pour être adversaire, on n'en est pas moins tenu à
une parfaite bonne foi, et vous me permettrez de montrer en quelques mots qu'il n'y a aucune contradiction

ni dans nos paroles, ni dans nos actes, et que notre conduite est parfaitement loyale.

Oui, nous pensons qu'en général on ne fait pas assez d'économies, et nous pensons cependant qu'on en fait trop dans quelques cas particuliers. C'est une différence d'appréciation sur le placement des dépenses. Nous croyons, par exemple, qu'il ne fallait pas faire l'expédition du Mexique... (Exclamations et murmures sur plusieurs bancs.), et nous regrettons qu'on l'ait faite.

M. ERNEST PICARD. C'est une affaire de 500 millions!

M. JULES SIMON. De quoi vous étonnez-vous, Messieurs? Tout le monde sait que nous blâmons l'expédition du Mexique; je le rappelle, et je constate que, si cette expédition finit, contre toute attente, par être avantageuse à la France, nous n'aurons pas le droit d'en partager avec vous la gloire. Nous aurions donc voulu qu'on fît l'économie de cette gloire lointaine, une économie de 500 millions, et ce n'est vraiment pas bien raisonner que de nous croire obligés, à cause de cela, à refuser les dépenses les plus nécessaires, et de nous accuser de contradiction quand nous demandons, pour des services apparemment plus urgents, des sommes relativement très-inférieures.

Il est, par exemple, incontestable que, de ce côté de la Chambre, nous avons toujours été prêts à demander des augmentations pour les faibles traitements, et que nous avons réclamé sans relâche une généreuse dotation des services de l'instruction publique et particulièrement de l'instruction primaire.

Jamais, il est vrai, nous n'avions formulé une demande aussi considérable que celle de cette année, et je suis obligé de dire à la Chambre, qui comprendra que je remplis en cela un devoir d'honneur, que les cinq signataires de l'amendement que je défends devant vous en sont seuls responsables. Que ce soit là, je vous prie,

une chose bien entendue. Nous acceptons de grand
cœur la responsabilité de notre amendement; mais nous
ne pouvons et nous ne devons la partager avec personne.

Messieurs, vous me permettrez bien de constater que,
différant d'avis avec nos amis politiques sur la manière
dont il faut pourvoir aux services de l'instruction publique, nous ne différons en rien d'avis avec eux sur la
nécessité d'y pourvoir et d'y pourvoir complétement;
nous différons sur les moyens, nous sommes parfaitement et cordialement d'accord sur le but. (Très-bien!
Très-bien! autour de l'orateur.)

Non-seulement nos amis sont d'accord avec nous sur
le but que nous poursuivons, mais nous-mêmes nous
sommes d'accord avec eux quand ils combattent la facilité avec laquelle on se laisse aller à des emprunts.

Permettez-moi de vous rappeler d'un seul mot qu'il
y a des emprunts de trois sortes, si on les juge par le
but auquel ils sont destinés : on peut faire des emprunts
pour des dépenses qui sont seulement utiles et agréables, ou pour des dépenses productives, ou pour des
dépenses indispensables.

Quant aux emprunts qui ont pour but de pourvoir à
des dépenses utiles et agréables, nous n'hésitons pas un
instant à les condamner comme de véritables hérésies
financières.

Nous dirons des emprunts contractés pour des dépenses productives, qu'il ne faut faire d'emprunt de ce
genre que quand le budget est régulier, satisfaisant, en
un mot, quand il n'est pas dans la situation où se trouve
le nôtre.

Pour les dépenses indispensables, il faut les faire,
Messieurs, puisqu'elles sont indispensables, et que la
nécessité est la première de toutes les excuses.

Ma thèse actuelle est donc que les dépenses de l'instruction primaire sont des dépenses indispensables, et

si je parviens à le prouver, comment voulez-vous ne
pas les faire, et comment voulez-vous ne pas donner à
l'administration les ressources dont elle a besoin, dût-
on le faire aux frais de la génération qui en profitera?

M. Granier de Cassagnac. Je demande la parole.

M. Jules Simon. Or, il n'y a que deux moyens de
donner à l'administration les ressources dont elle ne
peut se passer : ou un emprunt ou des économies.

Nos honorables amis préfèrent les économies. Ils ont
mille fois raison. Nous aussi, nous les préférons. Si on
peut par de sages et suffisantes économies nous dispenser de la ressource toujours regrettable d'un emprunt,
nous en serons charmés, qui en doute? Mais fera-t-on
des économies? là est la question. Nous croyons qu'on
en peut faire; nous croyons en même temps qu'on n'en
fera pas. De plus, si on en faisait, nous les donnerait-on
pour le service de l'instruction primaire? Nous avons
la douleur de croire qu'on ne nous les donnerait pas.

Et ce qui nous le fait craindre, c'est que dans cette
session même on nous a apporté une loi sur les travaux
publics, que j'ai qualifiée un jour par un mot peut-être
un peu sévère ; vous m'en avez averti, et j'ai retiré
immédiatement ma parole. Cette loi dispose de nos
économies pour plusieurs années, pour des travaux
peut-être nécessaires, je n'en sais rien, puisqu'on ne
les spécifie pas ; mais ce que je sais bien, c'est qu'ils ne
peuvent pas être aussi nécessaires, aussi urgents, aussi
indispensables que les services de l'instruction publique.

Quoi ! vous ne ferez pas d'économies, et si vous en
faites, elles ne seront pas pour nous?

Que voulez-vous que nous fassions dans cette situation, si ce n'est de demander à l'emprunt un argent
dont nous ne pouvons pas nous passer, et que nous ne
pouvons pas avoir autrement?

Voilà, Messieurs, tout ce que j'ai à vous dire sur la première partie de ma discussion.

Il est évident, par ces prémisses, que j'aurai prouvé ce que j'ai à prouver, si j'établis qu'il y a des dépenses d'instruction primaire qui ne sont pas seulement utiles, qui ne sont pas seulement productives, mais qui sont urgentes, nécessaires, indispensables; c'est là, en effet, ce qu'il me reste à établir. (Très-bien! autour de l'orateur.)

Mais avant de faire cette démonstration, que je tâcherai de rendre courte, — et vous verrez que la tâche m'a été singulièrement facilitée par des auxiliaires que je ne suis pas accoutumé à rencontrer à côté de moi, — avant, dis-je, de parler à ceux qui croient que l'instruction primaire n'a pas besoin de nouvelles ressources, j'ai un mot à dire à ceux qui sont frappés plutôt de l'exagération de notre demande que de la demande elle-même.

Ce sont les deux points que j'ai à traiter successivement. Je vais expliquer pourquoi nous demandons tant, et ensuite je montrerai pourquoi il est nécessaire de nous le donner.

Notre demande a pour but de satisfaire à deux sortes de besoins, à des besoins permanents et à des besoins auxquels il ne faudra pas revenir quand on y aura satisfait.

Je commence par cette seconde sorte de dépense, et vous voyez immédiatement qu'il s'agit de la construction de maisons d'école.

Pour cette dépense, nous demandons la somme, en effet, considérable de 110, 115 ou 118 millions. (Chuchottements.)

Vous savez, Messieurs, que la convention nationale, par son décret du 14 décembre 1792, avait donné aux instituteurs et aux écoles les presbytères qui se trouvaient malheureusement vacants.

L'instruction primaire se trouva ainsi logée, sinon rétribuée.

Elle ne profita guère de cette faveur, parce que, quand les anciens propriétaires revinrent, les instituteurs furent mis à la porte, et ils y restèrent longtemps.

Pendant de longues années, on ne songea pas à construire des maisons d'école; ce fut seulement en 1830 qu'on eut enfin la bonne inspiration de se rappeler que la première richesse d'un pays est la richesse intellectuelle, et que, comme toutes les richesses, elle a besoin d'être cultivée pour être féconde.

On fit alors une enquête sur la situation des écoles, et tous ceux qui ont lu l'excellent livre de M. Lorain savent qu'en vérité il n'avait été rien fait en quarante-cinq ans pour loger les instituteurs du peuple et les enfants du peuple.

Ce livre produisit une émotion universelle dans le pays, et si l'on voulait la renouveler, il n'y aurait, même à présent, qu'à en donner des extraits.

Tout est bien changé cependant, Messieurs. Le gouvernement de juillet a fait énormément, et comme il faut être juste pour tous, je reconnais hautement la sollicitude de tous les ministres qui se sont succédé jusqu'à ce jour; notez bien que je n'en excepte aucun. Je suis profondément convaincu que, lorsqu'on arrive à ce poste d'honneur et que l'on est chargé de veiller à l'instruction du pays, on a dans le cœur tous les sentiments que les honnêtes gens désirent y voir. (Très-bien! Très-bien!)

Mais, malgré les progrès accomplis, il en reste beaucoup à faire. Les faits sont là; ils ont une triste éloquence. Je ne les invente pas; je les prends dans les livres bleus qui nous sont distribués et dont le témoignage en pareille matière est assurément irrécusable.

Il y a aujourd'hui 10,744 communes qui ne sont pas

propriétaires de la maison d'école pour les garçons, et 5,603 communes qui ne sont pas propriétaires de la maison d'école pour les filles.

M. le ministre de l'instruction publique a fait étudier les dépenses nécessaires pour construire des écoles dans les communes qui en manquent, et voici quatre ou cinq chiffres que je lui emprunte et que je fais passer sous vos yeux :

Pour les écoles de garçons et les écoles mixtes, 100,517,217 francs;

Pour les écoles de filles, 50,606,948 francs;

Pour l'appropriation des écoles de garçons, — car il y a un grand nombre d'écoles qui ont été tellement mal construites qu'elles ne peuvent pas servir : je vous montrerai tout à l'heure de quelle importance est ce fait : — 33,605,476 francs.

Plus, 10,639,765 francs pour le mobilier des écoles de garçons et de filles, et enfin 11,122,712 francs pour les salles d'asile. En tout, 211,733,248 francs.

J'ajoute sur-le-champ que ce travail, quoique fait avec le plus grand soin, ne donne pas de résultats exacts. Évidemment, il faut plus d'argent que le ministre n'en demande, parce qu'il n'a pas tenu compte dans ce travail des 818 communes qui n'ont pas encore d'écoles, et de toutes les communes qui n'ont pas d'écoles de filles, et qui, d'après l'excellent projet de loi qu'on vous a apporté dernièrement, devront prochainement en avoir.

Je me borne cependant à ces chiffres, parce qu'ils sont officiels, et je m'associe à la pensée de M. le ministre de l'instruction publique, qui croit que, pour activer le travail des communes, pour lui donner plus d'attrait, pour ramener les communes qui ne sentent pas suffisamment la nécessité de maisons d'écoles, et pour venir au secours des communes pauvres, il est opportun que l'État fasse la moitié des dépenses.

C'est ainsi que nous arrivons à demander un chiffre de 110 millions.

Maintenant, Messieurs, ce n'est pas là une dépense qui, dans l'état actuel des choses, soit abandonnée tout à fait : tous les ans vous inscrivez au budget une somme destinée à aider les communes qui veulent construire des maisons d'école. L'allocation demandée pour cette année est de 800,000 francs; mettons 1 million, si vous voulez. Si M. le ministre ne se trompe pas, il vous faudra, avec cette allocation de 1 million, 110 années, au minimum, pour avoir une maison d'école dans toutes les communes de France. Non-seulement vous seriez obligés d'attendre si longtemps, qu'attendre ainsi, c'est attendre toujours; mais je vous prie de remarquer qu'une petite somme donnée chaque année pour un si grand besoin ne produira pas tout ce qu'un million peut produire. Le ministre, obligé de partager ses faveurs entre beaucoup de communes et de donner à chacune d'elles une subvention peu importante, n'aura ni l'autorité nécessaire pour en surveiller l'emploi, ni les moyens de concours et de contrôle qu'il aurait évidemment si, par une dépense considérable faite à propos, vous éleviez la construction des écoles à la hauteur d'un service public.

J'ajoute à présent, mais uniquement pour ceux qui ne sont pas familiers avec les questions scolaires, — car pour les autres il ne saurait y avoir d'hésitation, — j'ajoute que la possession de la maison est une chose tellement capitale que, tant que la maison n'est pas construite, il n'y a pas à proprement parler d'école publique dans une commune. (Mouvements divers. — Réclamations sur plusieurs bancs.)

M. Belmontet. C'est parfaitement vrai.

M. Jules Simon. Oui, vous avez raison, c'est parfaitement vrai.

On nous dit qu'on trouvera toujours partout un local pour l'école.

D'abord cela n'est pas exact : il y a telle commune de France où on ne trouvera pas de local. Mais ensuite est-il permis de se contenter de la première chambre venue pour une telle destination, d'une chambre trop petite, mal éclairée, mal aérée, mal située ? Est-ce que cela n'importe pas extrêmement quand il s'agit d'enfants de sept à treize ans, que l'on retient captifs six heures par jour? Non-seulement cela importe pour leur santé pendant qu'ils sont à l'école ; mais quel avantage de leur rendre le séjour de l'école agréable, de leur donner pour l'avenir le goût, l'habitude, le besoin de la propreté! N'est-ce pas un service de premier ordre que d'accoutumer de bonne heure les enfants des campagnes et les enfants de nos ouvriers à ce luxe du pauvre qu'ils porteront ensuite dans leurs familles? (Marques d'approbation.)

Vous faites une loi qui va diminuer le nombre des écoles mixtes, mais qui va les diminuer sans les détruire ; est-ce qu'il n'est pas important qu'il y ait dans les écoles mixtes assez d'espace pour que la surveillance soit facile et la morale bien observée ? Il y a tant de difficultés à trouver un local convenable pour les écoles, qu'à Paris nous n'en avons pas toujours.

Cela me rappelle les paroles par lesquelles j'ai commencé mon discours.

Nous avons, à quelques pas d'ici, un boulevard magnifique, un des plus beaux certainement que M. le préfet de la Seine nous ait donnés. Il a coûté bien cher : l'opposition est bien capable de lui en faire un grief, mais je ne m'en plains pas pour le moment. Tout auprès de ce boulevard est une excellente école communale de la ville de Paris. Cette école est suffisamment vaste, elle est bien construite, et elle serait suffisamment aérée, s'il était possible d'ouvrir la fenêtre. Mais voici pourquoi on ne peut pas l'ouvrir : c'est que cette fenêtre donne sur la cour où se font les dissections de l'école pratique de médecine, et que, si l'on ouvrait la fenêtre de l'école, l'odeur cadavérique y pénétrerait.

Eh bien, l'opposition croit qu'elle ne se serait pas mise en contradiction en disant d'un côté : Épargnez 100 millions pour un boulevard, et de l'autre : Dépensez 100,000 francs pour une école. (Très-bien !)

S. Exc. M. ROUHER, *ministre d'État*. De quel boulevard parlez-vous ?

M. JULES SIMON. Voulez-vous que je vous dise l'école ? J'aimerais mieux ne pas la nommer, pour ne point jeter d'inquiétude...

M. LE MINISTRE D'ÉTAT. Je parle du boulevard. Aucun boulevard n'a coûté 100 millions.

M. JULES SIMON. Il ne faut pas me chicaner sur les chiffres, qui ne font rien pour ma comparaison. Il est clair que le boulevard a coûté plus cher qu'une école.

Je disais donc qu'il est difficile de trouver un local bien disposé ; j'ajoute qu'il est très-important de placer dans la maison d'école ce qu'on ne trouvera jamais dans une maison louée, c'est-à-dire un jardin et une gymnastique. Cela est d'autant plus important qu'il faudra se décider un jour ou l'autre à diminuer la journée d'école, et alors on sentira le besoin d'occuper dans un jardin ou par des exercices de gymnastique les enfants qu'on ne pourra pas rendre à leurs familles avant la fermeture des ateliers.

Enfin, Messieurs, la possession d'une maison d'école est pour une commune comme la consécration de sa vie intellectuelle et morale.

Le christianisme a voulu qu'il y eût partout une église, un clocher ; c'est une pensée très-sage et très-puissante à laquelle j'applaudis de tout cœur. Mais je demande qu'à côté de la maison de prière, il y en ait une autre qui représente le progrès, et rappelle à tous les yeux et à tous les cœurs les besoins intellectuels du pays.

C'est pour cela, Messieurs, que nous demandons avec instance qu'on puisse avoir une maison d'école dans tous les villages, non pas dans cent dix ans, comme vous le feriez avec les ressources restreintes que vous allouez à ce chapitre, mais sur-le-champ.

Si on nous objecte que les maisons ne sortiront pas de terre, et que les communes auront besoin de temps pour trouver leur part contributive; si on nous demande à cause de cela de distribuer la dépense en plusieurs annuités, cela est juste, nous y consentons sur-le-champ. Votez aujourd'hui que la dépense sera faite, et prenez trois, quatre, cinq années, si vous voulez, pour l'achever. Mais qu'on fasse de la construction des écoles un service public urgent, nécessaire. C'est ce qui nous paraît indispenable, et c'est pour cela que nous avons proposé cette dépense fondamentale. (Très-bien! autour de l'orateur.)

J'arrive maintenant aux dépenses permanentes, et je vois devant moi une tâche si considérable qu'elle m'effraye. Je suis trop persuadé qu'elle vous effraye aussi et que vous craignez que je vienne développer ici toutes les questions qui se rattachent à l'instruction primaire, et dont le vaste horizon s'ouvre devant vous au moment où je parle de nos dépenses permanentes. Mais, Messieurs, par égard pour votre fatigue et par égard un peu pour la mienne, et puis aussi parce que je crois que ces divers problèmes ont été déjà l'objet de vos méditations, et qu'il me suffira de les indiquer sans les approfondir, je ne ferai que les effleurer.

Il en est une cependant qui demande quelques détails. Vous avez lu attentivement le rapport de la commission du budget et vous connaissez les développements de notre amendement; vous savez donc que nous de-

mandons, entre autres choses, la gratuité absolue.
Comment ne pas insister un instant sur un sujet si
controversé et si grave? Nous ne demandons pas pour
cela moins de 20 millions.

Il s'agit, vous le savez, non pas de la gratuité facultative, telle qu'elle est établie par la loi de 1850, mais
de la gratuité absolue. Il est donc nécessaire que j'entre
dans quelques détails sur ce point.

M. SEGRIS. Je demande la parole.

M. JULES SIMON. Je veux d'abord vous dire que ce
chiffre de 20 millions n'est pas pris au hasard. En réalité, ce n'est pas nous qui le proposons.

Nous trouvons, dans l'enquête publiée par le ministère de l'instruction publique, que les familles ont payé
en 1863, pour la rétribution scolaire, une somme de
18,578,728 fr. 50 c. De telle sorte qu'en supprimant les
rétributions payées par les familles, il faudrait, dans
l'état actuel, 18 ou 19 millions pour établir la gratuité
absolue.

Un membre. Par an?

Quelques autres membres. Oui, une dépense annuelle.

M. JULES SIMON. Sans doute. Je l'ai dit et répété
plusieurs fois.

Les raisons qui nous portent à préférer la gratuité
absolue à la gratuité restreinte sont de deux sortes :
c'est d'abord que, dans le système de la gratuité restreinte, beaucoup de familles n'osent pas demander le
bénéfice de la loi, et ensuite que beaucoup de celles
qui le demandent ne l'obtiennent pas.

Je dis que beaucoup de familles n'osent pas le demander, et, pour le prouver, je pourrais invoquer les
rapports de l'inspection qui m'ont été communiqués, et
d'où il résulte qu'il y a dans un grand nombre d'écoles
des enfants absolument indigents et des enfants aisés,
mais que ceux de la classe intermédiaire y manquent
davantage.

M. Havin. C'est vrai.

M. Jules Simon. Pourquoi? C'est parce que les indigents demandent, c'est tout simple. Les riches n'ont pas besoin de demander, c'est tout simple encore; tandis qu'il est souvent bien difficile pour cette classe, si digne d'intérêt, d'indigents qui n'osent pas l'être, de venir avouer leur impuissance et de faire discuter leurs ressources.

. Songez-y, Messieurs, si nous demandions à la chambre d'établir une institution analogue à l'*income-tax*, on nous parlerait aussitôt d'inquisition et de secrets de familles. Il est, en effet, douloureux de livrer le secret de sa situation, même pour nous, qui n'avons pas de raison de nous cacher; cela le serait bien plus, croyez-moi, pour de braves travailleurs qui côtoient la misère et qui mettent un noble orgueil à lutter courageusement contre elle et à ne pas le laisser voir. (Très-bien!)

J'ajoute que beaucoup demandent et n'obtiennent pas, et pour cela il faut que je vous rappelle une disposition de la loi actuellement en vigueur. Ne craignez rien si vous m'entendez remonter jusqu'à la République.

Je ne ferai pas d'histoire ou j'en ferai si peu que ce sera fini en un moment.

La République avait établi la gratuité absolue; la loi de 1802, dans son article 4, inaugura le principe de la gratuité restreinte, et l'inaugura avec cette clause déplorable que la gratuité ne serait accordée qu'au cinquième de la population de l'école.

La Restauration, Messieurs, essaya de revenir au principe de la gratuité absolue, et il ne faut pas que vous vous en étonniez : sous la Restauration, le clergé avait une importance considérable. Je ne dis pas, car je l'ignore, qu'aujourd'hui le clergé soit un partisan bien outré de la gratuité absolue; mais il est parfaitement certain que c'est un principe catholique, et que les fondations qui ont eu pour but, dans l'Église catholique, de distribuer l'enseignement primaire, se sont toujours fait un devoir de la distribuer gratuitement; j'invoque pour exemple les frères des écoles chrétiennes. C'est là un bon exemple que l'Église catholique nous donne.

Un membre. Par hasard!

M. Jules Simon. Il ne faut pas dire par hasard. C'est un bon exemple, dis-je; il faut le reconnaître sans arrière-pensée, et s'en montrer digne en l'imitant.

La Restauration essaya donc de revenir au principe de la gratuité absolue. Elle n'y réussit pas, vous savez pourquoi : c'est qu'elle ne donnait pas d'argent à l'instruction primaire, et que l'absence de budget arrêtait tout.

Je me trompe : dans un jour de magnificence, le gouvernement de la Restauration donna 50,000 francs à l'instruction primaire, et cette générosité l'éblouit lui-même à tel point qu'il ne sut que faire de tant de richesses. L'ordonnance même qui accorde ces 50,000 fr. s'en promet des biens de toutes sortes : on introduira les bonnes méthodes dans les pays où elles sont inconnues ; on récompensera les instituteurs, on encouragera les hommes dévoués à l'enseignement, on suscitera de bons livres!... Tout cela, avec 50,000 francs!... Il restait peu de chose pour donner un peu de pain aux instituteurs et pour avoir le droit de leur imposer l'éducation gratuite des enfants pauvres.

Ainsi les bonnes intentions de la Restauration demeurèrent stériles, faute d'argent.

En 1833, il n'y eut pas un moment d'hésitation. La loi de 1833, dans son article 14, accorde la gratuité à ceux des enfants de la commune que le conseil municipal aura désignés comme ne pouvant payer aucune rétribution.

Qu'est-il arrivé? Assurément on donnait alors plus

de 50,000 francs, on donnait des millions. Cependant, malgré ces millions, les instituteurs étaient dans la détresse. Le fait fut tellement avéré et tellement constaté que, quand on fit, en 1850, la loi sous laquelle nous vivons maintenant, on se crut obligé de protéger les instituteurs contre l'envahissement des élèves gratuits, et il fallait, en effet, ou les faire payer par l'État ou les faire payer par leurs élèves,

L'article 13 du règlement du 31 décembre 1853 revint au système du premier Empire, en l'améliorant, je le reconnais, et donna aux préfets le droit de fixer le nombre des enfants qui devaient être admis gratuitement dans les écoles primaires.

Ainsi, l'esprit de la loi se trouva faussé. La loi promet la gratuité à tous ceux qui en ont besoin, et elle ne la donne qu'à ceux qui rentrent dans la limite tracée par le préfet.

Pourquoi le préfet intervient-il? Pourquoi fixe-t-il une limite? Pour protéger le budget contre la misère. Il y a donc une restriction, et une restriction très-regrettable au droit reconnu de tout indigent à recevoir gratuitement les premiers éléments de l'instruction primaire. (Assentiment autour de l'orateur.)

C'est ce qui me donne le droit de dire que, dans l'état actuel, non-seulement tous ceux qui auront besoin ne demanderont pas, mais que tous ceux qui demanderont n'obtiendront pas. Beaucoup d'entre vous pourraient me rendre témoignage et attester qu'ils connaissent des enfants indigents qui demandent à aller à l'école et qui ne peuvent pas y aller, parce que la limite fixée par le préfet est atteinte. (Mouvements divers.)

Un membre. Ce n'est pas ainsi dans toutes les communes!

M. Jules Simon. On m'interrompt pour me dire qu'il n'en est pas ainsi dans toutes les communes.

Assurément! Il y a des communes où tous les enfants

pauvres sont admis, il y en a d'autres malheureusement où il n'en est pas ainsi.

Quelques membres. Oui, beaucoup.

M. JULES SIMON. Le fait est absolument incontestable.

Du reste, Messieurs, les adversaires de la loi qui nous a été apportée l'autre jour, en combattant la gratuité facultative, referont, sans le vouloir, la démonstration que je viens de faire : ils vous expliqueront qu'on va donner aux communes pauvres le moyen de faire payer leur école par les communes riches, et que les préfets, pour rendre l'école moins onéreuse aux communes et diminuer le nombre de celles qui auront recours à la gratuité absolue, restreindront de plus en plus leur liste aux dépens des indigents.

Vous verrez, quand on discutera la loi, si j'ai été bon prophète. Je vous déclare à l'avance qu'une partie de ma démonstration sera faite par des hommes qui sont bien à l'antipode de mes opinions et qui ne veulent pas même de la gratuité facultative.

Je ne dirai qu'un mot des objections.

On dit que les pauvres payeront pour les riches.

Je ne tiens aucun compte de cette objection. Ils payeront comme ils payent pour le culte, pour la justice et pour tous les services publics. Que ceux qui font cette objection n'oublient pas que, grâce à Dieu, l'impôt est proportionnel chez nous, et qu'ils n'oublient pas non plus que, grâce à Dieu, il y a beaucoup d'exemptions d'impôts, sans parler des non-valeurs.

On dit aussi qu'on n'attache d'importance qu'aux choses que l'on a payées. — Cette objection a quelque valeur, et une valeur inégale, selon les pays. Elle peut être invoquée contre nous en faveur de la gratuité facultative. On conviendra qu'il serait absurde d'en exagérer l'importance.

On a fait d'autres objections très-radicales; on a été

jusqu'à dire que la gratuité était corruptrice. On ne pourrait pas le dire dans cette assemblée sans mériter d'être rappelé à l'ordre par M. le président, parce que de pareilles objections portent, non pas sur une utopie des députés de la gauche, mais sur les lois qui sont en vigueur à l'heure qu'il est, sur l'article 36 de la loi de 1850, sur la loi qui vous a été récemment apportée, et sur 2,752 communes de France qui ont établi la gratuité absolue dans 2,752 écoles de garçons et 2,177 écoles de filles.

Il y a une dernière objection. Pour celle-là, elle est très-touchante et très-forte ; je ne la signale pas à la Chambre sans une certaine émotion. Je dois vous le dire avec loyauté, avec une loyauté que vous comprendrez, Messieurs, parce que vous l'auriez à ma place : cette objection m'a arrêté pendant très-longtemps moi-même ; elle est tirée de la sainteté du sacrifice fait par le père, quand il le peut, pour donner l'instruction à son enfant.

C'est là une sainte et salutaire pensée, salutaire pour le cœur du père et salutaire aussi pour la moralité de la loi. Toutes les fois que les meilleurs sentiments de la nature humaine sont invoqués, lors même qu'on croit qu'ils le sont à tort, il faut les accueillir avec déférence et avec respect.

Mais, Messieurs, savez-vous où je trouve une consolation contre le chagrin qu'on peut éprouver à ne plus donner au père cette occasion directe de sacrifice? C'est dans l'institution de la caisse des écoles qui vous est proposée par la loi déposée sur le bureau du président, il y a quinze jours.

Je ne sais pas si cette loi viendra cette année, je souhaite vivement qu'elle vienne ; je suis très-heureux d'être le premier à féliciter ceux qui ont eu cette pensée, et je les en remercie du fond du cœur, parce que l'institution qu'ils nous proposent est à la fois féconde et profondément morale. (Très-bien ! Très-bien !)

Elle est empruntée, Messieurs, au canton de Zurich, dans lequel il y a depuis longtemps des caisses d'école qui fonctionnent admirablement et qui sont peut-être la cause de l'incontestable supériorité des écoles du canton.

Il y aura donc dans chaque commune une caisse des écoles, et le père, qui n'aura plus le droit de payer à l'instituteur la rétribution qu'on exigeait autrefois pour l'éducation de son fils, pourra porter dans la caisse des écoles l'équivalent de la rétribution scolaire ; il donnera la même direction à son sacrifice. Il saura que cet argent, gagné par lui, épargné par lui, concourt à la prospérité de l'école. Le fils aussi le saura ; il comprendra l'œuvre de son père ; il en éprouvera en même temps de la reconnaissance et une honorable fierté. S'il y a dans la commune quelqu'un de ces malheureux enfants à qui la gratuité ne suffit pas, et qui doivent, à sept ans, subir la dure nécessité du travail manuel, cet argent leur ouvrira les portes de l'école, et le père dira à son fils : Apprends de bonne heure la solidarité humaine ; apprends combien il est doux d'être utile à ses frères.

Ne voyez-vous pas naître de l'institution nouvelle les bons sentiments qu'inspire une bonne action noblement et simplement accomplie ? (Marques d'approbation.)

Assurément, je n'ai pas traité la question de la gratuité, et je m'en vante ; car, si j'avais voulu la traiter à fond, j'avais les mains pleines de preuves. Mais il m'aurait fallu beaucoup de temps, et vous n'auriez peut-être pas jugé à propos de me l'accorder.

La gratuité n'est pas la seule dépense permanente à laquelle nous ayons voulu pourvoir.

Il y a la caisse de retraite, qui est complétement insuffisante.

En 1864, 350 pensions d'instituteurs et d'institutrices ont été liquidées. La somme dépensée a été de 27,329 francs ; la moyenne de chaque pension a été de 78 francs. (Mouvement.)

Il y a l'inspection.

8,465 écoles n'ont pu être inspectées en 1863, et quand bien même nous aurions un inspecteur par département, il aurait à inspecter, en moyenne, 184 écoles par année. Or, 80 arrondissements sont dépourvus d'inspecteurs, et la loi nouvelle aggrave les devoirs de ces utiles et respectables fonctionnaires, en soumettant à l'inspection des écoles libres, mais subventionnées.

Il y a les écoles primaires supérieures.

Messieurs, nous avons voté unanimement, il y a quelques jours, la loi nouvelle sur l'enseignement secondaire professionnel, mais j'ose dire qu'une grande partie de la Chambre a pensé que nous faisions le plus facile, au lieu de faire le plus nécessaire. Il est évident que nous ne pouvons pas nous passer du rétablissement des écoles primaires supérieures. Elles ne sont qu'ajournées, et ajournées faute d'argent. Nous avons voulu, par notre amendement, leur en donner.

Il y a les cours d'adultes, les cours de dessin qui se propagent de tous côtés et qui se propageront davantage, quand vous leur donnerez au moins le local et la lumière.

Il y a enfin l'enseignement des filles.

Quelque désir que j'aie d'abréger à cette heure avancée, permettez-moi, Messieurs, d'insister un moment sur l'instruction des filles.

Je ne reviendrai pas sur ce que j'ai dit tant de fois de l'insuffisance du traitement des institutrices. Même la nouvelle loi ne propose pour elles qu'un traitement de 400 francs, et de 500 francs pour les institutrices de première classe.

Elle ne pense pas à augmenter les écoles normales

pour les filles. Or, tous ceux qui connaissent l'instruction savent bien qu'il n'y a pas d'écoles sans personnel enseignant, et qu'il n'y a pas véritablement de personnel enseignant sans écoles normales.

Je mets sous vos yeux la composition du service des écoles normales pour les garçons et pour les filles. Vous allez voir sur-le-champ la différence :

Il y a pour les filles 11 écoles normales, 53 cours normaux ; en tout 64 écoles avec 1,201 élèves.

Pour les garçons, 76 écoles, 7 cours normaux, 24 écoles stagiaires ; en tout 107 écoles et 3,359 élèves.

Voilà où nous en sommes. Cette différence constitue une injustice criante, et je n'ai pas l'intention assurément de répéter devant vous ce que j'ai dit déjà plusieurs fois, et, je crois, avec votre assentiment ; c'est cet assentiment même qui me dispense de recommencer mes exhortations en faveur de l'égalité absolue que je voudrais voir établie dans l'instruction entre les garçons et les filles...

M. Jules Favre *et plusieurs autres membres.* Très-bien ! très-bien !

M. Jules Simon. Non-seulement parce qu'il y a égalité de droit, mais surtout parce que la morale est plus intéressée à l'instruction des filles qu'à celle des garçons. (Nouvelle approbation sur les mêmes bancs.)

Mais, puisque je parle spécialement des écoles normales, vous me permettrez bien de dire qu'elles ne sont pas faites seulement pour les filles qui se destinent à l'enseignement ; elles doivent tenir lieu d'écoles secondaires et même d'écoles supérieures pour les filles. Il n'y a pas pour elles d'autre enseignement que celui des écoles primaires. On apprend aux garçons un grand nombre de connaissances élevées, et quand une fille a ajouté à l'instruction primaire quelques arts d'agrément, on dit que son éducation est faite et qu'elle a été bien élevée. C'est une erreur, c'est un malheur.

Savez-vous, Messieurs, quel est le premier intérêt de notre pays aujourd'hui? Je ne crains pas d'être désavoué quand je dirai que le plus grand intérêt du pays, c'est que les mœurs publiques y soient relevées avec les mœurs de la famille. (Très-bien! très-bien!)

Voilà le premier, voilà le plus vrai, voilà le plus saint de tous les intérêts; un intérêt qui, quand il sera satisfait, amènera toutes les réformes et tous les bonheurs après lui.

Eh bien! quel est le moyen d'arriver à ce résultat? C'est par les femmes, Messieurs, que vous restaurerez les mœurs de la famille. (C'est vrai! très-bien!)

Combien de fois ne l'ai-je pas dit en parlant aux ouvriers? Combien de fois ne leur ai-je pas répété qu'il n'y avait, en dehors de la famille, ni véritable repos, ni véritable plaisir; que la place de l'homme était là où est son devoir; qu'il fallait fuir le cabaret et s'accoutumer à chercher la consolation et le bonheur auprès de ses enfants? Nous l'avons tous crié sur les toits à tous les ouvriers.

Mais, permettez-moi de vous le dire, ce n'est pas seulement par des paroles, par des conseils, par tous les encouragements dont nous pourrons disposer, c'est par des exemples que nous devons travailler à la restauration des mœurs dans le pays. Ces exemples, savons-nous les donner? Valons-nous mieux que les ouvriers? Nous cherchons d'autres plaisirs : ils sont plus raffinés; sont-ils plus nobles? Où est le remède? Il est peut-être dans une éducation plus élevée donnée à nos filles. Elles sont nos égales ou nos supérieures par le cœur; donnons-leur une instruction digne d'elles et de nous. Compagnes de nos sentiments, qu'elles le soient aussi de nos pensées. (Vif mouvement d'approbation.)

On félicitait un prince, qui laissera un grand nom dans l'histoire de l'Orient, des réformes qu'il avait accomplies et de celles qu'il projetait. On lui disait qu'il avait

transformé l'Égypte ; qu'il avait fait des hommes de
ses sujets. « Oui, répondit-il, nous sommes des hommes
pour la bataille ou pour les affaires; mais, quand nous
rentrons chez nous, *nous sommes seuls*. »

C'est là, Messieurs, une pensée profonde. Pour moi,
je ne crois pas être sorti un instant de mon sujet en
vous recommandant la création de ces écoles supérieures de filles qui nous donneront peut-être, si nous
le voulons, des générations de femmes comparables à
celles qu'ont connues nos pères, capables de penser,
capables de juger comme nous, capables de nous relever
dans nos défaillances morales, et toujours au niveau
des idées les plus élevées, comme elles sont au niveau
des sentiments les plus nobles.

Voilà les dépenses permanentes auxquelles nous voulons pourvoir par notre amendement.

La ville de Paris dépense par année 5,401,000 francs
pour ses écoles; c'est là un chiffre honorable et considérable. Eh bien ! ce n'est pas assez.

M. le préfet de la Seine trouve que ce n'est pas assez ;
il trouve qu'il n'a pas assez d'écoles, il a le projet d'en
créer de nouvelles en grand nombre, et comme nous
ne sommes pas accoutumés à le louer ici, je trouve
cette occasion de le faire, et je le fais avec plaisir et
empressement. (Rires d'assentiment auprès de l'orateur.)

J'ai répondu, Messieurs, à ceux qui ne veulent pas
faire d'emprunt et à ceux qui trouvent notre emprunt
trop considérable ; j'ajoute seulement que, si l'on veut
diviser en plusieurs annuités, nous y consentons, et que
si l'on veut ou si l'on peut prendre l'argent nécessaire
sur des économies, au lieu de le demander à l'emprunt, nous en serons ravis.

J'ai maintenant à montrer que nous ne pouvons pas
rester dans la situation où nous sommes ; je ne vous
demande pour cela qu'un quart d'heure.

Pourquoi si peu ? Parce que , arrivé à cette partie de mon plaidoyer, je crois vraiment que je m'adresse à des hommes convaincus.

Messieurs, je pourrais vous parler de l'enquête que j'ai faite pendant vingt ans dans les écoles du pays ; mais je puis invoquer une autorité bien autrement puissante que la mienne.

J'ai sous la main, nous avons tous sous la main, les résultats de l'enquête solennelle entreprise sous la direction du ministre par tous les membres de l'université. Nous l'avons tous lue et méditée. Je ne vous en rappellerai pas les résultats ; il me suffira d'en extraire trois chiffres, d'une importance capitale, et de les citer sans commentaire.

Voici le premier. En 1863, sur 4,018,427 enfants de 7 à 13 ans, 3,133,540 fréquentent les écoles : il y a un déficit de 844,887.

Je sais très-bien qu'on peut atténuer ce chiffre par diverses considérations que je m'abstiens de discuter ; fût-il réduit de moitié, 400,000 enfants illettrés, c'est déplorable ; fût-il réduit au quart, 200,000 enfants illettrés, c'est effrayant, et sachez que, malgré toutes vos atténuations et tous vos efforts, vous ne descendrez jamais jusqu'à ce chiffre de 200,000. Voilà le premier emprunt que je fais à l'enquête.

Voici le second. Sur 519,285 élèves sortis des écoles primaires en 1863, 80,794 avaient une instruction complète, 234,255 savaient lire, écrire et compter, 124,330 lire et écrire seulement, 70,386 ne savaient absolument rien.

Troisième chiffre : en 1862, sur 100 conscrits, 27.49 pour 100 ne savaient ni lire ni écrire. La même année, sur 100 mariages, 28.54 hommes et 43.26 femmes n'avaient pu écrire leur nom. La conclusion, je ne la tirerai pas moi-même, je vais vous la lire :

« Il est acquis que près du tiers de nos conscrits ne savent pas lire; que 36 pour 100 des conscrits sont incapables de signer leur nom; que plus du cinquième de nos enfants ayant l'âge scolaire, et dont l'absence de l'école a été constatée pour 1863, ou bien n'y sont pas allés, ou ont cessé trop tôt de s'y rendre, ou même n'y n'y ont jamais paru. »

Qui parle ainsi, Messieurs? Il n'y a pas d'homme sérieux en France, il n'y a pas de patriote qui ne le sache. J'ai pris cette conclusion dans le rapport de M. le ministre de l'instruction publique. Ce que je cite ici textuellement, je l'ai lu avec la France, avec l'Europe entière dans les pages du *Moniteur*, dans un rapport que l'empereur a approuvé, et dont il a permis la publication. Voilà où je l'ai lu. Personne ne peut nier ces faits, Messieurs; il est impossible de les nier, il est impossible de se les cacher, il est impossible de les tolérer. Il y a un faux patriotisme qui consiste à cacher ses plaies et un vrai patriotisme qui consiste à les constater et à chercher à les guérir. (Vive adhésion auprès de l'orateur.)

Maintenant voulez-vous un autre témoignage? Je le prends dans le verdict du jury de l'Exposition uniververselle de 1862. Là, on avait un concours pour les écoles primaires, et chaque peuple arrivait, apportant ce que j'appellerai sa vraie richesse, c'est-à-dire les trésors conquis sur l'ignorance dans ses écoles. Eh bien! le verdict a donné le premier rang à la Prusse, au Zollverein, à la Suisse, aux États du Nord. Ainsi, comme le disait très-bien, dans une occasion récente, un homme de cœur et de talent que j'ai devant moi, nous qui sommes à tant d'égards le premier des peuples, nous qui assurément sommes aujourd'hui la puissance prépondérante de l'Europe, en matière d'instruction primaire nous tombons au rang de puissance de second ordre. Pouvons-nous, devons-nous le supporter?

M. GLAIS-BIZOIN. Nous sommes encore bien plus bas en fait de liberté. (Rumeurs.)

M. JULES SIMON. On croit nous répondre en disant : Nos écoles sont plus fréquentées qu'elles ne l'étaient il y a dix ans, et par conséquent, en suivant le simple progrès des choses, nous arriverons dans dix ans à n'avoir plus qu'un nombre infiniment restreint de conscrits qui ne sauront ni lire ni écrire.

Je veux encore vous lire la réponse, et comme l'auteur est ici et qu'il m'écoute, s'il veut en réclamer l'honneur, je suis prêt à le lui rendre.

« Sur 100 garçons âgés de 13 ans en 1863, 10 n'ont pas mis le pied à l'école, 12 en sortent ne sachant pas lire, sachant à peine lire ou ne sachant que lire, 23 ne sachant que lire et écrire, 55 sachant lire, écrire et compter. »

Conclusion : dans huit ans, cette génération donnera, comme la génération actuelle, 28 illettrés sur 100 conscrits. Et ce n'est pas une présomption morale, c'est une déduction mathématique.

Il me reste à invoquer un dernier témoignage. Je crois que c'est sur la proposition de M. Rouher, ministre d'État, qu'a eu lieu la création d'une commission d'enquête pour l'enseignement professionnel. Le rapport qui précède la publication de l'enquête est de lui, si je ne me trompe, et lui fait le plus grand honneur.

L'enquête a été présidée par M. Béhic, et je n'oublierai pas de signaler à la Chambre que le ministre assistait en personne à toutes les conférences, sachant bien qu'il ne pouvait remplir une fonction plus importante, ni faire un meilleur emploi d'un temps qui appartient au pays.

Voici, Messieurs, le témoignage de M. Maignien : « L'enseignement dans les écoles de Paris est très-faible. »

Le témoignage de M. Bernot, de Lille : « Les ouvriers entrent trop vite à l'atelier, peu ont reçu l'instruction primaire ; ils n'en sentent pas même le besoin. «

Le témoignage de M. Bader, de Mulhouse : « Il y a une lacune entre l'école primaire et l'école professionnelle. »

Le témoignage identique de M. Marguerin, l'habile directeur de l'école Turgot.

Le témoignage particulièrement significatif de M. de Commines de Marsilly, l'un des fondateurs de la société industrielle d'Amiens : « A un concours que nous avons établi pour les chauffeurs, 32 se sont présentés, 7 seulement savaient lire. »

Voilà les témoignages qu'on a recueillis dans l'enquête, et il n'y en a pas eu de contraires.

On a appelé les hommes les plus compétents au ministère ; on les a interrogés, et ils ont répondu comme le jury de 1862 et comme le ministre de l'instruction publique.

Voilà les faits, voilà la vérité.

Ce serait une triste et douloureuse chose que d'entendre contester des faits que je sais vrais et que je vois de mes yeux comme je vois cette Chambre, de les entendre contester dans un pays où le premier pouvoir public s'est honoré en les constatant authentiquement. Ce serait en quelque sorte vouloir lutter contre la misère en en détournant les yeux, tandis qu'il faut la regarder au contraire avec des yeux à la fois compatissants et résolus.

Le scandale de cette négation ne nous sera pas donné. On pourra nous dire qu'on a besoin d'attendre et qu'il faut laisser encore pendant quelque temps *saigner la plaie*... (Murmures sur plusieurs bancs.) Mais on ne voudra pas nous dire, on n'osera pas nous dire que la plaie n'existe pas. (Très-bien ! autour de l'orateur.)

Je termine là mes observations, non pas qu'il ne m'en

reste encore à faire, mais je me retiens, je regarde
l'heure et je m'arrête.

Il faut cependant que je vous rappelle que l'instruction est un droit ou tout au moins l'instruction élémen-
taire. C'est la seule richesse, — on ne le dira jamais
assez, — qu'on puisse répandre sans que ceux qui la
repandent s'appauvrissent. Celui qui, possédant la
science est assez favorisé ou assez heureux pour pouvoir la répandre aux autres, augmente son propre
savoir en le partageant. Plus la science donne de rayons,
plus elle est puissante à son foyer. (Très-bien! très-
bien !)

Je dis donc, Messieurs, qu'il y a un droit pour le
peuple, et par conséquent un devoir pour l'État: Je
répète, après l'empereur, que tout le monde doit savoir
lire dans un pays de suffrage universel. Il ne manque
pas d'esprits sérieux pour soutenir qu'il aurait fallu
apprendre à lire à tous les citoyens avant de leur donner le droit de voter. Je ne le pense pas, savez-vous
pourquoi ? C'est que le moment où tous auraient su lire
ne serait peut-être jamais venu. Mais il n'y a pas un
homme sincère qui ne dise : Puisqu'à l'heure qu'il est
tout le monde a le droit de voter, hâtons-nous, ne perdons pas une minute, donnons à tous la capacité de
voter avec connaissance de cause. Tant que vous ne
l'aurez pas fait, il y aura quelque chose d'inintelligent
dans la force du suffrage universel. Il doit être l'expression de la raison publique, et tant qu'il ne sera pas
exercé avec capacité et intelligence il paraîtra à beaucoup d'esprits le triomphe de la majorité et l'expression de la force. (Approbation autour de l'orateur.)

Enfin, considération, je l'avoue, bien inférieure,
mais que pourtant je soumets à votre méditation, on a
fait dans ces dernières années un traité de commerce
que je regarde comme un service rendu à l'humanité.
Nous ne pouvons pas nous dissimuler, Messieurs, que

ce traité crée à notre commerce et à notre industrie, avec des espérances nouvelles, de nouveaux périls et de nouveaux devoirs. Nous voilà, par ce traité de commerce, désarmés de toutes les protections factices que la loi nous donnait et obligés désormais de lutter avec nos propres ressources, avec les produits de notre sol, avec les seules forces de notre génie national.

Nous est-il possible, je vous le demande, d'augmenter le nombre de nos mines? de faire que la France ait plus de métaux qu'elle n'en a? Non, cela ne nous est pas possible. Où pouvons-nous porter notre ardeur? Nous pouvons travailler sur le personnel de nos ateliers. (Très-bien!) Nous pouvons perfectionner notre main-d'œuvre en perfectionnant nos hommes. Est-ce que quelqu'un viendra me dire qu'en perfectionnant l'intelligence d'un homme on ne perfectionne pas jusqu'aux doigts de l'ouvrier?... (Très-bien!)

Il n'y a pas un atelier qui ne réponde à une doctrine pareille.

L'intelligence est la première force du monde, et c'est le premier outil du monde. (Très-bien!)

Quand on visite des parties reculées de la France où l'on emploie encore des machines grossières, dont le seul aspect semble nous faire reculer en un instant à cinquante ans en arrière, on se demande qu'elle est cette folie de perdre ainsi par sa faute, par la faute de l'outil, la moitié de sa puissance. Et quelle est cette folie, Messieurs, et cette barbarie, de rester aussi à cinquante ans en arrière pour le perfectionnement de nos écoles? Le premier outil, le plus puissant, celui qui invente et crée les autres, qui les perfectionne et qui s'en sert, c'est l'intelligence humaine. (Très-bien!)

C'est dans les écoles que la France désormais organisera ses victoires. Voilà le véritable atelier où se prépare l'avenir. Nous avons assez de gloire militaire; nous en sommes rassasiés. Songeons à d'autres champs de bataille. Si, dans deux ans, à la prochaine exposition universelle, quand nous verrons tous les peuples apporter chez nous, non pas comme les sauvages d'Amérique des chevelures arrachées aux ennemis, non pas même de nobles drapeaux déchirés par les balles, mais les plus belles œuvres du génie et de la persévérance humaine, si nous sommes les vainqueurs dans cette épreuve solennelle, à qui le devrons-nous? A cette noble armée d'instituteurs qui auront préparé le travail de nos enfants, et à nous-mêmes, si nous savons ouvrir toute grande la main de la France pour le premier besoin de la France. (Vive approbation et applaudissements autour de l'orateur.)

DE L'INSTRUCTION OBLIGATOIRE

(8 avril 1865.)

M. le président Schneider. La parole est à M. Jules Simon.

M. Jules Simon. Je regrette, Messieurs, que M. du Miral, dans le discours que vous venez d'entendre, ait fait appel aux dissentiments politiques, qui existent entre les divers côtés de cette Chambre.

J'avais l'intention, quant à moi, en prenant, à la fin de la discussion et pour quelques instants seulement, la parole dans cet important débat, d'écarter au contraire la politique, et de parler de l'éducation comme il convient toujours d'en parler, c'est-à-dire en songeant seulement à ce grand intérêt, qui est assez sérieux et assez auguste, pour que tous les partis le considèrent avec le calme et la dignité qu'on apporte dans l'exercice même des fonctions du père de famille.

Si je voulais citer des autorités parmi ceux qui avant nous, Messieurs, ont demandé, je ne dis pas en Europe, mais en France, et dans notre société contemporaine, l'établissement du principe de l'obligation, j'en citerais un grand nombre dont vous ne pourriez pas dire

qu'elles appartiennent à ce parti que M. du Miral s'est
abstenu par pudeur de qualifier. Je vous citerais des
hommes illustres qui ont d'ailleurs persévéramment
défendu, en toutes circonstances, les opinions à la fois
les plus conservatrices et les plus libérales.

Mais je néglige d'abriter derrière de grands noms
des principes qui se défendent assez d'eux-mêmes. Ne
songeons ici, vous et moi, qu'aux intérêts du pays.

Le premier dissentiment qui nous sépare de nos adversaires est en vérité d'une nature bien étrange :
nous différons sur l'appréciation de faits dont nous
sommes entourés, que nous pouvons et que nous devons
étudier tous les jours et qui viennent d'être l'objet
d'une solennelle enquête.

L'année dernière, j'ai eu l'occasion de parler dans
cette Chambre de la situation de l'instruction primaire
en France, et ce ne fut pas même alors sans une sorte
de malentendu. On crut alors qu'en me plaignant de ce
qu'il y a de douloureux dans cette situation, j'avais
l'intention de faire une attaque contre le gouvernement;
mais je dirai, Messieurs, avec la plus grande simplicité
et la plus loyale franchise, que rien n'était plus éloigné
de ma pensée. Je signalais des faits, je citais des
chiffres, et je ne reprochais rien à personne.

Si même j'avais eu un reproche à faire, je ne l'aurais
pas adressé au gouvernement, mais à la Chambre. Ce
qui manque à notre instruction primaire, ce n'est pas
la bonne volonté de ceux qui la dirigent; c'est la générosité de ceux qui ont le pouvoir d'augmenter son
budget beaucoup trop pauvre.

M. Segris. Je demande la parole.

M. Jules Simon. Comment! pendant une année entière, M. le ministre de l'instruction publique a fait
faire par tous ses agents, avec le soin le plus scrupuleux, une enquête de l'instruction primaire; il a mis
sous vos yeux, sous les yeux du pays tout entier, avec

un courage et une franchise qui l'honorent, les résultats de ce consciencieux examen : et c'est quand nous avons là ses chiffres si douloureusement éloquents, qu'on vient nous parler de notre prospérité et affirmer que la majorité de la Chambre et le gouvernement sont d'accord pour s'applaudir de la situation de notre instruction primaire !

Qu'il me soit permis de dire au moins que le ministre qui a présidé à l'enquête n'en tire pas la même conséquence que vous. (Très-bien!) Je l'ai lue, cette enquête, et plutôt deux fois qu'une ; et je puis affirmer que mon impression sur ses résultats est exactement la même que celle de M. le ministre de l'instruction publique, et j'ajoute à son opinion celle de ces nombreux fonctionnaires qui voient les choses de près, les étudient tous les jours, et qu'on ne peut pas accuser, comme on le faisait pour moi il y a deux jours, de parler sur une question qu'ils ont seulement étudiée la veille.

Pour moi, sans entrer dans aucune discussion de chiffres, parce que je maintiens qu'il suffirait à tout esprit attentif de lire l'enquête pour se sentir convaincu, je répèterai, pour être juste, que les gouvernements qui se sont succédé depuis 1833 ont été tous zélés pour l'instruction primaire, que si je prenais les ministres l'un après l'autre, j'aurais à distribuer des éloges, non-seulement à ceux qui appartiennent à la politique que je sers, mais à la plupart de ses ennemis ; la justice ne me coûtera jamais rien. Je veux croire, je crois que quand on a l'honneur de diriger, dans un grand pays, l'instruction publique, on oublie tout autre intérêt et toute autre passion pour se dévouer corps et âme à cette magnifique tâche. (Très-bien! très-bien.)

Mais cette justice rendue aux hommes ne m'empêchera pas de dire que nous ne pouvons pas, nous ne devons pas nous aveugler sur les faits, et qu'il faudrait fermer les yeux à la lumière du jour pour ne pas voir nos misères.

C'est un singulier patriotisme que celui qui consiste à cacher le mal. Ce n'est pas ainsi que j'aime mon pays ; je veux lui dire sans ménagement ce qui lui manque, parce que je veux travailler sans relâche à le guérir. Je veux chercher avec mes amis et même avec mes ennemis ou mes adversaires, les moyens de relever l'instruction en France. Voilà le patriotisme, voilà ce qui est digne de nous, et non pas de venir jeter des passions politiques au milieu d'une discussion pareille. (Très-bien ! très-bien !)

M. JULES FAVRE. Voilà la modération dont les membres de la majorité nous donnent l'exemple.

M. LE PRÉSIDENT SCHNEIDER. L'interruption n'est pas juste, car aucune passion politique n'a agité ce débat. De part et d'autre on a discuté une question sérieuse de la façon la plus sérieuse.

M. JULES FAVRE. Ce n'est pas au moins le premier orateur qui a été entendu.

M. LE PRÉSIDENT SCHNEIDER. Je prie l'honorable M. Jules Favre de ne pas considérer comme une attaque certaines considérations politiques introduites dans une discussion, car sans cela on pourrait se méprendre souvent sur la portée de ses propres discours. (Très-bien ! très-bien !)

M. JULES FAVRE. Je parle à visage découvert, et on peut comprendre.

M. LE PRÉSIDENT SCHNEIDER. Il faut savoir entendre avec modération ce qui est dit, de part et d'autre. Je demande que, des deux côtés, on ait de la tolérance, et c'est là ce que j'appelle la liberté de discussion. (Très-bien !)

M. JULES SIMON. Je ne dirai qu'un mot, Messieurs, sur l'argumentation que vous venez d'entendre au sujet de l'instruction gratuite. Vous comprendrez très-bien que, parlant si tard dans la question, je ne peux pas revenir sur des arguments qui ont été très-bien présentés, soit par M. Havin, soit par M. Carnot.

Je me borne à dire que le chiffre de dix-huit millions qui a été contesté, n'est pas, de notre part, une appréciation arbitraire. Nous l'avons pris dans le rapport du ministre de l'instruction publique à l'empereur. Vous pouvez lire comme nous dans ce document que l'instruction primaire a coûté aux familles, en 1864, un peu moins de dix-huit millions. Nous en concluons, avec le ministre, qu'il faudrait une dépense de dix-huit millions pour établir l'instruction gratuite ; et nous trouvons que nous ne raisonnons pas trop mal lui et nous.

Cependant, faut-il l'avouer? bien que dix-huit millions puissent suffire à la rigueur, je ne trouve pas, pour ma part, que ce soit un assez beau cadeau à faire à l'instruction primaire ; et si j'étais le maître de trancher dans votre budget, il y a plus d'un gros chapitre dont je diminuerais le total; j'apporterais, par exemple, à nos pauvres écoles si mal dotées, une partie des millions que nous prodiguons à la guerre.

Oui, oui, je l'avoue, quand même vous feriez à l'instruction primaire du pays, et au noble corps des instituteurs, un cadeau de dix-huit millions, je ne vous trouverais pas suffisamment généreux. (Très-bien ! Très-bien ! autour de l'orateur.)

Quant à l'instruction obligatoire, si je tiens beaucoup à en dire quelques mots, après la démonstration claire et péremptoire de mon honorable et cher ami M. Carnot, c'est qu'on nous attribue très-souvent des opinions qui sont, je vous assure, tout à fait contraires à notre pensée. Nous avons beau parler, nous avons beau écrire, rien n'y fait; on veut nous combattre, et on ne veut pas nous comprendre.

Tout à l'heure, par exemple, il m'était pénible d'entendre dire, en parlant de nous, que nous sommes par-

tisans de je ne sais quelle liberté sans limite. Où sont
donc ces partisans de la liberté sans limite? Je les
cherche vainement parmi mes amis. Nous avons la
prétention de connaître un peu mieux les conditions de
la vie publique. Nous savons que l'ordre et la liberté
sont inséparables, et que, comme il est impossible de
comprendre l'ordre sans la liberté, il l'est également de
comprendre la liberté sans l'ordre. Ne nous dites pas
que nous sommes les partisans de la liberté sans limite,
car si nous vous répondions que vous êtes des partisans
de l'ordre sans limite, nous serions peut-être moins
injustes que vous. (Interruption.)

On vous disait hier, d'une façon très-précise, qu'il
s'agissait de savoir si on pouvait transformer l'obligation morale du père de famille en obligation légale. C'est
en effet là la question.

Assurément ce n'est pas l'honorable M. du Miral, ni
aucun des membres de cette majorité dont il fait partie,
ni aucun des membres du gouvernement actuel, qui
voudrait nier l'obligation morale du père de famille.

D'un autre côté, je suis d'accord avec vous pour reconnaître qu'il y a telle obligation morale dans laquelle
la loi ne doit pas et ne peut pas intervenir. L'obligation
d'instruire son fils est-elle de celles-là? et quand le père
manque à son premier devoir, n'en est-il responsable
qu'à Dieu, ou doit-il en répondre devant son pays?

Je dis, Messieurs, que, dans des cas graves, la loi
française, d'accord en cela avec le sens commun, avec la
raison, est intervenue pour protéger le mineur contre
son tuteur, et même le fils contre son père; que l'obligation d'instruire son fils est spécialement et explicite-
ment écrite dans l'article 203 du Code civil. Vous-
mêmes, vous l'avez reconnu, parce que c'est l'évidence;
et j'ajoute, en me rappelant le suffrage universel, que
ce n'est pas un argument indigne, comme on le disait,
d'un examen sérieux, que celui qui consiste à prétendre

que, dans un pays où le sort de l'État et le sort de chacun dépendent du jugement de tous, tout le monde est intéressé, et le pays aussi, à ce que le jugement de chacun soit éclairé. (Approbation sur plusieurs bancs.)

Je comprendrais très-bien que des ennemis du suffrage universel vinssent nous dire : « Qu'avons-nous besoin que tout le monde soit éclairé? » Mais, songez-y bien, les deux questions sont inséparables. Votre loi fondamentale suppose la capacité et oblige à l'instruction.

Messieurs, le suffrage universel n'existait pas encore lorsqu'une assemblée française a eu l'insigne honneur d'intervenir dans la direction que le père de famille imprime à l'éducation de ses enfants, et vous devinez tous que je veux parler en ce moment de la loi de 1841. J'ose dire qu'on n'a jamais fait ni une loi plus morale ni une loi plus libérale.

Et, ici, il faut que je m'accuse moi-même, car j'ai dit une fois, et je crois que c'est dans cette Chambre, que ce qui honorait le plus le gouvernement des dix-huit années, de 1830 à 1848, c'était d'avoir fait la belle et glorieuse loi de l'instruction primaire : j'aurais dû glorifier en même temps, au même titre, la loi de 1841, loi protectrice de la véritable liberté, puisqu'elle est protectrice de la santé et de l'intelligence des enfants.

Quelques membres. Très-bien! Très-bien!

M. JULES SIMON. Cette loi de 1841 se résume dans ces deux points : empêcher le père de famille de faire travailler son enfant dans les manufactures avant l'âge de huit ans; et contraindre les directeurs des manufactures à envoyer leurs apprentis tous les jours dans l'école jusqu'à l'âge de douze ans, ou jusqu'à ce qu'ils sachent lire et écrire.

La voilà dans ces deux points, tout entière.

Messieurs, ce que l'on a fait alors, uniquement pour les enfants employés dans les manufactures, nous demandons que, dans le même esprit, et dans un intérêt devenu beaucoup plus désirable depuis l'établissement du suffrage universel, on le fasse pour tous les autres enfants. Nous ne voulons pas d'exception dans cette guerre à l'ignorance, et nous demandons que le législateur de 1865 ait assez de cœur et d'intelligence pour suivre jusqu'au bout la voie que, en 1841, on s'était contenté d'indiquer. (Très-bien ! très-bien !)

J'entends bien qu'on nous dit quelquefois que nous demandons l'impossible, et on nous le répétait encore tout à l'heure ; on nous disait : Il y a des familles qui ne peuvent pas envoyer leurs enfants à l'école, et cela pour deux raisons, l'une parce qu'elles n'ont pas l'école à leur portée, l'autre parce que le père a besoin du travail de son enfant.

En vérité, je ne saurais faire aucun cas de la première de ces objections. Si elle peut être opposée à quelqu'un, c'est à vous ! (Exclamations.) C'est à ceux du moins qui résistent à l'établissement de nouvelles écoles, et non pas aux pères de famille qui en réclament.

Un membre. Qui donc refuse les écoles nécessaires?

M. Jules Simon. Quant à la seconde raison, croyez-vous qu'elle n'existait pas en 1841, lorsque les hommes de cœur qui ont fait la loi sur le travail des enfants dans les manufactures ont décidé qu'ils ne seraient jamais admis avant l'âge de huit ans ! Il suffit d'être allé dans les villes manufacturières et d'avoir causé avec les mères de famille pour savoir combien de fois cette limite est attendue avec anxiété, quels efforts désespérés on tente tous les jours pour y échapper. Hélas ! je le sais bien, c'est le besoin, c'est la misère présente ; et c'est précisément contre les excitations de cette misère présente que le législateur de 1841 a réagi, dans son courage et dans sa sagesse. Il a pris en main a cause de l'avenir, comme c'était son devoir, et comme

c'est aujourd'hui le nôtre. (Approbation sur quelques
bancs.)

Maintenant, Messieurs, je vous signale un fait en
passant ; et je voudrais bien que, laissant de côté, pour
un moment, les sentiments qu'on éprouve involontairement lorsqu'on entend parler un adversaire, sentiments
bien naturels et contre lesquels je ne réclame pas, vous
voulussiez me considérer un moment non plus comme
un homme politique, mais comme un homme d'école
qui a passé trente ans de sa vie à s'occuper de ces matières.

Je pense, Messieurs, que le législateur de 1851 a eu
parfaitement raison de limiter le temps de la classe pour
les apprentis, et de croire que deux heures par jour pouvaient suffire à leur instruction. Les faits ont justifié
son attente. Nos longues classes qui durent cinq heures
par jour, ont le tort d'être inutiles, même pour les
enfants que d'autres travaux ne réclament pas, et elles
ont le malheur d'être un véritable supplice, surtout
pour les enfants des campagnes accoutumés à vivre au
grand air et au soleil. Est-il surprenant qu'ils se
laissent renfermer malgré eux dans l'école, qu'ils la
quittent avec empressement, comme s'ils quittaient une
prison, et que le souvenir de ce long ennui diminue
pour eux l'intérêt de l'étude ? Pourquoi, si quelques
heures suffisent, et si les parents ont besoin d'une plus
longue surveillance, ne prolonge-t-on pas les récréa-
tions et les travaux manuels ? Il faut songer à la santé
du corps autant qu'à celle de l'esprit : il faut rendre
l'étude facile, et l'école aimable. (Marques d'approbation sur quelques bancs.)

Il me reste à réfuter une objection très-grave ; je
n'en dirai que quelques mots ; mais je vous supplie de
les prendre en bonne part, dussiez-vous ne pas partager mes sentiments.

On nous reproche de blesser la liberté de conscience,

et de compromettre la liberté, la dignité du père de famille.

Je déclare que quand on nous accuse ainsi, on ne tient pas compte de nos amendements, de nos écrits, de nos paroles; on se crée je ne sais quels fantômes tout exprès pour les combattre, et pour se donner le droit, comme on le faisait tout à l'heure, par des allusions et des sous-entendus, de nous transformer en communistes.

Laissez-là ces chimères dont on a trop abusé, et puisque vous nous combattez, combattez-nous nous-mêmes!

Le dirai-je, Messieurs? Si la liberté de conscience me paraissait menacée par notre amendement et par notre doctrine; si aujourd'hui quelqu'un se levait dans cette enceinte, et portait la conviction dans mon esprit, je donnerais à l'instant un grand exemple : après avoir, pendant vingt ans, défendu le principe de l'instruction obligatoire, dans la chaire, à la tribune, dans mes écrits, le jour où elle me paraîtrait contraire à la liberté de conscience ou à la dignité du père de famille, je dirais hautement : Je me suis trompé! (Très-bien! Très-bien!)

S'il y a une chose au monde dont je me sente absolument incapable, c'est de faire un pas contre la liberté de conscience, contre la dignité et l'autorité du père de famille. (Très-bien! Très-bien!)

Mais veuillez examiner ce que nous vous demandons; faites-nous la grâce de nous prendre au pied de notre parole; si nous avions une demande à faire, nous la ferions sans hésiter, quelle qu'elle fût. C'est notre coutume; vous le savez bien; nous nous faisons un orgueil d'aller toujours aussi loin que notre pensée.

Nous blessons la liberté de conscience! Oui, je connais ces attaques et je sais d'où elles viennent. Elles viennent de ceux que nous avons entendus, en 1846

et en 1847, parler des écoles de l'État, en les appelant des écoles de pestilence. J'étais alors, Messieurs,
un de ces maîtres, dont on calomniait l'enseignement.

Je ne veux défendre ni l'ancienne université, à laquelle j'ai appartenu pendant vingt ans et à laquelle
j'appartiens encore du fond de mon cœur; ni l'université nouvelle que je crois uniquement dévouée à ses
devoirs, intelligente de la liberté, et intelligente de
l'ordre. J'en connais l'esprit, je l'ai reçu de mes anciens ; je l'ai enseigné à mon tour, je l'ai vu pratiquer
autour de moi, et j'ose dire qu'il n'y a pas de corps en
France qui mérite plus que celui-là d'être honoré pour
ses doctrines, pour son enseignement, pour sa conduite,
pour son amour loyal et intelligent de la liberté et de
l'ordre, pour son dévouement et son abnégation. (Approbation sur plusieurs bancs.)

Mais est-ce que nous vous demandons, est-ce que
nous pensons seulement à vous demander de rendre à
aucun degré l'école obligatoire? Où est celui qui a fait
cette demande ? Qui donc a voulu que tous les enfants
fussent envoyés dans les écoles publiques? Qui a dit cela?
qui a parlé d'une obligation de ce genre? C'est vous qui
en parlez, vous qui comptez les quarante mille procès-
verbaux, les gendarmes en réquisition, les prisons
pleines de pères de famille! Soyez donc justes : nous
ne demandons rien de tout cela, nous ne consentons à
rien de semblable. Nous faisons une demande, en
vérité bien simple pour être ainsi combattue : prenez-
la simplement comme nous la faisons. Nous voulons que,
quand il est établi par la notoriété publique qu'un
père manque à ses devoirs, et que pouvant donner
l'instruction à son fils, il ne la lui donne pas, alors,
alors seulement, la société puisse intervenir, et encore
dans quelle limite? dans quelle douce et modeste
limite ?

Ce n'est pas seulement notre amendement qu'il faut

entendre : l'honnête homme qui vous parlait à la fin
de la séance d'hier et dont je suis fier d'être l'ami depuis si longtemps a été un moment ministre de l'instruction publique. (Interruption.) Il a apporté à la
représentation nationale un projet de loi qui a été
discuté, sinon voté. J'ai été moi-même alors un des
commissaires, et, je crois, le rapporteur de la loi devant
la Chambre. Eh bien ! avons-nous demandé alors cette
inquisition dont on fait un épouvantail? Rappelez-
vous le langage de M. Carnot à la séance d'hier. Il
ne vous parlait pas même d'une répression; il vous
parlait d'un avantage à donner à ceux qui auraient fait
instruire leurs enfants. C'est une idée qui depuis longtemps a préoccupé de très-bons esprits, et je pourrais
vous citer des manufacturiers dont les noms sont bien
connus de plusieurs de nos collègues, et qui ont fait des
efforts précisément pour que, dans la loi sur le recrutement militaire, on vînt en aide par des exemptions et
des réductions de service à la loi sur l'instruction publique.

M. Havin a été plus loin ; il a été jusqu'à vous proposer une pénalité, qui n'est ni la prison, ni l'amende,
une pénalité qu'il a regardée comme plus douce et qui
est peut-être aussi sévère. Pour moi, je l'avoue, ce n'est
pas sans émotion que je me déterminerai à faire intervenir dans une loi la privation des droits politiques; je
crois qu'il faut habituer les populations à regarder
l'exercice de ces droits comme le symbole même et
la plus parfaite expression de la dignité de citoyen.
Disons-le donc franchement, cette pénalité est grave.
Seulement nous ne l'appliquons qu'après avoir épuisé
les voies de douceur, en donnant au coupable le temps
et les moyens de s'amender, en l'entourant de toutes
les protections de la loi. Quand la notoriété publique
signale la négligence d'un père, faisons-nous intervenir
aussitôt une autorité administrative chargée de pro-

noncer sur lui cette condamnation redoutable de la *diminutio capitis?* Non, certes, et jamais nous n'admettrons qu'à notre corps défendant, et comme battus et vaincus, l'existence d'une autorité administrative qui prononce une peine.

Avant de prononcer aucune peine, nous faisons comparaître le père prévaricateur devant ses juges, qui, pour cette fois, ne prononcent aucune peine. Ce n'est pas que nous respections en lui sa propre dignité de père, puisqu'il s'en est dépouillé lui-même, mais nous rendons cet hommage à la dignité des autres pères de famille, qui s'étend encore sur lui et qui le protége. Nous voulons donc qu'il soit d'abord appelé, et que là, en présence du magistrat de la commune, en présence des hommes élus par leurs concitoyens, il explique comment il se fait que, pouvant donner l'éducation à son fils, il manque à un devoir si sacré. On commencera par lui apprendre son devoir : combien d'hommes ont besoin qu'on fasse pénétrer la lumière dans leur conscience! S'il invoque sa misère, l'éloignement de l'école, l'indignité du maître, on entrera dans ses raisons ; on les réfutera s'il se trompe; s'il est dans le vrai, on lui viendra fraternellement en aide. Doutez-vous que ces magistrats, ces amis, ces voisins, ces pères de famille, devenus des juges, ne s'empressent d'unir tous leurs efforts, de recourir à la persuasion, et, s'il le faut, aux sacrifices, pour lui rendre possible, et même facile, l'accomplissement de son devoir?

Ce n'est qu'après un long délai, après la démonstration absolue d'un mauvais vouloir invincible, que l'autorité protectrice de l'enfant et de l'État, avec publicité, avec débats contradictoires, avec recours, pourra prononcer enfin cette peine de l'interdiction des droits politiques. La voilà, dans son horreur, cette législation draconienne! Et cette peine de l'interdiction des droits politiques, où la prenons-nous, je vous prie? Dans le caractère même du délit. Rappelez-vous, Messieurs, ce que je disais tout à l'heure de l'intérêt d'un pays gouverné par le suffrage universel. Est-ce que vous le niez? Est-il quelqu'un qui puisse le nier? Personne n'y songe, depuis le premier jusqu'au dernier d'entre vous. S'il est vrai qu'il importe à l'État que tous ceux qui ont le droit de voter en aient la capacité, c'est une conséquence naturellement indiquée que de priver de son droit politique le citoyen qui, par sa faute, non par la faute de l'État, condamne à l'incapacité son propre fils. C'est la logique elle-même, c'est le bon sens, c'est la nature qui parlent pour nous.

Je me borne à ces quelques observations dans une discussion déjà longue et presque épuisée par mes honorables amis.

Cependant il ne m'est pas permis de m'asseoir sans vous rappeler qu'il s'est passé, depuis l'année dernière, un événement d'une certaine importance. La France entière, et je ne dis pas assez, le monde sait qu'à la suite de cette enquête si étrangement interprétée tout à l'heure, celui qui l'avait faite et qui en a tiré des conséquences diamétralement opposées aux vôtres, l'a publiée, avec ses conclusions, dans l'organe officiel du gouvernement. Je ne veux pas intervenir dans ce qui a pu se passer du soir au matin, j'honore hautement ce qui a été fait le matin, je ne veux pas blâmer ce qui a été fait le soir; mais je dis que quand un gouvernement a laissé une journée entre la déclaration de ce que nous appelons un droit, sans être pour cela des communistes, — et si nous l'étions, Messieurs, que dites-vous de la compagnie que le *Moniteur* nous aurait donnée? — quand, dis-je, il s'est passé une journée entre cette déclaration et la deuxième, le pays a le droit de dire que cet événement peu ordinaire ne doit pas demeurer à l'état d'énigme.

Outre ce fait, qui est capital, il y a une déclaration

dans le discours de la couronne; il y en a une dans
votre propre Adresse.

Croyez-vous que je rapporte ces faits pour en faire
un thème d'opposition? Non, Messieurs, je m'en pré-
vaux; voilà tout! Il y a plus, je m'en félicite! je m'en
félicite comme père de famille, comme citoyen et
comme homme d'école.

Les écoles de mon pays, l'éducation primaire dans
mon pays, ont fait un pas par ce triple symptôme.

Je voudrais bien voir, en vérité, qu'une Chambre
française vînt dire, que, quand un ministre a pu publier
un pareil rapport, quand l'empereur a prononcé de
telles paroles, quand de tels vœux sont sortis ici de
toutes les poitrines, je voudrais voir qu'une Chambre
française vînt déclarer que tout cela n'aboutira à rien,
et que l'instruction primaire restera indéfiniment dans
la condition déplorable où elle se trouve. Je réclame le
bénéfice de vos promesses; je l'invoque, je l'attends
avec une ferme espérance.

Je ne puis pas me dissimuler, en effet, que si l'instruction primaire n'a pas été suffisamment aidée et
favorisée, il y a un mouvement considérable dans tous
les esprits, et dans les hommes du gouvernement,
comme parmi nous, pour demander qu'on fasse enfin à
l'intérieur la guerre à l'ignorance.

Plusieurs membres. Très-bien! Très-bien!

M. JULES SIMON. Je trouve dans les ateliers un élan
superbe. Je vois partout les ouvriers, ceux qui savent
lire, et ceux mêmes qui ne savent pas, demander qu'on
les instruise. J'ai vu pleurer des hommes de soixante
ans, en me disant qu'ils ne savaient pas lire. (Mouvement en sens divers.) J'ai vu des ouvriers qui savaient
lire demander à grands cris qu'on multiplie les cours
publics, et qu'on en ouvre sur toute la surface de la
France. L'élan est donné. Loin de marchander les
éloges à ceux qui entrent dans cette carrière, je suis

heureux de pouvoir élever la voix au milieu de vous pour les en glorifier et pour les en remercier.

Mais il ne faut pas s'arrêter en chemin ; il faut que ces cours puissent dans quelques années, attirer tous les ateliers et se répandre dans les campagnes comme dans les villes.

Ce sera, croyez-moi, la part de notre génération et de notre siècle. Nous n'avons pas eu la joie d'assister comme nos pères à la grande réforme sociale. Nous n'avons pas eu, comme eux, à renverser la Bastille ; nous n'avons pas, comme eux, à triompher de préjugés séculaires ; nous n'avons pas, comme eux, à établir qu'il n'y a point de classes, et qu'il n'y a plus que des hommes et des citoyens; mais nous avons vu d'autres merveilles. Chacun sa part, et notre siècle n'est pas le moins riche ! Si je racontais les miracles que la science a accomplis de nos jours, si je montrais ces locomotives qui dévorent l'espace, ces machines qui remuent des mondes, ce fil électrique qui conduit la pensée en une minute d'un bout de l'Europe à l'autre, voilà, vous dirais-je, le triomphe de la pensée sur la matière, voilà la grande gloire de notre temps, son grand bonheur que nos descendants nous envieront.

Ce n'est plus le sang, c'est la science qui nous le donne ! Eh bien ! il reste une autre gloire à conquérir : c'est d'écouter ces mille voix qui sortent des ateliers et qui demandent que l'éducation soit versée à pleins bords, et que, dans ce grand pays qui si longtemps a mené le monde, il ne reste plus d'autres ignorants que ceux qui le seront par leur faute. Faisons cela, Messieurs, donnons, ayons la gloire de donner ce couronnement, je ne dis pas à l'édifice de la constitution, non, mais à l'édifice de la révolution française. (Vives marques d'approbation sur plusieurs bancs. — Applaudissements autour de l'orateur.)

V

DROIT DE RÉUNION ET D'ASSOCIATION

NOTE PRÉLIMINAIRE

I

Pourquoi empêche-t-on les hommes de se réunir ?

Pour les gouverner malgré eux, — c'est-à-dire, pour leur imposer une forme d'administration dont ils ne veulent pas, et des lois qu'ils n'ont pas faites.

Pourquoi les hommes veulent-ils se réunir ?

Pour se gouverner eux-mêmes, par les constitutions et les lois qu'ils se sont données.

Vaut-il mieux que les hommes puissent se réunir, ou qu'ils ne le puissent pas ?

C'est comme si l'on disait : Vaut-il mieux que les hommes se gouvernent eux-mêmes, ou qu'ils se livrent aveuglément à des maîtres ?

Et c'est encore comme si l'on disait : La démocratie avec le suffrage universel vaut-elle mieux que l'aristocratie avec le pays légal ?

II

Un gouvernement est bon ou il est mauvais ; c'est-à-dire qu'il est fondé sur une constitution conforme à la justice, ou sur une constitution contraire à la justice.

Même quand il est bon, il ne peut l'être persévéramment que s'il est dans l'heureuse impossibilité de violer la constitution, c'est-à-dire, s'il est soumis à un contrôle suffisant.

Le contrôle, c'est la presse ;

La sanction du contrôle, c'est le droit de réunion.

III

Inconvénients possibles du droit de réunion : — La réunion peut être contre la loi et plus forte que la loi, — et par conséquent produire l'anarchie.

Réponse : — La loi peut être contraire à la justice, — et les ministres de la loi, en l'absence du droit de réunion, peuvent être plus forts que la loi.

IV

Ceux qui pensent que la Vérité et la Raison sont toutes-puissantes, doivent regarder la liberté illimitée de la presse, et le droit absolu de réunion, comme les conditions les plus essentielles de l'ordre.

Mais ceux qui ne croient pas à la toute-puissance de la Vérité et de la Raison, doivent être les ennemis de la liberté de la presse et du droit de réunion.

Entre les amis et les ennemis du droit de réunion, il y a toute l'épaisseur de la Révolution française.

SUR LE DROIT DE COALITION

(29 avril 1864.)

Messieurs,

Je voudrais expliquer à la Chambre sur quels points je me trouve d'accord avec la commission et sur quels points je suis en dissentiment avec elle.

Naturellement je ne ferai qu'indiquer les questions qui nous réunissent, et j'insisterai de préférence sur celles qui nous séparent.

D'abord, Messieurs, je n'apprends rien à aucun membre de cette Chambre en vous disant que je suis de ceux qui désirent l'abrogation des articles 414, 415 et 416 du Code pénal. Vous savez que, de concert avec plusieurs de mes amis, j'ai déposé un amendement qui a pour but de réduire tout le projet de loi à l'abrogation pure et simple de ces trois articles.

Il en résulte qu'à mes yeux la prohibition des coalitions est une injustice, et qu'elle doit être abolie purement et simplement, à cause du vice de son principe. Une loi qui consacre une injustice ne doit être ni modifiée, ni remplacée, elle doit être abrogée.

J'entendais, il n'y a qu'un instant, un de nos honorables collègues parler des inconvénients possibles des coalitions. C'est un point auquel je viendrai tout à l'heure, mais je dois dire, Messieurs, je ne puis pas me dispenser de dire que quand même il 'y aurait des inconvénients à faire ce qui est juste, il vaudrait mieux braver les inconvénients que de persévérer dans un déni de justice.

C'est au nom de la justice que je demande la liberté des coalitions. C'est à titre de droit que mes amis et moi nous la réclamons.

Au reste, quel que soit le sort de la loi en discussion, la prohibition des coalitions n'est plus que de l'histoire. C'est une liberté gagnée, une loi abolie. J'en atteste les derniers malheurs des trois articles qu'on vous propose d'abroger. Déjà, depuis fort longtemps, ils n'ont pas été appliqués une seule fois par les tribunaux, sans que les condamnés aient obtenu grâce entière. Cette année, vous le savez, Messieurs, ils ont été abandonnés, et virtuellement abolis jusque dans le discours de la Couronne.

Notre honorable collègue, M. Seydoux, nous reprochait, tout à l'heure, notre impatience. Il nous disait que la question n'était pas mûre; que la France n'était pas prête pour cette liberté; que nous ne savions pas attendre. Je ne sais pas, en vérité, à qui il faut renvoyer ce reproche d'impatience. N'a-t-on pas discuté ici-même pour savoir si l'initiative de cette loi appartenait à l'opposition? On nous la contestait alors; qu'on ne nous la reproche pas aujourd'hui!

Impatients ou non, la question a été posée, non-seulement ici et par nous, mais dans le discours de la Couronne. Il y a là un premier fait dont l'importance et la portée frappent tous les yeux.

Le conseil d'État s'est associé à cette pensée; la loi que vous discutez en ce moment débute par ces mots :

« Les articles 414, 415 et 416 sont abrogés, » et ces
mots, que ne contenait pas le projet de la commission,
ont été inscrits, par le conseil d'État, en tête de la loi.
Enfin, vous avez une commission qui, comme le conseil
d'État et l'empereur, a été d'avis que ces articles ne
pouvaient pas subsister. C'est pourquoi l'on a le droit
de dire que, quel que soit le sort des trois articles en
discussion, il y a déjà quelque chose de définitif contre
eux, et qu'après ces trois solennels jugements, ils ne
sont pas viables.

Vous le savez, Messieurs, à peine la commission
a-t-elle exposé et développé sa doctrine sur la nécessité
de permettre les coalitions, qu'elle s'empresse de déclarer qu'elle les redoute, et qu'elle les redoute surtout quand elles aboutissent à des grèves.

En parlant ainsi, Messieurs, est-ce que la majorité de
la commission se rend coupable de contradiction? Pas
le moins du monde. Il y a plus d'un droit dont on ne
peut user sans péril, et pourtant il suffit que ce soit le
droit pour que le législateur ne puisse ni le refuser, ni
le marchander, ni l'ajourner.

La commission a donc parfaitement raison, elle ne
se contredit en rien, et de plus elle fait un acte loyal et
honorable en rappelant à tous qu'il faut savoir posséder
la liberté, et que le moyen de savoir la posséder, c'est
de se posséder d'abord soi-même ; c'est, en même temps
qu'on en jouit, d'en contenir l'exercice : d'en user
comme il le faut, et d'en user à bon escient.

Pourquoi, Messieurs, a-t-on des droits à la liberté ?
C'est parce qu'on a de l'intelligence et de la force ; j'entends de la force sur soi-même. (Très-bien! sur plusieurs bancs.)

Le plus grand hommage qu'on puisse rendre à un
peuple, c'est, je ne dirai pas de lui donner, mais de lui
laisser ses libertés.

Plusieurs voix. Très-bien ! Très-bien !

M. Jules Simon. Car le législateur qui permet à un peuple d'exercer tous ses droits et de jouir de toutes ses libertés, lui déclare qu'il le traite en homme, et qu'il le sait en état de répondre virilement de lui-même. C'est en ce sens que nous croyons juste de rendre à ce peuple la liberté de s'associer pour offrir ou refuser son travail, et raisonnable de lui rappeler en même temps que cette liberté nouvelle dont il ne pouvait être privé que par une injustice, est de celles dont on ne doit user qu'à la dernière heure, dont l'abus traîne après soi du sang et des larmes. Oui, Messieurs, la grève est un danger et un malheur pour les patrons, pour les ouvriers et pour le pays.

Nous sommes quelque chose dans le monde par la force que nous possédons. Chacun de nous a reçu de Dieu une portion de force, un ensemble de facultés qui fait la mesure de sa grandeur.

Il y a pourtant en nous une vertu que nous ne recevons pas, et qui vient directement de nous-mêmes : c'est la volonté, sans laquelle les plus heureux dons auraient été reçus en vain. Je puis être un poëte, un inventeur, un philosophe par le don de Dieu, et n'être rien par ma faute, si je laisse périr en moi ma force. Ce qui est vrai des hommes est également vrai des peuples.

Il ne suffit pas qu'un peuple soit capable de produire, et de bien produire, il faut encore qu'il use de ces facultés, qu'il emploie cette énergie, qu'il profite de ce talent, et il est jugé non-seulement par ce qu'il peut, mais par ce qu'il fait.

Et de même qu'un homme qui laisse pendant des années chômer ses facultés et ne produit pas ce qu'il est capable de produire, déchoit, tombe au-dessous de ce qu'il était destiné à être : de même, quand le travail s'arrête dans un pays, lorsqu'à un moment de son histoire il devient immobile au milieu de l'activité universelle, il est déchu par sa faute de sa grandeur native ; et le temps qu'il passe à ne pas travailler, il le passe à reculer. (Approbation sur plusieurs bancs.)

Il y a donc un intérêt pour l'industrie, un intérêt pour les ouvriers, un intérêt pour le pays, à ce que le travail ne chôme jamais. La commission l'a déclaré, je l'en félicite et je m'associe encore sur ce point à ses sentiments et à ses principes.

Enfin, il y a un troisième point sur lequel nous sommes, elle et moi, en communion complète, c'est lorsqu'elle se plaint de la contrainte exercée par ceux qui ne veulent plus travailler sur ceux qui voudraient continuer le travail.

Il y a là, Messieurs, un attentat contre la liberté individuelle, et un des attentats les plus coupables qu'on puisse commettre.

Il est donc parfaitement juste, il est parfaitement nécessaire que ceux qui se rendent coupables d'un pareil attentat soient réprimés, au nom de la liberté, au nom du travail, au nom de l'humanité. Voilà donc, messieurs, les principes sur lesquels, la commission et nous, nous sommes d'accord. Nous sommes d'accord pour proclamer qu'il est juste de donner la liberté des coalitions, qu'il est dangereux d'en faire, et nécessaire de protéger ceux qui ne veulent pas se coaliser contre ceux qui voudraient les contraindre à se coaliser malgré eux.

Mais c'est ici précisément que le dissentiment commence. La commission nous dit : Abrogeons d'abord les trois articles et faisons tout aussitôt une loi pour protéger les travailleurs paisibles contre les turbulents et les meneurs.

Remarquez bien, Messieurs, que, quand elle parle ainsi, elle annonce que la loi aura ce but, et cet unique but. Tout le temps qu'elle sera occupée à la faire, et tout le temps que vous emploierez, elle et vous, Mes-

sieurs, à la discuter, vous ne devez songer qu'à cette
protection; c'est votre unique affaire, le seul soin qu'il
vous soit permis de prendre; ce serait perdre de vue les
principes de la commission et les principes mêmes sur
lesquels repose la loi, que de penser un seul instant à
rendre les coalitions ou impossibles ou difficiles.

Or, s'il est bien entendu que vous faites votre loi
pour donner aux travailleurs paisibles la protection
dont vous croyez qu'ils ont besoin, et à laquelle ils ont
incontestablement droit, si vous n'avez aucune autre
préoccupation, point d'arrière-pensée, aussitôt je déclare que votre loi est inutile, car elle est faite; et
j'ajoute qu'elle n'est pas seulement inutile, qu'elle est
dangereuse et trompeuse.

Voilà, Messieurs, les deux points que je vais essayer
de vous démontrer. (Bruit.)

Permettez-moi de bien présenter à vos esprits la
question que je traite en ce moment : il s'agit de montrer qu'il est inutile de faire une loi qui est déjà faite,
de faire une loi spéciale pour une nécessité à laquelle
la loi générale a pourvu. Je vais donc interroger la loi
générale, et lui demander par quelles prescriptions elle
protége la liberté du travailleur.

Pour le faire avec méthode, je me demanderai d'a-
bord comment celui qui veut empêcher les autres de
travailler peut s'y prendre pour venir à ses fins.

Il n'a que trois moyens à sa disposition. Il peut agir
sur eux en renonçant à leur société, ou en les trompant,
ou en les violentant; c'est-à-dire qu'il peut leur faire
trois sortes de guerre : la guerre des violences ou des
voies de fait, la guerre des paroles, et une autre guerre
que j'appellerai, afin de rendre ma parole plus concise,
la guerre de procédés. (Mouvements divers.) La guerre
de procédés, c'est quelque chose d'analogue à ce que
l'on fait, par exemple, dans la marine, lorsqu'on prononce la mise en quarantaine contre un officier, et je

crois que dans l'armée de terre on prononce aussi quelquefois des interdictions analogues.

Plusieurs membres. On n'entend pas! Plus haut!

M. JULES SIMON. Je prends d'abord ce que j'appelle la guerre de voies de fait, et je cherche dans le Code pénal s'il y existe une répression suffisante des violences que les ouvriers pourraient exercer les uns contre les autres. Sur ce point, je n'hésite pas à le dire, le Code pénal est armé en guerre. La simple voie de fait, sans préméditation et sans gravité, peut être punie de six jours à deux ans d'emprisonnement et de 16 à 200 fr. d'amende; s'il y a préméditation, la peine est de deux à cinq ans d'emprisonnement, et de 50 à 500 fr. d'amende. C'est ici l'article 311 du Code pénal que vous avez fait vous-mêmes l'année dernière.

Si, au lieu d'un sévice insignifiant, il s'agit de faits graves et qu'il y ait incapacité de travail de plus de vingt jours, aussitôt l'emprisonnement est de deux à cinq ans, et l'amende de 16 fr. à 2,000 fr.; le tribunal peut en outre prononcer l'interdiction des droits mentionnés en l'article 42.

S'il y a mort sans intention de donner la mort, la peine est celle de la réclusion à temps. Ces diverses peines sont prononcées par l'article 309, que vous avez voté l'année dernière.

Je laisse de côté l'assassinat; tout le monde comprend qu'il n'y a pas de difficulté sur ce point...

M. DARIMON. Vous avez tort, c'est une violence! (On rit.)

M. JULES SIMON. L'honorable M. Darimon veut bien m'interrompre pour me dire que j'ai tort de ne pas parler de la peine de mort, parce que c'est une violence.

Si cette observation est sérieuse, j'y réponds en le renvoyant aux articles 299 et suivants du Code pénal; mais je déclare en même temps que je ne donne cette indication que pour l'honorable M. Darimon, et pour lui seul. (Rire général.)

Lorsque les faits dont je viens de parler ont été commis en réunion séditieuse, avec rébellion ou pillage, les instigateurs et provocateurs sont punis des mêmes peines que les coupables, et le tribunal peut prescrire la mise en surveillance pour une durée de deux ans à dix ans. (Art. 313 et 315 du Code pénal.)

Enfin, Messieurs, pour réprimer la rébellion, vous avez les articles du Code pénal, depuis l'article 210 jusqu'à l'article 221, et, pour les attroupements, la loi du 7 juin 1848.

Voilà, Messieurs, ce qui concerne les violences. Ou je ne sais pas ce que c'est qu'une démonstration, ou cette énumération fastidieuse, je l'avoue, mais nécessaire, est une démonstration irréfragable; et je doute fort que les plus habiles fureteurs puissent découvrir ou inventer un genre de violence que les auteurs du Code pénal et tous les législateurs qui se sont succédé depuis que ce code existe aient omis de faire entrer dans leur riche nomenclature.

Je passe donc à une autre guerre, à la guerre de paroles.

Ici, il faut l'avouer, les espèces sont très-nombreuses. Il y a, j'en conviens, bien des façons de faire la guerre avec la parole. Mais vous conviendrez aussi, Messieurs, que nous vivons dans un temps où le législateur est très-éveillé sur les dangers de cette nature et où il les poursuit avec une rare habileté, une activité infatigable et un esprit inventif auquel on ne saurait trop rendre hommage.

Je prends d'abord les menaces, parce que je les retrouverai tout à l'heure dans le projet de la commission.

Il y a les menaces de mort, — et veuillez remarquer en passant que quand on menace quelqu'un de mort,

cela ne veut pas toujours dire qu'on ait l'intention de le
tuer... (Interruptions diverses.)

Quand les menaces de mort sont faites par écrit avec
condition, la peine est de deux à cinq ans d'emprisonnement et de 50 à 1,000 francs d'amende, avec faculté
par le tribunal de prononcer l'interdiction des droits
mentionnés dans l'article 42 et de placer le coupable
sous la surveillance de la haute police pendant une durée de cinq à dix ans. Cela est votre article 305.

Si la menace est écrite, mais sans condition, la peine
est d'un an à trois ans d'emprisonnement et de 100 fr.
à 600 fr. d'amende, avec la surveillance de la haute
police. Ces peines sont prononcées par l'article 306 que
vous avez voté l'année dernière.

Il s'agit jusqu'ici de menaces écrites; on a aussi
pourvu aux menaces verbales.

Pour les menaces verbales avec condition, la peine
est de six mois à deux ans d'emprisonnement, de 25 à
300 fr. d'amende, avec faculté de mise en surveillance.
(Art. 307.)

Enfin, quand il ne s'agit pas de menaces de mort,
mais de simples voies de fait, comme par exemple la
menace d'un coup de poing, la loi, votre loi, l'article 308
que vous avez voté l'année dernière, prononce une condamnation de six jours à trois mois de prison, et de
6 fr. à 100 fr. d'amende.

Voilà ce qui concerne la menace, et j'ose dire qu'il
n'y a pas une sorte de menaces qui ne soit prévue dans
le Code pénal et qui n'y ait sa répression particulière.
Or, tous ceux qui ont fréquenté les ateliers savent bien
que le langage n'y est pas analogue à celui que nous
employons ici entre nous, qu'il n'est pas poli et forma-
liste comme celui des salons, qu'on y tolère et même
qu'on y affecte une certaine brusquerie, et qu'il arrive
assez fréquemment qu'on adresse à un camarade une

menace, sans que celui qui la fait et celui qui la reçoit y attachent la moindre importance.

Je suis convaincu que, dans une foule de cas, si des menaces de simples voies de fait étaient déférées à un tribunal, elles seraient considérées par les juges comme une espèce d'excès commis par la partie plaignante, et qu'ils renverraient immédiatement l'inculpé des fins de la plainte.

Cependant, je veux que le législateur ait eu raison d'aller jusqu'à cet excès. Je lui passe cette minutie; mais, disons la vérité, s'il avait voulu aller plus loin, la matière lui aurait fait défaut.

Maintenant, au lieu de menaces, supposez-vous des dénonciations adressées à l'autorité? vous avez l'article 373. — Supposez-vous la diffamation par discours, cris ou menaces proférés dans des lieux publics? vous avez la loi du 17 mai 1819, qui, dans son article 18, prononce la peine de cinq jours à un an de prison, et de 25 fr. à 2,000 fr. d'amende.

Passons-nous de la diffamation aux injures? Il est bien difficile dans un atelier de caractériser ce que c'est qu'une injure; car, comme vous le savez, l'injure n'est pas l'allégation d'un fait déterminé, c'est simplement l'imputation d'un vice. Eh bien! le simple fait d'injure est puni de 16 fr. à 500 fr. d'amende par l'article 20 de la loi du 17 mai 1819.

Voici à présent un autre ordre de faits, et qui fait toujours partie de la même guerre, c'est ce qui concerne les fausses nouvelles et même les fausses théories.

Les fausses nouvelles ne sont punies, dans la législation actuelle, que quand elles sont imprimées; et, par exemple, la loi n'atteint pas un spéculateur qui, à la Bourse, donnerait des renseignements inexacts pouvant agir sur le marché.

Un membre. Pardon! l'article 417 les punit.

M. Jules Simon. Je vous remercie. Si vous ne vous

trompez pas, et s'il y a en effet une punition pour les
fausses nouvelles, lors même qu'elles ne sont pas répandues par la voie de la presse, mon raisonnement
n'en est que plus fort. S'il n'y en a pas, et qu'on laisse
impuni un spéculateur qui, à la Bourse, influe sur les
cours par de fausses nouvelles, on peut parfaitement
laisser impuni un ouvrier qui, dans un atelier, se
trompe sur le compte d'un camarade, sur ce qui se
passe dans l'atelier voisin ou dans celui où il travaille.

Quant à la calomnie, vous avez contre elle toutes les
ressources de l'action civile.

Restent les fausses théories, et il ne faut pas négli-
ger ce côté de la question.

Les inventeurs de théories sont très-nombreux dans
les ateliers.

J'ai passé une grande partie de ma vie dans les
écoles de philosophie, où l'on ne fait pas autre chose
que des théories. (Bruits divers.)

Un membre. Où on en fait peut-être trop !

M. JULES SIMON. Un jour j'ai voulu vérifier la théorie par la pratique, et alors je suis allé dans les ateliers,
où je suis resté sans intervalle pendant trois années. Or,
dans les ateliers, j'ai trouvé plus de théories que dans
les écoles philosophiques. (On rit.) Des ouvriers sachant
à peine lire sont remplis de systèmes sur les questions
les plus ardues de la philosophie et surtout sur les questions les plus difficiles de la politique. (Bruits divers.)

J'ai donc cherché avec anxiété s'il y avait une répression des fausses théories, lorsqu'elles n'étaient pas
écrites dans un livre ou dans un journal, car pour les
livres et les journaux, je n'éprouvais aucune inquiétude
et je savais depuis longtemps à quoi m'en tenir.

Eh bien, Messieurs, les fausses théories sont punies
par l'article 3 du décret du 11 août 1848, qui n'est pas
abrogé dans cette partie, et voici quelle est la disposition de ce décret :

« L'attaque par l'un des moyens mentionnés en l'article 1er de la loi du 17 mai 1819... » — Ces moyens sont les discours, cris ou menaces proférés dans un lieu public ou dans une réunion publique, les écrits, imprimés, dessins, gravures, peintures, emblèmes, placards ou affiches.

« L'attaque par l'un de ces moyens contre la liberté des cultes, le principe de la propriété et les droits de la famille, est punie d'un emprisonnement d'un mois à trois ans et d'une amende de 100 fr. à 4,000 fr. »

Voilà quel est l'état de la législation sur cette matière.

Assurément, je ne suis pas un criminaliste. Lorsque, dans le bureau dont je faisais partie, l'honorable M. Jérôme David a parlé de présenter un projet de loi ainsi conçu : « Les articles 414, 415 et 416 du Code pénal sont abrogés, » il m'a fait l'honneur de me demander si je l'approuvais. Que pouvais-je répondre? Que je l'approuverais avec empressement, que j'y souscrirais de tout mon cœur, lorsque j'aurais étudié le Code pénal et vérifié par moi-même si le travailleur paisible était suffisamment, et dans tous les cas, protégé par la loi générale.

Eh bien ! j'ai fait mon éducation; je suis entré dans cet arsenal, où je n'avais pas pénétré depuis ma jeunesse; j'ai étudié ce Code pénal avec lequel jusqu'à présent je n'avais eu, je le reconnais, de relations d'aucune sorte. (On rit.) Et s'il faut que je le dise en passant, le sentiment qu'il m'a inspiré n'est pas très-voisin de l'admiration. Je le trouve mal conçu : tantôt trop dur et quelquefois trop doux; jamais un principe philosophique ne s'y fait jour. (Exclamations.) Des trois éléments qui doivent constituer la peine... (Interruption.) à savoir : le châtiment. l'amélioration et la réparation, celui qui apparaît seul, c'est le châtiment. Je le regrette. (Bruit. — Interruption.)

Mes paroles excitent vos murmures ; j'en profite
pour vous dire que si jamais vous prenez le parti de re-
faire le Code pénal, ou tout au moins de l'améliorer.
vous ferez bien de nommer une commission composée
en majorité de jurisconsultes, mais non en totalité, et
qu'il sera fort à propos d'y faire entrer au moins deux
ou trois philosophes. (On rit.)

M. BELMONTET. Alors on serait bien sûr de ne pas
s'entendre du tout.

M. JULES SIMON. J'ai donc étudié très-attentivement
le Code pénal, comme j'avais l'honneur de vous le dire,
et je suis sorti de cette étude avec la conviction que
l'ouvrier qui veut travailler est très-parfaitement, très-
complétement, très-absolument protégé par les mêmes
lois qui nous protégent tous, pour le moins autant que
nous voulons être protégés.

Sur quelques bancs. Très-bien !

M. JULES SIMON. Et, par conséquent, ni pour la
guerre de voies de fait, ni pour la guerre de paroles, il
n'est besoin de faire une loi nouvelle.

Quant à la guerre de procédés, qui consiste à cesser
toute relation avec un ancien ami parce qu'il est resté
dans un atelier que les autres ne fréquentent plus, à ne
plus répondre à ses paroles ou à ses politesses, à lui
tourner le dos quand il se présente ou à s'éloigner de
la table à laquelle il vient s'asseoir, en vérité, il n'y a
rien contre tout cela dans le Code pénal. Mais cela,
Messieurs, c'est la liberté elle-même, c'est la première
propriété de l'homme, le droit de disposer librement de
son estime. Nous avons tous le droit de porter sur chacun un jugement et de le manifester au dehors par ces
menus suffrages de la vie, qu'on peut à peine exprimer
dans le langage et que tout le monde sent, et qu'on
sent d'autant mieux qu'on a la fibre d'honneur plus
susceptible.

Sur plusieurs bancs. Très-bien !

M. Jules Simon. Sur ce point-là il n'y a ni règles, ni lois, ni constitutions; c'est à peine si les mœurs nous maîtrisent. Dans les sociétés les plus faciles, où l'on craint le moins de se prostituer avec des hommes tarés et sans honneur, il se rencontre parfois de ces natures vigoureuses qui remontent le courant, de ces hommes qui disent : « Je ne suis rien dans le monde, je ne suis ni riche ni célèbre; je n'ai aucun pouvoir... excepté celui de retirer ma main quand une main souillée se tend vers elle. » (Mouvement.)

Sachez-le bien, nos ouvriers sont très-français...

Plusieurs membres. Qui le conteste?

M. Jules Simon. Le sentiment de l'honneur est très-vivant et très-puissant chez eux. Dans le cours de ces discussions, on nous parle souvent des ouvriers étrangers pour les comparer avec les nôtres. Ceux qui connaissent l'ouvrier français savent que nous pouvons être aussi justement fiers de nos ateliers que de nos armées.

Rien n'est plus puissant dans les ateliers, rien ne contribue plus à maintenir les grèves, une fois qu'elles sont faites, que cette proscription qu'aucune loi ne peut atteindre, et que ni votre loi ni le Code pénal n'atteindront jamais.

Quelle est, Messieurs, la conclusion de la discussion à laquelle je viens de me livrer? La voici : C'est que si, en effet, il s'agit uniquement de protéger les menés contre les meneurs, vous n'aviez pas besoin de faire une loi; la loi était faite.

Nous sommes donc parfaitement dans le vrai en disant : Si vous admettez le principe de la commission, si vous pensez comme elle qu'il s'agit uniquement de la liberté individuelle, du travail individuel, si vous pensez cela, bornez-vous à l'abrogation, n'y ajoutez rien : tout est fait, tout est prévu; tout est dans la loi générale; votre loi est inutile !

Ici, Messieurs, il faut que vous écoutiez mes paroles avec une certaine indulgence, parce que mon expression pourrait trahir ma pensée; je désire beaucoup qu'on ne mette pas dans mes paroles ce que je ne veux pas y mettre.

Je crois que ceux qui ont fait la loi et qui nous disent qu'ils ont voulu protéger les travailleurs paisibles contre la violence des meneurs ont, en effet, voulu cela. Ils nous disent que telle a été leur volonté. Dès qu'ils le disent, je les crois sans hésiter; et j'ai d'ailleurs plus de raisons. qu'un autre de les croire, puisqu'étant membre de la commission, j'ai été à même d'apprécier, pendant deux mois, la profonde sincérité de leurs sentiments. Mais il arrive quelquefois que, tout en voulant une chose de bonne foi, on est à son insu influencé par une autre; et je crains que parmi ceux qui ont fait la loi, et surtout parmi ceux qui, ne l'ayant pas faite, la voteront, plus d'un ne soit influencé à son insu par le désir de rendre les coalitions impossibles et de retirer d'une main ce qu'on donne de l'autre. C'est ce qui ressortira, je le pense, de l'examen auquel nous allons maintenant nous livrer.

Messieurs, la loi qui vous est soumise commence par ces mots : « Les articles 414, 415 et 416 du Code pénal sont abrogés. »

C'est une première erreur. L'expression n'est pas de la commission, qui avait dit simplement dans son amendement : « Les articles sont modifiés. » C'est le conseil d'État qui a tenu à introduire le mot d'abrogation, et je crois qu'il a eu tort. Je parle ici en vérité, Messieurs, je dirais presque en linguiste; et vous allez voir pourquoi.

Qu'est-ce que les articles 414, 415 et 416 du Code pénal?

Ce sont les articles de la loi du 17 novembre 1849 qui ont pour objet d'interdire les coalitions.

Or, cette interdiction, la loi de 1849 la prononce dans deux articles.

Il y a d'abord l'article 414 qui décide que la coalition ayant pour but d'interdire un atelier donnera lieu à l'application de telle peine, s'il y a eu commencement d'exécution; et puis, il y a l'article 415, qui décide que, dans le cas où les ouvriers coalisés auraient prononcé ce qu'on appelle défense ou proscription, etc., il y aurait lieu à l'application de la peine, même sans qu'il soit besoin d'un commencement d'exécution. C'est deux fois le même délit, pris dans deux circonstances différentes.

En vertu du premier article, le juge ne peut punir la coalition que quand il aperçoit un commencement d'exécution; en vertu du second article, dès que le juge a mis la main sur la défense, la proscription, etc., on n'exige plus qu'il y ait eu commencement d'exécution.

Y a-t-il quelqu'un qui prétende que l'interdiction des coalitions soit contenue seulement dans l'art. 414? Y a-t-il quelqu'un qui prétende que l'article 415 traite d'un autre sujet, ait pour but la répression d'un autre délit? Non, en vérité; une telle prétention serait par trop insoutenable.

Les auteurs de la loi ont évidemment fait une loi entière, composée de deux parties, dont la seconde est la reproduction de la première avec une différence de forme. C'est la punition du même délit dans un autre cas. Eh bien! de ces deux parties de la loi, qui sont à peine deux parties distinctes, puisque l'une contient et reproduit l'autre, je trouve la seconde partie tout entière, l'article 415, dans la loi qu'on vous apporte, et qu'on intitule, par une méprise au moins bizarre, loi pour l'abrogation de la loi du 27 novembre 1849.

M. Garnier-Pagès. C'est évident.

M. Jules Simon. Et notez bien qu'on reproduit dans la nouvelle loi cet article, qui est l'ancienne loi tout entière, sans prendre même la peine d'en changer les termes.

On se demande, en vérité, si les auteurs de la loi ne se sont pas regardés comme de grands réformateurs parce qu'ils prenaient l'ancien article 415 pour en faire l'article 416. Il y a pourtant quelque différence entre abroger un article et le déplacer.

Voici le nouvel article; mais vous pouvez le suivre sur le texte de l'ancien, c'est le même : « Seront punis d'un emprisonnement de six jours à trois mois et d'une amende de 16 fr. à 300 fr. tous ouvriers, patrons et entrepreneurs d'ouvrage, qui, à l'aide d'amendes, défenses, proscriptions, interdictions prononcées par suite d'un plan concerté, auront porté atteinte au libre exercice de l'industrie ou du travail. »

Vous le voyez, messieurs, il y a une légère différence dans la pénalité, et voilà tout, non pas dans l'emprisonnement, mais seulement dans l'amende. Quoi! le même délit est condamné, le même emprisonnement est prononcé, dans les mêmes termes, et vous venez dire : L'article est abrogé, et vous dites aux ouvriers : Vous aviez une promesse, en voici la réalisation !

Messieurs, pesez vos paroles. Vous dites aux ouvriers, par le premier mot de votre loi : « Vous avez la liberté de vous coaliser. » Vous le leur dites, ils vous entendent et ils vous croient, et après cela vous leur donnez une loi dans laquelle vous rétablissez le délit, et qui contient l'article même qui le punissait dans la loi ancienne. Est-ce que cela peut rester? Je le demande à tous ceux qui m'écoutent : est-ce que la commission ne s'est pas trompée? est-ce que le conseil d'Etat ne s'est pas trompé? est-ce que les hommes sérieux ne doivent pas dire : C'est à recommencer. Mettez au moins dans votre travail la première ligne d'accord avec la dixième, ne trompez personne, vous ne devez tromper personne; parlez clairement si vous voulez être compris; ne dites pas une chose qui devient terrible, puisqu'elle n'est pas vraie.

M. CHEVANDIER DE VALDRÔME. Non ! la commission ne s'est pas trompée, et elle a la prétention de ne tromper personne.

M. JULES SIMON. Je ne réponds pas à l'interruption de l'honorable président de la commission, qui ne peut qu'opposer son opinion à la mienne : si je me suis interrompu, c'était pour répondre à une exclamation que j'avais entendu faire près de moi ; je conviens que j'ai prononcé le mot « terrible, » et je vois qu'il a blessé quelqu'un. Permettez-moi de vous dire, Messieurs, que ce mot ne m'est pas échappé ; il est sorti d'un sentiment profond que j'éprouve très-réellement, je vous assure. Je crois très-réellement qu'il peut y avoir quelque chose de terrible dans un malentendu sur une question pareille. Notre dissentiment même en est la preuve. Ainsi, je pense d'une certaine façon, et il n'y a personne au monde qui puisse douter de la sincérité de mon opinion quand je l'exprime. L'honorable M. Chevandier de Valdrôme, qui m'interrompt, pense autrement. Cela seul est déjà quelque chose de très-redoutable, si, sur une loi pareille, des hommes aussi sincères qu'il soit possible de l'être, des hommes assurément très-éclairés, qui pendant deux mois ont travaillé avec une anxiété profonde à comprendre la question, l'interprètent d'une manière aussi différente ; croyez-vous que j'aille trop loin en disant que cela est redoutable ? Non, non, je ne vais pas trop loin. Je dis ce qui est, et je le dis comme cela est.

Ce n'est pas tout, Messieurs, voilà un article de loi que l'on dit abrogé et dont je retrouve le texte dans la nouvelle loi qui, suivant vous, la remplace. J'y trouve aussi, sous un nom nouveau, l'interdiction de la coalition. Il est vrai que la coalition a perdu son nom et qu'elle s'appellera désormais un *plan concerté*. En

vérité, quel avantage trouvez-vous à ôter le mot et à le
remplacer par l'équivalent? Profiterez-vous de cette
substitution pour venir dire : Désormais on pourra se
coaliser, mais on ne pourra pas se concerter. (Très-bien!)

Il y a pourtant une partie nouvelle dans la loi : c'est
l'article spécialement destiné à punir les ouvriers qui
auront usé de violence pour empêcher d'autres ouvriers
de travailler; vous connaissez cet article, qui porte le
numéro 414. Ce qui est nouveau dans votre projet ne
vaut pas mieux que ce qui est emprunté à la loi de 1849.
D'abord, je reproche à cet article d'être obscur... (Interruption.); oui, je lui reproche d'être obscur; car,
pour le comprendre, on est obligé de l'étudier très-
attentivement, et, même après cela, on n'est pas sûr
d'en bien posséder le sens. J'en atteste les membres de
cette assemblée qui, devant moi, lui ont donné des
interprétations différentes.

C'est là, pour toute loi, un véritable malheur, surtout
pour une loi de cette espèce.

Je reproche aussi à la loi d'être trop dure. Ainsi, elle
punit la violence simple de trois ans de prison et de
3,000 francs d'amende; elle punit la menace de trois
ans de prison et de 3,000 francs d'amende. Cependant,
Messieurs, est-ce que vous n'êtes pas, à bien peu de
chose près, la même Chambre qui, l'année dernière, a
fait la loi sur les menaces, que je vous citais il n'y a
qu'un instant?

Dans cette loi, lorsqu'il a été question de menaces
simples et de menaces sans condition, qu'est-ce que vous
avez fait? Est-ce que vous avez prononcé trois ans de
prison et 3,000 francs d'amende? Non! vous avez prononcé une peine très-faible, et dont à présent, apparemment, vous vous plaignez. Veuillez songer, législateurs de 1863, à la différence énorme que vous mettez
entre vos pénalités pour le même délit dans l'espace
d'une année à l'autre. Qu'est-ce qui est changé? Je ne

veux pas dire, Messieurs, que vous devenez plus sévères, quand il s'agit de certains délits caractérisés
moins par la nature des faits que par la situation des
personnes ; je ne dis pas cela, mais je crois que toutes
les fois qu'au lieu de considérer le délit dans sa nature,
au lieu de faire la loi pour la généralité des citoyens, on
la fait pour une classe spéciale et pour un délit spécial, on est porté à exagérer la pénalité, et c'est ce qui
vous est arrivé dans cette circonstance.

Ceux qui demandent qu'on ne fasse que rarement
des pénalités spéciales, et seulement pour des délits qui
échappent à toutes les prévisions de la la loi commune,
ceux-là connaissent le cœur humain ; ils connaissent
l'esprit humain ; ils savent qu'il n'y a de conditions
d'impartialité vraie que dans l'état d'un esprit qui envi-
sage les faits en eux-mêmes et dans leur nature propre.
Quand on vient, au contraire, à distinguer de toutes
les autres menaces celles qui sont proférées dans un
atelier, on se laisse entraîner, sans le savoir et sans s'en
douter, à exagérer la répression, parce qu'on s'exagère
le danger.

A côté des menaces, si rudement punies, je trouve
dans votre loi un délit qui doit être nouveau dans le
Code pénal. Ce sont les tentatives sans concert préalable et sans conséquences, que vous punissez de trois
ans d'emprisonnement et de 3,000 francs d'amende.
Sans concert préalable et sans conséquences!... Je voudrais que les criminalistes nous disent s'il y a des
exemples analogues dans nos lois, et si l'on trouve
ailleurs une simple tentative, sans préméditation et
sans effet, punie d'une peine aussi redoutable.

Reste maintenant dans le projet de loi un mot que
tout le monde a dû s'étonner d'y trouver; car, si je ne
me trompe, quand le projet du conseil d'État a été
apporté ici, tout le monde a été unanime pour s'en
plaindre. Il s'agissait alors de manœuvres coupables. Il

est vrai qu'on l'a un peu modifié : les manœuvres coupables sont devenues à présent des manœuvres frauduleuses.

Oui, c'est un changement. J'ai entendu des magistrats déclarer que le changement était considérable,
qu'il n'y avait rien de si obscur pour eux que manœuvres
coupables, et rien de plus clair pour eux que manœuvres
frauduleuses. Cette déclaration m'a surpris, un peu in-
quiété ; je suis allé aux enquêtes ; j'ai consulté d'autres
magistrats, et plus d'un m'a répondu : « Manœuvre
frauduleuse, » c'est tout ce qu'on veut. (Mouvements
divers.) Cependant, Messieurs, c'est à cause du mot
manœuvres frauduleuses qu'on prétend dans le rapport
que les définitions sont si inutiles et si dangereuses.

La manœuvre frauduleuse, en effet, ne peut être
définie, j'en conviens; c'est pour cela que le mot vous
plaît. Si le mot vous plaît, précisément parce qu'on ne
peut le définir, c'est donc que vous voulez avoir dans la
loi quelque chose de vague. Et notez bien que ce vague,
vous ne le subissez pas malgré vous. Non, vous le voulez, vous le cherchez, vous l'introduisez dans la loi de
propos délibéré. Vous pouviez, si une définition vous
semblait si difficile, recourir à une énumération. Cela
était-il donc aussi impossible? Comment! il y a des
crimes, des délits qui sont assez notoirement des délits
et des crimes pour que celui qui les a commis puisse
être arraché à sa famille, privé de ses épargnes, claque-
muré pour des années entières dans une prison, et ces
crimes, ces délits, vous ne pouvez ni les définir, ni les
nommer! Et voilà ce que vous mettez dans une loi!...

Lorsqu'il en est ainsi, ceux qui attaquent la loi et qui
viennent dire : C'est une loi d'arbitraire, ceux-là sont
dans le vrai... (Mouvements divers.)

C'est une loi qui, mettant l'arbitraire dans les jugements, mettra la terreur dans les ateliers... (Exclamations.)

Eh bien! Messieurs, moi qui crois que la loi a été faite uniquement pour ce mot-là, que vous ne tenez qu'à lui, et que vous lui sacrifieriez volontiers tout le reste, je pense que cette loi n'a pour effet, en réalité, que de retirer d'une main ce qu'elle vient de donner de l'autre.

M. Eugène Pelletan. Très-bien! C'est la vérité!

M. Jules Simon. Vous dites que vous permettez les coalitions; mais comment voulez-vous, avec votre loi, que les coalitions se forment?

On vous disait ici, hier... (Bruit.) Messieurs, je vous serai reconnaissant de faire un peu de silence, car je vous avoue que j'ai la gorge entièrement prise... Vous le voyez, du reste. (Parlez! Parlez!)

La question que j'aborde a beaucoup d'importance, et je voudrais que ma pensée fût bien comprise.

Un adversaire du droit de réunion disait ici hier : Le droit de réunion n'est pas dans la loi et il devrait y être pour que la loi fût sensée et complète.

Il n'y a pas d'équivoque en ce qui me concerne, car j'ai déjà eu l'honneur de déclarer à la Chambre que j'étais partisan du droit de réunion; loin de m'en effrayer, je le désire, je le demande, je le souhaite de toutes mes forces; mais lorsqu'un des adversaires de la loi, qui la combat d'un point de vue diamétralement opposé au mien, vous disait dans la séance d'hier que le droit d'association est incomplet et mensonger sans le droit de réunion, il ne faisait pas plus d'équivoque que je n'en fais moi-même. Un ennemi du droit de réunion a parfaitement raison de dire que la loi qui donne le droit d'association et ne donne pas le droit de réunion, ne donne que la moitié de ce qu'elle doit donner. Nous sommes d'accord, lui et moi, sur ce point; nous ne différons qu'en ceci : c'est qu'il reproche à la loi ce qu'elle donne, et que je lui reproche ce qu'elle refuse. Je dis donc que l'honorable M. Seydoux a raison

de prétendre qu'en accordant aux ouvriers la permission
de s'entendre, mais à condition de ne pas se réunir, on
leur donne une permission qui équivaut à celle qu'on
pourrait donner à un aveugle de sortir d'une chambre
par une porte unique, sans lui dire où elle est.

On prétend que les ouvriers ont mille occasions de
se réunir; qu'ils se réunissent aussi aisément que les
patrons; on insiste notamment sur les conférences qu'ils
tiennent dans les lieux où ils prennent leurs repas.

Messieurs, cela n'est pas sérieux pour quiconque a vu
une fabrique; et, surtout, ce n'est pas sérieux si vous
supposez une coalition et une cessation de travail.

Aussitôt la grève déclarée et l'atelier vide, le restau-
rant ne se vide que trop, et pour trop de raisons.

En Angleterre, on a donné sérieusement le droit de
coalition, parce que le droit de réunion y existe. Mais
ci, comment va se faire la coalition? Dans quel lieu
fermé à tous les regards? Dans quel conciliabule secret?
Faudra-t-il donc, comme on vous le disait hier, que
l'idée de faire une coalition et de cesser ensemble de
travailler tombe dans l'esprit de deux trois ou quatre
cents personnes par une sorte d'illumination soudaine
et simultanée? Supposez-vous un concert sans entente
préalable? Les mots mêmes jurent l'un contre l'autre.
Voulez-vous qu'ils s'entendent, et que personne n'ait
pris l'initiative de leur conseiller la coalition?

Eh bien! je le demande ici, qui est-ce qui la conseil-
lera? Quel est celui qui viendra dire : Ou bien le capital prend une trop large part, ou bien notre patron
abuse de sa force pour nous rançonner, ou bien nous ne
touchons pas ici des salaires égaux à ceux d'un atelier
voisin, ou bien on nous impose des contre-maîtres qui
sont des tyrans? Qui est-ce qui viendra dire tous ces
préliminaires d'une coalition sans trembler à la pensée
des manœuvres frauduleuses et aux trois années de
prison qui l'attendent?

Je dis que vous avez rendu toute coalition impossible,
et je le dis avec mes adversaires ordinaires. Il est très-
difficile, Messieurs, à des hommes qui partent de deux
points de vue opposés, et s'appuient sur deux principes
contraires, de s'associer pour faire une loi; mais il est
parfaitement possible de s'associer dans le refus d'une
loi. Il est très-naturel que la droite et la gauche s'unis-
sent pour repousser cette loi obscure, cette loi terrible,
cette loi qui prend un nom et qui devrait en prendre un
autre, qui annonce une liberté et qui la refuse, qui inspire le désir des réunions en les rendant nécessaires, et
qui pourtant en maintient l'interdiction, qui non-seulement rend les réunions impossibles, mais rend les
discours et les conseils impossibles, grâce à ce mot de
manœuvres frauduleuses dont les magistrats peuvent
faire tout ce qu'ils voudront. (Réclamations.) Je sais
bien qu'ils sont honnêtes; mais enfin, quand vous êtes
réduits à invoquer l'honnêteté des magistrats, je vous
demande pourquoi vous faites des lois. C'est parce qu'il
y a des lois au-dessus des juges que les juges sont res-
pectés, et que les justiciables sont libres. Nous ne
sommes pas dans un pays où le magistrat apprécie sou-
verainement et le fait, et la faute, et la peine. Non, il y
a des règles, il y a des lois; ces lois, vous les faites;
elles sont sacrées pour tous; elles le sont deux fois pour
ceux qui ont l'honneur d'être législateurs. Qu'est-ce
qu'une loi, si ce n'est ce qui enchaîne, ce qui attache la
conscience du juge, et ce qui, en enchaînant la conscience du juge, rassure les inquiétudes du justiciable?
N'est-ce pas là ce qu'on appelle proprement la justice?
Est-ce que je ne suis pas dans mon droit en disant que
quand vous mettez dans une loi des expressions que
personne ne peut ni définir, ni expliquer, vous mettez
l'arbitraire dans les jugements et la terreur dans les
ateliers! (Réclamations diverses.)

Je conclus. Si on se propose réellement de protéger

les ouvriers qui veulent travailler contre les ouvriers
qui ne veulent pas travailler, la loi est inutile. Mais
non : ce n'est pas là le but de la loi. Son titre est de
donner la liberté des coalitions, et son but est de la
retenir.

Je n'ajoute plus qu'un mot. Nous faisons ici une loi
pour régler les rapports entre le capital et le travail.
Il y a en France une immense quantité d'hommes qui
travaillent de leurs mains ; autrefois, ils travaillaient,
et s'irritaient quelquefois ; ils réfléchissaient rarement.
Mais il s'est passé tant de choses depuis 1789 ! Le peuple
est sorti de ses ateliers et il s'est mêlé à la vie publique.
Des ouvriers sont devenus législateurs, le suffrage universel les a conviés à s'occuper des questions de l'ordre
le plus élevé; les idées nouvelles les ont séduits et
ravis. Vous répandez, non pas autant que je le voudrais,
mais beaucoup plus sans doute que par le passé, les bien-
faits de l'instruction : il se trouve encore dans nos ateliers des hommes qui ne savent ni lire ni écrire; mais
combien peu en comparaison de ce qu'il y en avait autrefois! Aujourd'hui on lit partout, on a un livre sur son
établi ; on en a un sous son chevet. Les idées pénètrent
de toutes parts; et, par conséquent, quand on discute
sur les intérêts des ouvriers, on discute en leur présence ; la loi qu'on fait s'adresse directement à leur
intelligence et à leur conscience ; il semble que nous
parlons aux ouvriers en ce moment même, et que l'immense atelier de la France nous entoure. Or, cette loi,
je vous le demande, à vous qui l'approuvez, et à vous
surtout qui la subissez comme un pis-aller, est-elle
claire? est-elle simple? est-elle faite pour être entendue, comprise, aimée par les ouvriers? Leur esprit est
moins raffiné que le nôtre; je ne sais pas au fond ce
qu'ils y perdent, car c'est une grande chose que de sentir simplement et d'aimer ce qui est net et ce qui est
clair. (Très-bien ! sur plusieurs bancs.)

Pour moi, je ne trouve pas que ce soit là une loi claire ; je ne trouve pas que la situation que nous prendrions en l'acceptant serait une situation digne. Je pense que ce qu'il faut souhaiter par dessus toute chose au monde, c'est d'avoir une politique nette, comme on doit souhaiter d'avoir une conscience nette. (Marques d'assentiment sur plusieurs bancs.)

Les compromis, Messieurs ! On commence par un compromis avec la difficulté ; Dieu nous préserve d'être jamais lancés d'un compromis avec une difficulté, dans un compromis avec la conscience ! (Adhésion sur les mêmes bancs.)

Ce qui manque à notre pays, c'est que la loi n'y est pas aimée ; on la subit, on ne l'aime pas. A qui la faute? La faute est-elle toujours aux justiciables? N'est-elle jamais à ceux qui font la loi? Elle est toute aux législateurs lorsque, dans des occasions comme celle-ci, on ne sait pas parler au peuple la langue que le peuple entend. (Réclamations.)

Pour moi, je comprends ceux qui veulent garder l'ancienne loi. Je la trouve mauvaise, sans doute ; mais au moins elle est claire, elle est ferme, elle sait ce qu'elle veut être. Il en est de même de notre amendement : il est clair, net, franc, c'est un amendement honnête. (Interruptions diverses.)

Une voix. Honnête, mais pas modéré.

M. JULES SIMON. Et je dis de votre loi : Elle commence par une promesse, elle continue par une menace ; c'est une loi comminatoire, elle attire et elle repousse, elle feint de donner ce qu'au fond elle refuse, et la première fois que vous l'appliquerez, vous l'appliquerez à des hommes qui ne comprendront pas pourquoi ils sont coupables. Je pense donc, Messieurs, qu'une loi pareille ne saurait être acceptée, et je vous demande tout au moins de la renvoyer à votre commission. (Approbations sur plusieurs bancs. — Mouvements divers.)

LES ASSOCIATIONS COOPÉRATIVES

(7 juin 1867.)

M. LE PRÉSIDENT SCHNEIDER. La parole est à M. Jules Simon.

M. JULES SIMON. Messieurs, je prends la parole sur l'article 48, non pour modifier ses dispositions, mais pour proposer un article additionnel. Le titre III, que la commission intitule : Dispositions particulières aux sociétés à capital variable, ne réglementera que celles de ces sociétés qui acceptent la division de leur capital en actions ; il laisse en dehors les autres sociétés à capital variable, c'est-à-dire qu'il laisse subsister à leur égard les dispositions actuelles de nos codes. Or, je crois qu'il me sera facile d'établir d'abord que la plupart des sociétés à capital variable, sinon toutes, ne divisent pas leur capital par actions, et ensuite que cette division serait impossible et gênante pour la plupart d'entre elles. D'où il résulte que votre loi, qui semble faite pour nous, qui veut être faite pour nous, est faite, en réalité, à côté de nous. (Très-bien ! à la gauche de l'orateur.)

Vous vous rappelez que dans la dernière séance une

difficulté s'était élevée, à propos de l'article 34 du Code
de commerce, que l'honorable M. Picard proposait de
supprimer. Si la Chambre avait accepté cette proposition, nous n'aurions à faire à présent aucune réserve ;
mais du moment que l'article 34 est maintenu, il devient nécessaire d'établir que les sociétés à capital variable, qui ne divisent pas leur capital en actions, ne
tombent pas sous les prescriptions du titre III, et ne
pourraient notamment s'accommoder du régime établi
par les articles 49, 50 et 51.

En réalité, nous venons vous demander, pour les sociétés à capital variable, la liberté absolue que vous
n'avez pas voulu donner à toutes les autres. Mais pourquoi avez-vous refusé deux fois la liberté, une première
fois quand elle vous était demandée par l'amendement
de M. Ollivier, une seconde fois quand elle vous était
demandée par l'amendement de M. Picard ? C'est que
vous vouliez donner des garanties aux travailleurs sérieux et aux petites économies contre l'influence du jeu
et des spéculations malhonnêtes.

Nous arrivons maintenant à un ordre de sociétés qui
offre fort peu de prise aux spéculations de cette nature.
(On rit.) Par conséquent les graves préoccupations qui
ont entraîné la Chambre dans une voie de réglementation, à mon avis excessive, ne se présentent plus dans
ce moment ; et nous sommes, par conséquent, dans
notre droit en demandant que la liberté que vous n'a-
vez pas voulu donner à tout le monde vous la donniez
aux sociétés à capital variable. Ce ne sera pas, nous
l'espérons bien, une exception : ce sera un commencement.

Vous avez fait distribuer à la Chambre, avant-hier,
je crois, la loi anglaise et la loi allemande. Je reconnais
que ces deux lois sont, à beaucoup d'égards, des lois
restrictives ; elles contiennent même des restrictions
que vous ne mettez pas dans votre loi ; mais il faut, s'il

vous plaît, considérer la manière de procéder en Angleterre. — Je prends seulement l'Angleterre pour ne pas
étendre mes observations, car, au fond, je ne suis pas
de ceux qui pensent que, dès qu'une loi est bonne pour
un pays, elle est nécessairement bonne pour un autre.

La loi d'un pays voisin n'est pas autre chose qu'un
exemple proposé et une matière de méditation. Ma
première réflexion, c'est qu'en Angleterre les mœurs
sont plus libérales que les lois; la seconde, c'est que les
lois sur les sociétés sont nombreuses, et qu'on est libre
de choisir entre elles. Il y a la loi sur la Société commerciale proprement dite, *Joint stock society;* sur la
Société de crédit, *Loan society;* sur la Société d'achat
de terrains, de construction de maisons, *Land society,*
Building society; sur la Société amicale, *Friendly so-*
ciety; sur la Société industrielle et de prévoyance,
Industrial and provident society, qui est celle que vous
nous avez fait distribuer.

Les compagnies anglaises sont libres de choisir entre
ces nombreuses lois. Elles déclarent leur intention au
registrar ou chancelier des sociétés, qui vérifie si elles
sont dans les conditions exigées par la législation
qu'elles choisissent. Outre cette liberté de préférence,
elles en ont une plus précieuse encore : c'est de ne pas
présenter leurs statuts à l'enregistrement et d'exister
à l'état d'associations purement et simplement indé-
pendantes de la loi. C'est que le droit de s'associer est
considéré en Angleterre comme un droit fondamental
du pays. Et, par exemple, les *Trades unions*, dont l'existence légale n'est pas reconnue, couvrent le pays au vu
et au su de tout le monde.

Je reconnais sur-le-champ que presque toutes les sociétés ont recours à l'enregistrement, parce qu'elles y
gagnent la protection de la loi, et dans des conseils aux
coopérateurs, publiés il y a quelques années par M. Wil-
liam Cooper, un des fondateurs de la société de Roch-

dale, on voit qu'il regarde ce point comme très-important, et qu'il leur recommande de se faire inscrire sous
le régime de la loi de 1862.

En résumé, j'ai le droit de dire qu'on ne pourrait pas
conclure des restrictions contenues dans la loi anglaise
à l'utilité de restrictions analogues dans la loi française.
C'est même une sorte de maxime parmi les coopérateurs anglais que toute restriction mise dans la loi est
mauvaise et qu'il vaut mieux laisser les sociétés à leur
libre arbitre. Voilà, par exemple, l'article 9 de la loi de
1862 qui interdit aux membres des sociétés coopératives de posséder au delà de 5,000 francs dans la même
société. Tous les coopérateurs regrettent de lire cette
restriction dans la loi et tous avaient soin de l'inscrire
dans leurs statuts avant qu'elle fût devenue une obligation légale. Ils sont unanimes pour la proclamer excellente ; mais, comme ils doivent à une longue et heureuse pratique l'intelligence de la liberté, ils ne veulent
pas que la loi leur commande sans nécessité ce qu'ils
s'empressent d'ailleurs de faire volontairement, parce
que c'est leur intérêt. (Assentiment à la gauche de
l'orateur.)

Maintenant, Messieurs, pour vous montrer l'exactitude de la proposition que j'émettais tout à l'heure, à
savoir que la plupart des sociétés à capital variable ne
pourraient pas s'accommoder de la forme de sociétés
par actions et des restrictions contenues dans les articles 49, 50 et 51 du projet de loi, je vous demande la
permission de passer en revue en très-peu de mots les
principales formes de sociétés à capital variable.

Vous savez qu'on en distingue ordinairement trois
sortes : les sociétés de consommation, les sociétés de
crédit et les sociétés de production. Il y en a beaucoup
d'autres. Je citerai, par exemple, les sociétés de perfectionnement intellectuel, les sociétés pour l'achat des
terrains, pour la construction des maisons, etc., qui ne

peuvent pas rentrer dans cette classification, mais je reconnais que les trois formes principales sont celles que je viens de dire ; je vais les prendre successivement et j'essayerai de vous montrer à quel point, pour chacune d'elles, ma proposition est exacte.

Je commence par les sociétés de consommation, qui sont la forme la plus simple des sociétés coopératives. Vous savez que nous en avons en France depuis fort longtemps. Il y en a une entre autres qui est célèbre et qui remonte à plus de trente ans : c'est celle qui a été fondée à Grenoble par M. Frédéric Taulier. Cette société, et celles qui lui ressemblent, ont pour but immédiat d'acheter en commun et en gros, et de revendre en détail au prix du gros. C'est la définition la plus simple qu'on en puisse donner.

De telles sociétés doivent-elles et peuvent-elles se constituer au moyen d'actions, et ne commencer à vivre que quand un certain nombre d'actions est souscrit, quand un conseil de surveillance est nommé, quand le dixième du capital est versé ? Pourquoi ces délais et ces exigences ? Qu'on en donne une raison ! Qu'on en donne même le prétexte ! A qui pense-t-on ? Aux tiers ? ils ne vendent qu'au comptant. Aux associés ? La nature de leurs opérations exclut toute nécessité de créer des actions et de former dès le premier jour un capital important. Cela est si vrai qu'ils commencent presque tous avec des ressources très-minimes, avec la simple ressource de cotisations hebdomadaires. Ainsi, à Paris, où il y a plusieurs sociétés de consommation, la plus prospère peut-être est une société qui a commencé avec les cotisations d'un si petit nombre d'adhérents et des cotisations si modestes, qu'on pourrait la citer plutôt que celle de Rochdale comme une merveille de confiance imperturbable et de persévérante volonté.

Tout son art a été de bien mesurer ses dépenses sur ses recettes, et sa clientèle croissant avec sa réputation de loyauté et d'exactitude, elle est, dès à présent, une maison puissante.

Au contraire, des compagnies fondées à côté d'elle avec des prétentions plus élevées, et qui ont voulu avant tout avoir des actionnaires, obligées d'aller les chercher dans une classe de gens qui n'avaient pas besoin précisément de faire des économies sur les dépenses de première nécessité, ont vu dès le premier jour le désaccord s'établir entre leurs actionnaires et leurs clients, ont mal acheté et médiocrement vendu, ont subi des crises intérieures dans leur administration et dans le personnel, se sont donné des magasins, des bureaux, des employés salariés en trop grand nombre, ont perdu ainsi un des principaux avantages des sociétés coopératives, qui est d'échapper à l'étalage, à l'affichage, à la plupart des frais généraux ; de sorte qu'au bout de quelque temps on a été obligé d'y mettre la main et de les transformer pour les rendre viables.

C'est là, Messieurs, un fait d'expérience, et l'expérience est ici d'accord avec la théorie. Il n'est personne parmi ceux qui ont vu de près une de ces sociétés, qui ne sache que plus elle est simple et modeste dans ses commencements, et plus elle a de chances de réussir. La société de Rochdale, car j'y viens, a débuté, comme celle de Ménilmontant, avec un capital absent. A l'époque de sa fondation, en 1844, elle ne comptait que quarante adhérents. C'étaient de bons et braves ouvriers ; mais ce n'étaient pas, tant s'en faut, des ouvriers opulents. Non-seulement ils n'avaient pas d'avance, mais je crois même que quelques-uns avaient des dettes ; en tous cas, ils sortaient d'une longue et douloureuse grève.

Augmenter les revenus semblait impossible ; ils eurent la pensée de diminuer la dépense et, pour cela, de supprimer les intermédiaires de la vente. Tel a été leur courage, qu'ils ont fondé une maison de commerce, au moment où les détaillants refusaient de leur faire crédit. Un an après leurs débuts, les ménagères du pays disaient, en se moquant d'eux, qu'on aurait pu mettre dans une brouette toutes leurs marchandises. Et cela était vrai, et cette même société a aujourd'hui un capital de cinq millions, après avoir contribué, par une mise importante, à la fondation d'un moulin de coton et d'un moulin de farine.

Voici quelle est l'organisation financière de cette société :

Pour être membre, il faut souscrire cinq parts d'une livre chacune, soit 125 francs de notre monnaie. Entendez bien qu'il faut seulement les souscrire. On ne paye le premier jour que deux shillings, savoir : un shilling qui n'est jamais rendu, et un autre qu'on met en tête du compte du nouveau membre ; ajoutez à cela une cotisation de trois pences par semaine (environ 30 centimes) jusqu'au jour où les cinq livres sont payées. Cela fait, toutes les conditions pécuniaires sont remplies. On n'a plus ni cotisation ni argent quelconque à donner.

On profite des bénéfices et on ne supporte plus aucune perte personnelle. Ainsi, pour être membre de cette association puissante, que faut-il ? un déboursé de deux shillings, c'est-à-dire de 2 fr. 50, et un versement très-lent, puisqu'il est de semaine en semaine de trois pences. Je me trompe : il faut en outre avoir deux parrains, être affiché pendant plusieurs jours dans la salle des réunions, et accepté par l'assemblée générale.

Que conclure de ces détails? C'est qu'il faut, pour prospérer, de la liberté, et encore de la liberté. L'argent ne vient qu'après, bien loin après ; et au commencement il n'en faut guère, non pas même la pièce de 5 francs par personne que nous demande l'honorable M. Mathieu. Les sociétés coopératives renouvellent le miracle de la création. Elles font quelque chose avec rien.

Je passe à une autre forme de société, qu'on appelle la société de crédit mutuel. Les sociétés de crédit mutuel ont, au fond, le même but que les sociétés de consommation.

Il s'agit de se procurer de l'argent sans fournir de gage, sans fournir d'hypothèque, et sans avoir la surface commerciale, c'est-à-dire sans remplir aucune des trois conditions moyennant lesquelles on se procure ordinairement du crédit. Trouver de l'argent quand on a une surface commerciale, c'est tout simple : on s'adresse aux banquiers. En trouver sur hypothèque, c'est plus simple encore : on va chez le notaire. S'en procurer avec un gage, c'est quelquefois plus difficile, mais enfin c'est pour cela que sont faits les monts-de-piété. Les monts-de-piété, par parenthèse, ne sont guère favorables aux classes laborieuses, puisque, comme vous le savez, à Paris, ils prennent 9 pour 100 d'intérêt, et dans certaines villes du Nord, jusqu'à 15 pour 100. Le but des sociétés de crédit mutuel est donc de créer le crédit sans aucune des conditions ordinaires du crédit, c'est-à-dire sans surface commerciale, sans hypothèque et sans gage.

Je ne vous citerai pas à ce propos les banques d'Écosse, dont le fonctionnement est déjà ancien, et dont les services sont considérables, quoiqu'elles prêtent précisément dans les conditions de nullité dont je parlais, sans gage, sans surface, sans hypothèques, parce qu'elles ne font, en réalité, que des prêts d'honneur, et qu'on ne peut les considérer ni comme étant elles-mêmes des sociétés, ni comme prêtant à des sociétés.

Mais je vais sur-le-champ aux associations de crédit mutuel, fondées sur le principe de solidarité, dont l'organisation a rendu si justement célèbre le nom de M. Schultze-Delitzsch.

Tout le système repose sur deux observations très-simples : ce que l'on ne peut pas prêter à un homme sans grand danger, on le prête à deux hommes qui se rendent solidaires l'un de l'autre avec un danger moindre ; si au lieu de deux il y en a dix, s'il y en a vingt, s'il y en a trente, le danger devient absolument nul, et la sécurité du prêteur est entière.

Voilà le premier principe ; le second, c'est que, ces sociétés étant fondées sur la solidarité, il est absolument nécessaire que les personnes qui les composent se connaissent et s'apprécient les unes les autres ; qu'elles se surveillent même dans une certaine mesure, et surtout, qu'elles dirigent par elles-mêmes, directement, les affaires de la société.

Ainsi, dans les banques d'Allemagne, chacun est solidaire pour tous et tous interviennent personnellement dans la direction.

Nous voilà bien loin de nos sociétés d'actionnaires, commençant avec un capital, se nommant un gérant, abdiquant entre ses mains, réduites, en vertu de la loi, à s'abstenir de toute immixtion dans la gérance, difficiles à créer et à diriger, non-seulement à cause des difficultés inhérentes à leur nature, mais à cause des difficultés créées par la loi. Cependant, chose étrange, ces sociétés prospèrent, quoique libres, et on peut dire qu'elles couvrent en ce moment l'Allemagne.

Eh bien, les sociétés que l'on forme en France sont presque toutes construites sur le même patron : ce sont des syndicats auxquels la solidarité a fait obtenir du crédit sans capital.

Il y a dans le rapport de l'honorable M. Mathieu un passage qui m'a étonné ; je ne dis pas qu'il me blesse : c'est quand le rapporteur, en parlant de la coupure des actions réduite à 50 francs avec l'obligation de versement du dixième, après avoir dit avec raison que cela réduit à 5 francs la première mise obligatoire, s'écrie que c'est là, en vérité, un bien petit capital, un bien petit effort, le dernier terme où la loi puisse consentir à descendre.

Un membre. C'est énorme, au contraire.

M. JULES SIMON. Mais enfin, il faut savoir se mettre par la pensée dans la situation d'autrui.

Parmi les personnes qui entrent dans les sociétés de crédit mutuel, il y en a un grand nombre pour lesquelles une action de 50 francs, dont on ne verse d'abord que le dixième, est une chose parfaitement abordable, même avec la perspective de payer plus tard les 45 francs de différence, je le reconnais tout le premier; mais il y en a aussi, nous pouvons bien le dire, pour lesquelles il est difficile de faire ce premier versement de 5 francs; cela est sans doute douloureux, mais cela est certain; et croyez-vous que je parle des misérables, c'est-à-dire de ceux qui, par leurs maladies morales ou par leurs maladies physiques, n'ont pas même ce revenu quotidien que donne le travail d'un homme sain et vigoureux? Non, pas du tout, je parle d'ouvriers laborieux, sachant travailler et travaillant, et je dis avec une profonde tristesse que, parmi eux, sans qu'on puisse le reprocher à personne, il y en a pour qui le versement de la somme de 5 francs est une difficulté considérable, et, ce qui le prouve, c'est que très-peu de sociétés ont osé demander un versement aussi effrayant. La plupart demandent un franc, et ce franc, comme le shilling de Rochdale, est perdu, et ensuite, elles établissent une cotisation de 25 centimes par semaine, quelquefois de 10 centimes.

Vous connaissez tous les détails de la dernière enquête publiée par la Chambre de commerce de Paris: tout le monde doit l'avoir devant les yeux pendant que nous nous occupons des classes ouvrières; vous savez donc que les salaires varient pour les ouvriers et ouvrières de Paris depuis 60 centimes jusqu'à 25 francs et au delà, et que s'il y a un assez grand nombre d'ou-

vriers qui gagnent 5 francs par jour de travail, il y en
a beaucoup aussi qui ne gagnent pas au delà de 2 fr. 50 ;
et ceux-là, Messieurs, s'ils ont de la famille, croyez-
vous qu'ils envisagent la pièce de 5 francs économisée
sou à sou comme une chose peu considérable ? Et quand
ils veulent fonder une société, croyez-vous qu'ils re-
gardent comme si facile de trouver dans leur corps de
métier une vingtaine de capitalistes en état de débourser
dès le premier jour cette bienheureuse pièce de 5 francs?

Je ne vais pas trop loin en disant que très-souvent
cela n'est pas seulement difficile, que cela est impossible ; et j'ajoute que cela est inutile, et que par conséquent vous n'avez ni droit ni prétexte pour leur imposer
une réglementation contraire à toutes leurs habitudes,
qui rendrait les créations des sociétés en ce moment
rares, tandis qu'au contraire nous les voyons se multiplier tous les jours à Paris, dans les grands centres in-
dustriels, et partout où il y a un homme intelligent
sachant leur dire : Ne demandez qu'à vous-mêmes l'a-
mélioration de votre condition.

Ah ! Messieurs, ne nous trompons pas sur la situation. Tous tant que nous sommes ici, nous pouvons regarder une pièce de 5 francs comme bien peu de chose.
Elle n'est rien, en effet, quand on la regarde du côté
où nous sommes ; mais elle est beaucoup, elle représente
bien du courage et bien des souffrances quand on la regarde d'un autre côté. Je tiendrai le même langage en
ce qui concerne les sociétés de production. Vous le savez, rien ne ressemble moins à une société de production qu'une autre société de production. Tantôt il ne
faut guère que des hommes de talent et de bonne volonté ; tantôt il faut un outillage considérable, des
matières premières coûteuses, un fonds de roulement
important.

Ici on commence avec quelques centaines de francs,
là il faudra 50, 60, 80,000 francs de capital. Les plus

modestes et les plus simples sociétés ne vous paraîtront pas les moins utiles, si vous songez aux artistes, aux ouvriers de talent, qui sont aussi des artistes, aux pères de famille qui forment un atelier avec leurs enfants et un ou deux compagnons, aux femmes, que nous devons tenir autant que possible éloignées des grands ateliers. Deux ou trois bons ouvriers se frappent dans la main, louent un atelier, achètent un peu de bois ou de cuir, et voilà une société créée.

Supposez que l'ouvrier soit seul et sans argent. Il a des talents, une idée, il se sent du courage ; il veut faire un meuble, il ne lui manque que du bois ou du marbre ; il s'adresse au marchand pour l'avoir à crédit. Le marchand peut refuser ; s'il consent, il se fait payer, outre le prix de la marchandise, le risque qu'il va courir, et c'est juste. Il a beau savoir que l'ouvrier qui lui fait un billet à quatre-vingt-dix jours est capable et laborieux ; qui le rassurera contre la maladie ? qui lui dit que le ciseau sera, cette fois, bien inspiré ; que la mode, dont la mobilité a des contre-coups douloureux dans les ateliers, se soutiendra pendant plusieurs semaines, que le chaland se présentera à point nommé, qu'il payera comptant ? S'établir à son compte dans ces conditions, avec la surélévation nécessaire des matériaux, c'est, pour un ouvrier, une entreprise presque désespérée. Avec l'association, au contraire, les périls disparaissent ; le marchand, rassuré par la solidarité de la dette et du travail, livre la matière à un prix raisonnable, et la lutte devient possible entre les ouvriers travaillant pour leur compte et le patron ordinaire. Est-ce au moment où des ouvriers habiles vont tenter cette épreuve que vous viendrez leur imposer votre article 48, qui les oblige à diviser leur capital en actions ? votre article 50, qui les oblige à verser un dixième ? votre article 51, qui leur défend d'exister comme association avant ce versement ?

En vérité, pourquoi ce luxe de précautions et d'entraves? Pourquoi ne pas les laisser commencer immédiatement leurs affaires avec la plus grande simplicité, étant parfaitement sûrs, comme vous l'êtes, que personne ne court aucun danger, qu'il n'y aura pas de scandale produit, qu'il n'y a en un mot aucun péril à courir ni pour les associés ni pour les tiers?

Voici un fait qui me revient en ce moment à l'esprit. Il y a très-peu de mois, un certain nombre d'ouvriers serruriers, dans une ville que je ne désignerai pas, mais qui n'est pas Paris, résolurent de fonder une société; si ma mémoire ne me trompe pas, ils étaient huit; parmi ces huit, un seul avait une assez grosse somme, mettons si vous voulez 400 fr. En réunissant ce qu'il y avait dans les autres bourses, le capital commun pouvait bien monter à 800 francs; seulement ces 800 francs appartenaient à trois d'entre eux, et les autres n'avaient rien. Que firent-ils? Ils fondèrent entre eux une société de production en stipulant que la part de chacun serait portée à 500 francs. Ceux qui avaient déjà de l'argent le versèrent et furent libérés dans la proportion de leur versement; les autres s'obligèrent à subir une retenue de moitié sur le prix des journées, et comme ils n'avaient pas de famille et que leur métier est productif, ils purent subir, pendant le temps voulu, cette dure condition.

Pourquoi ceux qui avaient un petit capital se sont-ils associés à ceux qui n'avaient rien? Je vais vous le dire : c'est qu'aucun des riches ne valait les pauvres, et que, par un phénomène qui est fort loin d'être miraculeux, les ouvriers qui n'apportaient rien comme capital étaient ceux qui apportaient le plus comme valeur. La société prospère aujourd'hui, grâce aux pauvres. Où en serait-elle si la loi avait exigé de chacun de ses membres un capital que les meilleurs d'entre eux n'avaient pas?

De pareils exemples se rencontrent tous les jours.
L'ouvrier se met en société pour travailler avec les
forces de ses bras et la puissance de son intelligence,
sans autres ressources. Si nous faisons des lois, que ce
soit pour l'y aider et non pour le gêner. Cette réglementation, si lourde pour lui, ne sert à personne ; elle
va directement contre le but et l'intention de la loi, et
je vous demande purement et simplement de l'abandonner. (Très-bien !)

Je pourrais aisément multiplier les exemples, mais il
n'est pas un d'entre vous qui ne voie, par le peu de mots
que je viens de dire, qu'en effet la plupart des sociétés
se constituent dans une situation qui n'est pas compa-
tible avec la réglementation que vous voulez introduire.
Vous voyez, puisqu'elles réussissent, combien vos formalités sont inutiles, et je vous rappelle, à l'honneur
des ouvriers, qu'il n'y a eu ni scandale, ni litige, ni intervention des tribunaux, et qu'ils laissent à d'autres
le jeu, la spéculation hasardeuse, la fraude.

Si j'insiste ainsi et si je vous parle de l'intérêt des
sociétés, je vous prie, Messieurs, de bien comprendre
dans quel esprit je le fais. D'abord, soyez bien convaincus que je n'ai pas en vue de vous inspirer de bons
sentiments pour elles : tout le monde ici peut se rappeler que je n'ai pas pris une seule fois la parole sans
constater que ces bons sentiments existaient. J'y crois
donc de la part de tout le monde ; mais ce que je crois
aussi, c'est que les personnes qui n'ont pas vu un grand
nombre de ces sociétés à leur naissance, qui n'ont pas
assisté à leur développement, ne se rendent un compte
exact ni de leur nature ni des difficultés qu'elles ont à
vaincre.

Pour vous en donner une idée, voici l'hypothèse que
je vous présente. Une société se forme entre ouvriers
aisés et ouvriers malaisés : la première semaine se
passe, la seconde aussi ; la troisième, on est embarrassé

pour donner à chacun une part prélevée sur des bénéfices qui n'existent pas encore ; car ici, comme il s'agit de vivre en travaillant, et de vivre chaque jour par le travail du jour, il ne peut pas être question d'attendre que les bénéfices soient acquis ; la distribution des dividendes fictifs est imposée par la nécessité la plus vulgaire et la plus inexorable. Que faire cependant en face d'uné caisse à peu près vide ? On traite les associés comme des naufragés ; au lieu de deux tiers de journée, on leur offre un tiers, un quart. Certains ouvriers répondent : Souffrons la misère pour échapper définitivement à la misère. D'autres sont à bout de forces, demandent à se retirer. Et, remarquez-le bien, ce ne sont pas toujours les moins vaillants. Il faut, Messieurs, voir dans leur réalité toutes les conditions de la vie humaine. Ce ne sont pas toujours, vous dis-je, les moins vaillants qui se retirent.

Je me souviens d'avoir visité dans le nord de l'Angleterre, je ne sais plus bien si c'est à Leeds ou à Bradfort, une société de fondeurs en fer, créée il y a fort longtemps par trente-sept ouvriers à la suite d'une grève. Le patron avait sombré et les ouvriers aussi. L'usine ne servait plus à personne, elle n'avait plus que la valeur de vieux murs et de vieilles ferrailles, car, dans le découragement général, personne ne voulait entreprendre de la relever. Les trente-sept ouvriers, qui travaillaient depuis longtemps dans la même ville et dans le même atelier, et qui, à défaut d'autre capital, avaient amassé ce capital d'honneur que produisent de longues années de probité et de sacrifices, allèrent trouver des banquiers hommes de cœur, comme il s'en rencontre heureusement, et leur dirent : Nous n'avons pas de travail pour nous soutenir nous et nos familles ; vous venez à notre secours par des souscriptions onéreuses pour vous, humiliantes pour nous, venez à notre secours autrement : fournissez-nous la faible somme

dont nous avons besoin pour acheter cette maison qui
s'écroule, et si nous la relevons, comme c'est possible,
vous aurez fait une bonne action et un bon placement.
On les crut, ils achetèrent la maison, se mirent à
l'œuvre, trouvèrent des clients qui se firent un honneur
de les employer; la société se développa rapidement,
et elle est aujourd'hui un des puissants établissements
du nord de l'Angleterre ; mais des trente-sept associés
de 1843, sept seulement ont conservé leur situation. Ce
sont aujourd'hui de gros capitalistes. Les autres ne
sont, comme devant, que des salariés. Quand je visitai
l'établissement, il y a quelques années, en compagnie
d'un des propriétaires, il me montra dans les ateliers
plusieurs de ces associés déchus. J'en remarquai un,
déjà vieux, mais robuste sous ses cheveux gris, dont la
figure sensée et honnête me frappa ; un de ces hommes
sur lesquels on comprend du premier coup qu'il faut
compter soit pour le travail, soit pour la lutte. « Il vaut
mieux qu'aucun de nous, me dit le patron; il n'a pas
perdu une heure depuis trente ans que nous sommes ensemble ; il est mon ouvrier, il gagne 10 francs par jour,
tandis que j'ai plusieurs centaines de mille francs à
moi. Mais il avait cinq enfants, son père à soutenir,
une femme malade. Je lui ai acheté sa part comme à
plusieurs autres. » Voilà les faits, Messieurs. Il faut
commencer avec rien, lutter contre le besoin, non-seu-
ment souffrir, mais condamner une famille à souffrir,
persévérer dans la détresse, et, malgré les découragements, retenir les dévouements qui chancellent. Une
société a ses bons et mauvais jours; florissante, on la
recherche ; languissante, on la quitte. Mais partout et
toujours, l'argent importe moins que le talent, et le
courage moins que la liberté.

Je voudrais à présent vous montrer un côté de la
question, que j'ai volontairement laissé dans l'ombre
jusqu'ici. Je ne vous ai montré dans les sociétés coopé-

ratives qu'un effort pour améliorer la condition individuelle des travailleurs ; je voudrais vous dire qu'il y a
là le germe d'une véritable réforme sociale, la solution
la plus vraie, et en tous cas, la plus pacifique du redoutable problème des rapports du capital et du travail.

Personne n'ignore que depuis de longues années on
a jeté dans le peuple des idées économiques de nature
assez diverse, mais ayant ce caractère commun d'aboutir à l'association et de la présenter comme un remède
infaillible à tous les maux. L'école saint-simonienne,
l'école fouriériste, M. Buchez, les ouvriers réunis pour
la rédaction de *l'Atelier*, propagèrent ce mouvement et
lui donnèrent une incontestable puissance. Une des
idées les plus répandues était l'inutilité des patrons et
des marchands, qu'on traitait de parasites, et dont les
bénéfices relativement énormes semblaient un vol commis au préjudice de l'ouvrier.

La vraie doctrine. disait-on, était de mettre l'acheteur en relation directe avec le producteur. On atta-
quait par des raisons analogues le capital, et surtout le
capital accumulé et transmis. Ceux qui voulaient bien
épargner le capital tonnaient contre le loyer du capital, qu'ils regardaient comme une féodalité d'un nouveau genre et comme une exploitation malhonnête de
l'homme par l'homme. Chaque jour voyait naître une
nouvelle secte et créait une nouvelle idole. Survint la
Révolution de février. Le peuple était vainqueur et le
savait ; il avait conquis la plénitude des droits politiques : n'était-ce pas le moment, puisqu'il était le
maître, de prendre aussi une part plus équitable des
jouissances sociales ? Il le pouvait, il le voulait, et j'a-
joute qu'on devait l'y aider. Mais la question était de
savoir par quel moyen on y arriverait. Le plus naturel,
le plus juste, celui qui sortait de la situation, qui était
dans toutes les bouches et dans tous les cœurs, c'était
l'association. On en créa de toutes parts, quelques-unes

avec science, réflexion, modération; d'autres avec une
ignorance complète des lois économiques et avec un
emportement pardonnable et regrettable.

On entendit soutenir que le travail avait été trop
longtemps la victime du capital; qu'il ne s'agissait pas
de régler avec plus de justice les rapports du patron et
de l'ouvrier, mais d'évincer le patron, de se passer de
lui et de son argent, de créer des associations sans capital et contre le capital, de détruire le salariat, qu'on
déclarait fort analogue à l'esclavage, et de contraindre
tous les citoyens à entrer dans une vaste association,
ou dans un système d'associations calquées sur le même
plan, qui ne laissaient aucune place ni à la liberté ni à
l'individualité.

Les conséquences ne se firent pas attendre. La première fut la ruine presque générale des sociétés ainsi
fondées; la seconde fut une réaction énergique de ceux
qu'on appelait alors les défenseurs de l'ordre, et qui, à
force de voir les exagérations du principe de l'association, prirent l'association elle-même en haine, et la dé-
clarèrent à la fois impuissante et injuste. Ce fut un des
spectacles les plus curieux de ces temps agités que de
voir l'Assemblée constituante voter un fonds de quatre
millions pour encourager les associations, et le pouvoir
exécutif, uni avec elle de cœur et de pensée, commander à l'Académie des sciences morales et politiques
d'inonder le pays de publications destinées à les combattre.

C'est à cette époque qu'il faut rapporter les paroles
d'un homme illustre que l'honorable M. Mathieu a re-
cueillies, en les expliquant avec la déférence que commande un talent et un caractère de cet ordre, et en les
rapprochant d'une brochure publiée il y a deux ans,
brochure où sont exprimées des opinions presque diamétralement opposées, et qui est signée de noms dont
quelques-uns appartiennent à des opinions politiques

très-analogues à celles de l'illustre rapporteur de 1848.

C'est qu'il s'est fait, depuis 1848, une véritable révolution dans l'intelligence publique. On aime encore l'association dans les ateliers ; je dis plus, on l'aime plus que jamais, et je m'en félicite. Mais on l'aime en la comprenant. On sait ce que c'est qu'une affaire. On comprend le rôle du capital dans l'industrie ; on en admet la légitimité et la nécessité. On cherche bien encore, et il le faut bien, à commencer des entreprises en se passant un peu de lui ; mais on ne se passe de lui que par nécessité, en comptant sur lui, en l'appelant. Loin de vouloir l'ôter à ceux qui le possèdent ou l'annihiler dans leurs mains en supprimant le loyer de l'argent, on n'aspire qu'à le posséder à son tour, à le conquérir par des moyens légitimes, par un travail assidu, par de dures épargnes.

Des associés débutants s'imposent des retenues de 40, de 50, de 60 pour 100 sur le salaire de la journée ; dans beaucoup de sociétés, une retenue de 15 pour 100 est réglementaire jusqu'à parfait payement de la commandite. Et cette commandite n'est pas toujours limitée à 50 francs, à 100 francs. Les tailleurs de limes, les ferblantiers, les maçons ont des parts de 2,000 francs. Une association de facteurs de pianos a fixé à 10,000 francs la part de chaque associé.

Ainsi on travaille pour l'avenir, on s'impose de longs sacrifices, on sait ce que l'on veut et où l'on va ; on reste ouvrier, mais on devient commerçant ; on veut et on sait l'être.

C'est un premier progrès ; voici le second : c'est que, au lieu de penser à faire la guerre au salariat, à l'heure qu'il est, les ouvriers reconnaissent et proclament eux-mêmes la liberté pour tout le monde. Ces mêmes associations dans lesquelles on ne voulait pas entendre parler de liberté, et qui voulaient imposer bon gré mal gré leur forme à tout le monde, réclament aujourd'hui la liberté pour elles, et la demandent en même temps pour leurs concurrents.

Même cette espèce de susceptibilité que vous nous avez vu apporter plusieurs fois à cette tribune, qui s'est manifestée hautement dans l'enquête, et à laquelle la commission a donné une certaine satisfaction, cette susceptibilité qui consiste à demander d'être régi par la loi commune et à n'être jamais l'objet d'une loi exceptionnelle, que signifie-t-elle, au fond? Est-ce que par hasard les coopérateurs demandent à partager les entraves dont vous chargez les grands capitalistes? Pas du tout : ils demandent que vous supprimiez les entraves pour les capitalistes et pour eux. Ce droit qu'ils réclament sans cesse, c'est le droit commun.

Ils sont épris d'une passion généreuse. Ce droit commun, ils l'aiment, ils le demandent, ils le pratiquent. Non-seulement ils vivent en bonne intelligence avec ceux qui ne partagent pas leurs convictions et leurs espérances, mais quand des associés fatigués, ou chargés de famille comme les fondeurs de Leeds, demandent à descendre, il les acceptent de bon cœur pour auxiliaires, et deviennent leurs patrons, sans cesser d'être leurs camarades.

Voilà donc de grands progrès réalisés, d'heureux progrès, bien faits pour nous consoler de tant de douleurs que le temps présent nous apporte. Quoi de plus naturel que de voir des hommes, que les anciennes théories éloignaient, se rapprocher maintenant des associations, depuis qu'elles sont fondées sur des bases sérieuses, et qu'au lieu de nuire à la liberté, elles la fortifient et la développent?

Il y a d'ailleurs, dans le mouvement qui se produit, un attrait puissant, un intérêt en quelque sorte philosophique. J'essayerai de le faire comprendre par une comparaison.

J'introduis devant vous deux sociétés de consommation, dont je suppose les règlements identiques, avec une seule différence qui ne paraît pas considérable au premier coup d'œil : l'une, achetant en gros, vend au détail au prix du gros ; l'autre achetant en gros, vend au détail au prix du détail. Ainsi, dans la première société, chaque ouvrier a immédiatement le résultat de la bonification : il a pour dix sous ce qu'il aurait acheté quinze sous chez l'épicier, c'est-à-dire qu'il obtient pour le même prix plus de marchandises ou la même quantité de marchandises à moins de frais.

L'autre société, au contraire, lui vend quinze sous ce qu'il aurait pour quinze sous chez l'épicier. Elle ne lui donne que plus tard le bénéfice, et voici comment elle procède : Elle accumule la différence au profit de l'acheteur, et, au bout de trois mois, elle la lui rend, s'il l'exige, ou l'inscrit à son avoir, s'il y consent.

Cette organisation est meilleure que l'autre au point de vue économique, car, au moment où l'on vend au détail au prix du gros, on ne sait pas encore quel est le vrai prix du détail, puisqu'on ne peut pas prévoir les déchets, les méventes, les non-valeurs, tandis qu'au bout de trois mois tous les résultats sont connus, et on fait les calculs à coup sûr.

Mais cela n'est rien. L'important, c'est qu'au lieu de donner les économies à mesure qu'elles se produisent et par sommes imperceptibles, on les capitalise.

C'est à cette réforme, toute simple qu'elle paraisse, que les grandes sociétés du nord de l'Angleterre ont dû d'être des instruments, — je vais dire un bien gros mot, — des instruments de réforme sociale, au lieu d'être des espèces de sociétés charitables.

Vous savez comment cela se passe : Vous achetez pour un shilling, on vous donne un petit jeton en cuivre ou en béton, qui porte le chiffre de la dépense que vous avez faite.

Si vous avez dépensé 25 shillings par mois, c'est

25 jetons que vous recevez un à un, en même temps
que la marchandise. Au bout de trois mois vous apportez 75 jetons au guichet, et comme l'inventaire est
réglé, on vous donne votre part des bénéfices au pro-
rata de vos dépenses. De là est venu le proverbe : « Plus
vous dépensez, plus vous gagnez ; » paradoxe dont la
coopération bien entendue a fait une heureuse réalité.

Or, qui ne voit la différence entre quelques centimes
épargnés chaque jour sur le prix des denrées, et ces
vingt, trente, quarante francs qu'on vous remet à la
fois, et qui sont déjà une petite fortune ? Les prenez-
vous ? Vous pouvez, en en faisant bon usage, augmenter
votre bien-être dans une large proportion. Les laissez-
vous à la caisse ? Vous voilà dès à présent à la tête d'un
capital, dont les intérêts se joindront le trimestre prochain aux bénéfices réalisés sur vos dépenses courantes.
Cette progression marche vite, et c'est ainsi qu'on voit
un si grand nombre d'ouvriers anglais propriétaires des
5,000 francs qui sont le maximum permis par la loi.

Ainsi se produit l'accession au capital de personnes
qui n'y pourraient pas arriver, même par les excellentes
institutions de la caisse d'épargne et des sociétés de
secours mutuels.

Et ici, souffrez que je vous dise que le mouvement
coopératif profite même à ceux qui n'y entrent pas.

Je suppose que je m'enferme dans mon cabinet pour
faire un travail intéressant et difficile, que j'y consacre
quinze jours sans jamais en sortir, et que je m'y trouve
heureux. Je suppose après cela qu'on me condamne à
quinze jours de prison; qu'on me donne une bonne prison, que j'y fasse le même travail : le résultat est le
même. Suis-je aussi heureux dans cette prison que
dans ma chambre ? Non, car dans mon cabinet, je ne
sortais pas, pouvant sortir, et, dans ma prison, je ne
sors pas, parce qu'on m'en empêche.

Cela est simple et naturel.

Il en est de même de la situation du prolétaire. Nous le jugeons quelquefois durement parce que nous ne nous rendons pas compte de cette situation d'esprit qui consiste à penser qu'on est enfermé dans une condition sociale et qu'on ne peut guère en sortir que par une espèce de miracle. Cela est très-dur, et, à moins de rencontrer ces nobles cœurs pour qui la résignation est facile et qui sont l'exception, plus un homme est intelligent et se sent fort, et plus il souffre d'une situation à laquelle il est pour jamais condamné.

Que tout à coup il voie naître à côté de lui une institution qui, sans révolution, sans miracle, par le seul effet d'une combinaison ingénieuse et simple, mais à la condition pourtant du travail obstiné et du long sacrifice, lui donne le moyen de se racheter, s'il le veut, de prendre son rang, s'il le veut, parmi les hommes indépendants, de devenir, s'il le veut, maître de son temps, de son talent, de sa destinée : cette seule pensée qu'il a la liberté sous la main écarte de lui toute mauvaise pensée d'assujettissement. Il se sent libre, puisqu'il peut l'être.

Mais c'est surtout quand on entre soi-même dans le mouvement coopératif, quand au lieu de s'abandonner à des récriminations inutiles, à d'injustes colères, à des découragements énervants et dégradants, on entreprend la vaillante tâche de remonter sans aide à la place dont on se sent digne, c'est alors qu'on comprend la grandeur et la puissance de ce principe nouveau, qui s'est introduit depuis trente ans dans le monde économique, et que nous aurons l'honneur d'avoir introduit dans la loi.

Car je l'ai dit une fois et je le répète, quand même cette loi serait mauvaise, comme quelques-uns le prétendent, le seul fait de l'avoir présentée est un service rendu à la cause du travail.

Oui, à partir de cette loi les sociétés coopératives

entrent dans le régime légal, elles deviennent une institution, elles ont le droit de bourgeoisie. On pourra changer la loi, l'améliorer, mais il n'est personne, parmi ceux qui ne possèdent pas, qui ne sache désormais qu'il a un moyen régulier et légal de conquérir l'indépendance, et qu'il peut, s'il sait vouloir, se sauver par sa propre force.

Voilà le but que se proposent les coopérateurs, et dans la poursuite duquel nous devons les servir de toutes nos forces; et voilà à quoi cette loi, fût-elle mauvaise, doit servir. C'est là, n'en doutez pas, qu'en est le sens et la grandeur.

Messieurs, si vous étudiez les sociétés anglaises, vous verrez qu'il n'en est pas une dont les statuts ne contiennent un chapitre particulier sous ce titre : *Educational departement*. On prélève sur les bénéfices une somme de 7 p. 100, quelquefois davantage, et on la consacre à acheter des livres, à faire faire des cours et des conférences, à ouvrir des écoles. Cette même habitude commence à se répandre en France.—Qu'est cela, Messieurs, sinon la preuve que les ouvriers ont la parfaite intelligence de la situation? Ils comprennent très-bien que, puisqu'il s'agit de s'élever, ce n'est pas seulement par la possession de quelques écus, c'est encore et surtout par la culture intellectuelle qu'on y parvient. Ainsi marchent d'accord, et pour ainsi dire sous la même bannière, la réforme économique et la réforme morale.

Ces mêmes statuts des sociétés anglaises, grandes ou petites, commencent par une formule que je tiens à vous faire connaître. La voici :

« Le but de la présente compagnie est d'élever la condition morale et sociale des adhérents, en recueillant des souscriptions volontaires pour acheter en commun la farine, le pain, les épiceries et les vêtements. »

La première fois qu'on lit cet article, on ne peut

s'empêcher de sourire. Mais quand on réfléchit, on ne
sourit plus, et je crois que vous partagerez mon sentiment quand je vous dirai qu'on se sent profondément
attendri. C'est qu'en effet nos sociétés améliorent la
condition morale et sociale des adhérents par cet
humble moyen ; elles leur apprennent à être vraiment
des hommes, à ne dépendre que d'eux-mêmes, à devenir
la providence de leurs femmes et de leurs enfants.

Et tous ceux qui m'entendent et qui appartiennent
aux villes industrielles rendront justice à la vérité de
mes paroles, quand je dirai que partout ce sont les
hommes d'élite qui entrent dans ces associations, ce sont
ceux qui savent souffrir et vouloir, et en souffrant et en
voulant ils arrivent à quoi ? à dompter la destinée, et
à se rendre maîtres de la fortune. (Très-bien ! Très-
bien !)

C'est ainsi que nous arriverons à réaliser dans l'ordre
économique les grandes réformes opérées dans l'ordre
politique en 1789 et en 1848. Autrefois, on voulait y
parvenir par la lutte sanglante, on faisait la réforme
sociale à coups de fusil ; aujourd'hui, on ne veut plus
que des luttes pacifiques, on n'invoque plus que la
liberté ; nos associations prennent le nom glorieux d'associations fraternelles, et cette fraternité n'est pas
seulement entre ceux qui s'associent, elle est entre
ceux qui sont associés et tous les autres hommes, parce
que les coopérateurs, quand ils sont ce qu'ils doivent
être, sont véritablement des hommes de paix.

J'ai voulu, Messieurs, vous montrer à la fois quel est
le caractère du mouvement coopératif, quelle est son
importance, quelles sont ses nécessités et vous faire
voir que si un grand nombre de ces associations peuvent,
en effet, se fonder par actions, grâce aux atténuations
que vous proposez, il en est un grand nombre qui ne
peuvent ni accepter cette forme, ni subir les prescriptions
des articles 49, 50 et 51 du projet de loi ; que ces pres-

criptions sont inutiles, puisqu'on s'en est passé jusqu'ici, sans aucun danger ni pour la morale ni pour la société; et que, par conséquent, animés comme vous l'êtes des plus excellents sentiments pour ceux de nos frères qui livrent cette pacifique bataille, vous ne voudrez pas leur imposer de nouvelles entraves dans une loi que vous avez faite pour leur donner le plus de liberté possible.

Je demande le renvoi de cette partie de la loi à la commission. (Vives marques d'approbation sur plusieurs bancs et notamment sur ceux à la gauche de l'orateur.)

DROIT DE RÉUNION

(13 mars 1868.)

M. LE PRÉSIDENT JÉRÔME DAVID. La parole est à
M. Jules Simon.

M. JULES SIMON. Messieurs, je ne viens pas déclarer
que je ne voterai pas la loi en discussion, parce que
nous avons présenté un amendement que je trouve,
pour ma part, excellent, l'ayant signé, et à coup sûr,
si cet amendement est adopté, je voterai la loi ; cependant, s'il n'est pas adopté, je ne la voterai pas. Et
remarquez cette circonstance bizarre, en venant dire
que je ne la voterai pas, j'en parlerai presque de la
même façon que l'honorable M. Latour-du-Moulin, qui
la votera. C'est sans doute parce qu'il la vote à cause
du nom qu'elle porte, à cause du principe qu'elle pro-
clame, à cause des espérances qu'il y attache, tandis
que moi, la prenant pour ce qu'elle est, je ne pourrais
la voter sans me rendre infidèle aux doctrines libérales
qui sont celles de toute ma vie.

On nous avait, Messieurs, promis la liberté de réunion dans la lettre fameuse du 19 janvier 1867; j'en
rappelle les termes : « Il est nécessaire de régler légis-

lativement le droit de réunion en le contenant dans les
limites qu'exige la sûreté publique. » C'est le principe
de tous les gouvernements monarchiques ; ils donnent
une liberté, et en même temps ils la limitent : je ne
leur en fais pas un reproche. Je suis partisan de la
liberté totale, mais j'admets parfaitement qu'on puisse
être partisan de la liberté réglée, et c'est par la liberté
réglée que j'ai commencé moi-même à aimer la liberté
totale.

Cependant, tout en annonçant ces limites, l'empereur
ajoutait des paroles qui nous donnaient le droit de
croire que la liberté qu'on allait nous rendre serait une
liberté considérable. Il en parlait avec une emphase
qui semblait de bon augure.

« Je n'ébranle pas, disait-il, le sol que quinze années
de calme et de prospérité ont consolidé ; je l'affermis
davantage en rendant plus intimes mes rapports avec
les grands pouvoirs publics, en assurant par la loi aux
citoyens des garanties nouvelles, en achevant enfin
le couronnement de l'édifice élevé par la volonté nationale. »

Ainsi, dans la pensée du chef de l'État, cette loi sur
le droit de réunion, et la loi sur la presse, qui fut présentée en même temps, devaient concourir à former ou
peut-être même former à elles seules le couronnement
de l'édifice. Nous avions conçu, en présence de ces déclarations, une légitime espérance. Mais, quand nous
avons vu le projet de loi qu'on nous apportait, nous
avons été obligés de convenir qu'on nous avait promis
beaucoup, et qu'on nous donnait bien peu. Je ne sais
si, en tournant et retournant le projet de loi tel qu'il
nous est soumis, je ne serais pas dans mon droit en disant qu'excepté le nom, on ne nous a rien donné.

Voici, Messieurs, une phrase du rapport que je vous
demande la permission de vous citer, parce qu'elle est
caractéristique.

« Au régime de l'autorisation administrative, le projet substitue le principe de la liberté des réunions publiques et n'admet à ce principe que deux exceptions.

« Elles s'appliquent aux réunions ayant pour objet de traiter de matières politiques et religieuses; celles-ci demeurent soumises à l'autorisation. »

Il n'y a,, en effet, que deux exceptions; seulement les deux choses qu'on excepte, je ne crains pas de le dire, étaient les deux choses pour lesquelles le droit de réunion était demandé, et pour lesquelles il était nécessaire. (Approbation à la gauche de l'orateur.)

M. PEYRUSSE, *rapporteur*. Je demande la parole.

M. JULES SIMON. De façon qu'on nous donne plutôt une loi à côté du droit de réunion qu'une loi sur le droit de réunion.

Je comprends parfaitement qu'on ne veuille pas nous donner le droit de réunion en matière politique et en matière religieuse ; mais alors qu'on change l'intitulé de la loi, cela sera beaucoup plus honnête, et qu'on nous dise : « Les réunions en matière littéraire et scientifique sont permises; mais on ne permet pas les réunions en matière religieuse et politique. »

Maintenant, Messieurs, avant d'insister sur ce qu'on nous refuse expressément, je vais examiner avec vous, si vous voulez bien me suivre, la dose de liberté qu'on nous accorde sur les matières non religieuses et non politiques.

On met en dehors de la loi presque tout ce qui est important, plus de la moitié, plus des trois quarts de ce qui est important. Nous donne-t-on au moins une véritable liberté pour le reste? Jugez-en par cette énumération que je vous demande la permission de faire, quoiqu'elle soit sans doute présente à tous vos esprits. Un résumé, qui présentera le système de la loi en deux ou trois phrases, fera ressortir d'une façon plus nette encore combien ce semblant de liberté est illusoire.

1º Pour exercer ce droit de tenir une réunion publique, il faut présenter une déclaration signée par sept habitants domiciliés, qui, par cette signature, se soumettent à l'éventualité d'une pénalité rigoureuse.

2º La réunion ne peut avoir lieu que trois jours francs après le dépôt de cette déclaration.

3º Elle ne peut avoir lieu que dans un local clos et couvert, et doit se terminer à l'heure fixée par l'autorité municipale pour la fermeture des établissements publics.

4º Elle a nécessairement un bureau composé d'un président et de deux assesseurs. Le président et les deux assesseurs, comme les sept signataires de la déclaration, s'exposent par leur présence au bureau à des pénalités rigoureuses.

5º La réunion est surveillée par un fonctionnaire de l'ordre administratif ou de l'ordre judiciaire, revêtu de ses insignes, choisissant sa place et investi du droit de dissoudre à l'instant, dans de certaines conditions, la réunion à laquelle il assiste.

6° Indépendamment de la présence de cet agent, le maire conserve tous ses droits, qui sont considérables.

7º Les peines sont véritablement énormes; car le minimum est de 300 francs d'amende et de quinze jours de prison, et le maximum, qui peut s'appliquer aux sept signataires, aux trois membres du bureau, à tous les orateurs, et dans certains cas à tous les assistants, s'élève à 10,000 francs d'amende et à un an de prison, avec la faculté accordée aux tribunaux d'y ajouter la privation des droits électoraux pour une période de un an ou de cinq ans. Enfin, pour comble, outre ces mesures répressives, le préfet a le droit d'ajourner la réunion et le ministre a le droit de l'interdire.

Voilà comment nous pouvons user de la liberté pour cette petite portion, pour cette infime portion, pour cette imperceptible portion du droit de réunion qu'on nous laisse.

Maintenant, à côté des réunions littéraires et scientifiques qui seront ainsi réglementées, je reconnais qu'il y a les réunions électorales. C'est ici évidemment le point le plus important de la loi, celui qui lui donne un caractère politique.

Or, toutes les restrictions que je viens d'énumérer s'appliquent également aux réunions électorales, avec deux différences, un avantage et une restriction.

L'avantage consiste en ce qu'au lieu du délai de trois jours francs entre le dépôt des sept signatures et la tenue de la réunion, il n'y aura plus, pour les réunions . électorales, qu'un intervalle d'un jour.

La restriction, c'est que les réunions électorales sont interdites cinq jours avant l'ouverture du scrutin, c'est-à-dire au moment où les réunions électorales sont sans comparaison le plus nécessaires.

En présence de restrictions si étranges et si nombreuses, ne sommes-nous pas en droit de dire : Vous nous avez promis beaucoup ; vous nous avez promis de nous restituer un droit que nous considérons comme un des droits les plus essetiels à une société humaine bien organisée (Assentiment à la gauche de l'orateur.), et au lieu de nous le restituer, vous supprimez, comme je le disais tout à l'heure, d'un trait de plume plus des trois quarts du droit, et pour le reste, vous le gênez, vous le restreignez, vous le mutilez, vous l'entravez dans une série de quinze articles, que vous couronnez enfin par un dernier article qui rétablit purement et simplement le pouvoir arbitraire ! C'est ce qui ne s'appelle pas tenir sa parole : Vous nous avez promis beaucoup, et vous ne nous avez rien donné, (Nouvel assentiment à la gauche de l'orateur.)

Je vais insister sur les objections qui se présentent

en foule à l'esprit; vous verrez, si elles vous paraissent sérieuses.

Je suis dans la position d'un homme qui fait des objections et qui voudrait ne pas en faire, qui regrette pour ainsi dire d'avoir tant raison ; car enfin ce que vous me proposez, c'est le droit de réunion, le plus important, le plus nécessaire, le plus sacré de tous les droits, et je voudrais, au prix des plus grands sacrifices, aider ce droit primordial à rentrer dans la série de nos lois, dût-il y revenir amoindri. Mais ce à quoi je ne puis pas me prêter, c'est à une loi qui nous promet un bien, et du même coup nous le refuse ; qui prétend être une loi de liberté et n'est qu'une loi de répression ; qui se présente comme une loi d'apaisement, et qui ne fera que multiplier les équivoques et les inquiétudes.

Je pourrais insister, si on ne l'avait pas fait avant moi, sur cette exigence des sept signatures. Il y a là une difficulté plus grande que vous ne croyez. Il faut bien longtemps pour trouver sept signatures, avec la perpective assez vraisemblable d'un an de prison et de 10,000 francs d'amende. On avait fait, il y a quelques années, une loi sur les sociétés anonymes qui rendait la position des administrateurs tellement dangereuse que beaucoup de personnes hésitaient à en accepter les fonctions. Je vous demande s'il n'en sera pas ainsi, à beaucoup plus forte raison, quand il s'agira d'affronter un péril égal, sans aucune compensation d'intérêt personnel. S'il ne s'agissait que d'une grande ville comme Paris ou Lyon, on y trouverait toujours sept personnes dévouées à une cause, et qui donneraient avec courage et résignation une signature. Mais quand il s'agira, par exemple, d'une réunion électorale dans une petite localité, on pourra trouver des difficultés insurmontables. Voilà mon vieil ami M. Glais-Bizoin qui vous dira que, dans plus d'un village de notre Basse Bretagne, la nécessité des sept signatures sera tout simplement une

objection dirimante contre votre prétendu droit de réunion.

Je ne parle pas du temps perdu, et cependant vous
allez voir, en rapprochant l'une de l'autre toutes ces
dispositions, que vous nous prenez, par une foule de dispositions, du temps que nous ne pouvons pas vous donner. Quand il s'agira d'une conférence littéraire, vous
nous prendrez du temps, et nous ne le regretterons pas
trop. Mais en matière électorale, nous n'avons plus,
grâce à vous, que quinze jours. Vous nous obligez à
chercher, pour chaque réunion, sept hommes de bonne
volonté qui affrontent votre article 9 et votre article 10 ;
quand nous les aurons trouvés, vous nous imposerez une
attente de trois jours. Ensuite il faudra nous mettre à
la recherche d'un local clos et couvert.

M. GLAIS-BIZOIN. On aura les tentes des saltim-
banques !

M. JULES SIMON. Ce sont des choses dont vous verrez les résultats pratiques avant qu'il soit longtemps,
probablement cette année. La nécessité de trouver un
local clos et couvert est évidemment une perte de temps,
et dans tous les cas, c'est une restriction au nombre des
membres qui pourront assister aux réunions. Même à
Paris, il est très-difficile de trouver un local clos et
couvert pouvant contenir beaucoup de personnes ; cela
est presque impossible dans la plupart des villes de
province, absolument impossible dans les communes
rurales. Supposez qu'il y ait un seul local et plusieurs
concurrents, il faudra mettre la salle aux enchères.

J'aurais quelque chose à dire sur la fermeture à
l'heure fixée par l'autorité municipale, quoique je sois
prêt à me soumettre à toutes les nécessités de police.
Le bon ordre dans la rue nous est également cher à
tous ; j'espère que cela est bien entendu. Mais enfin il
faut prévoir le cas où on tiendra une réunion électorale
dans la campagne, et là il arrive souvent, — ce que

j’approuve d’ailleurs, — que la fermeture des établissements publics a lieu de bonne heure. S’il s’agit d’ouvriers et que la fabrique où ils sont occupés ferme tard, ajoutez là encore une difficulté à toutes les autres.

Enfin, comme perte de temps, je vous signale aussi cette exigence d’un bureau.

Tout le monde sait bien que l’organisation d’un bureau est une perte de temps considérable. Vous voulez qu’il y ait un président avec deux assesseurs ; vous augmentez la perte de temps, et, je le crois, sans nécessité. Au surplus, je ne dis cela qu’en passant, c’est un détail de peu d’importance, et si vous voulez que je vous le dise, toutes ces objections ne sont, à mes yeux, que les petites objections ; je les relève parce que, voulant vous expliquer ce que je pense du projet de loi avec la plus entière sincérité, j’ai voulu vous montrer tous les points qui m’offusquent.

Mais j’arrive maintenant à ce que je regarde comme les grandes objections.

En voici déjà une qui me paraît très-sérieuse : vous avez interdit ou du moins vous laissez sous l’ancienne législation les réunions qui ont pour objet les matières religieuses et politiques ; par conséquent vous faites naître la difficulté de déterminer ce qui est ou n’est pas politique et religieux. Cette difficulté-là est très-grande, et vous ne pouvez pas avoir oublié, puisque nous sortons à peine des débats de la loi sur la presse, que, lorsqu’il a été question du timbre des journaux, un des grands arguments que nous faisions valoir, c’est que les matières politiques et religieuses étant défendues aux journaux non timbrés, il arriverait fréquemment qu’on se tromperait de bonne foi, que l’on croirait avoir le droit de parler de certaines questions et qu’on apprendrait seulement par les poursuites que ces questions étaient considérées comme des questions politiques ou religieuses. Je vous ai moi-même cité un journal qui est dirigé par des personnes assurément très-dévouées au gouvernement, un journal spécial d'instruction publique, qui a déposé le cautionnement et demandé à être timbré, non pas pour changer de caractère, mais simplement pour être et se sentir tranquille.

Cette difficulté est donc sérieuse ; elle embarrasse les esprits les plus habitués à la discussion. Moi qui vous parle, je ne suis pas en mesure de déterminer avec sécurité ce qui est une matière politique et surtout ce qui est une matière religieuse, et pourtant j'ai passé vingt ans de ma vie à enseigner la philosophie. Est-il possible, par exemple, de traiter des matières philosophiques sans traiter en même temps des matières religieuses ? je vous le demande. Dans ce moment où tout le monde se préoccupe des progrès du matérialisme, je suppose qu'un spiritualiste veuille tenir une réunion publique pour réfuter le matérialisme ; je demande s'il le peut avec votre loi, et si, dès les premiers mots, il ne se heurtera pas à des questions religieuses ?

M. Ernest Picard. Le gouvernement a fait supprimer un journal qui avait soutenu la thèse contraire.

M. Jules Simon. Voilà un exemple ; mais je ne veux pas m'appuyer sur des faits : le raisonnement me suffit. J'expose mes scrupules, et je le fais d'autant plus volontiers qu'outre qu'ils sont un argument contre la loi, ils peuvent aussi servir à amener des explications utiles.

Mais, au lieu d'une thèse philosophique, vous prendriez un sujet purement littéraire que la difficulté ne serait pas moins grande. Vous l'allez comprendre à l'instant.

Je suppose que quelqu'un entreprenne de faire une conférence sur Voltaire. Peut-être pourra-t-il échapper aux conséquences de votre loi, s'il ne parle que des tragédies, et encore je ne voudrais pas en jurer, à cause

de *Mahomet*. Mais, s'il parle du véritable Voltaire, qui
n'est pas le Voltaire tragique, s'il parle du Voltaire
qu'on hait, du Voltaire qu'on admire, du Voltaire qui a
tant remué d'idées et tant changé de choses en France
et dans le monde au dix-huitième siècle, ce Voltaire-là,
que voulez-vous qu'on en dise, si on met de côté la politique et la religion ?

Je le dis de Voltaire ; mais je prendrai, si vous voulez, l'homme le plus inoffensif dans la littérature, et je
défie un esprit un peu profond, qui voit dans un livre
autre chose que des mots, et qui ne sait pas ce que
c'est qu'une littérature sans idées, je le défie de prononcer quatre phrases sans que l'administration ait le
droit de lui dire : Mais vous touchez à la politique, mais
vous touchez à la religion. Par conséquent l'équivoque
sera éternelle. (Très-bien ! à la gauche de l'orateur.)

Cette équivoque, qui sera chargé d'en juger ? Sera-ce
le ministre de l'intérieur ? Je serais alors très-disposé à
me fier, non pas à son impartialité, car mes amis et
moi nous avons perdu à la longue notre foi dans l'impartialité des ministres, mais à son intelligence, à sa
compétence.

Malheureusement, on a moins affaire à Dieu qu'à ses
saints, et on ne peut penser que tous les agents du ministre seront aussi intelligents que lui. Si, par exemple,
notre juge est un maire de campagne, je ne me fierai
pas à l'interprétation qu'il lui plaira de donner à ces
mots de religion et de philosophie, et je ne me trou-
verai pas dans de très-bonnes mains, me trouvant
dans les siennes.

Je parle du maire, et le maire, je m'empresse de
l'ajouter, offre presque partout des garanties. Il est un
autre personnage dans la loi, que je vous montrais tout
à l'heure, qui m'embarrasse singulièrement, que je ne
connais pas jusqu'à présent, et dont j'aurais besoin
qu'on me fît connaître le caractère, car il sera investi

contre moi d'un droit redoutable; ce fonctionnaire, chargé d'apprécier mes discours, et qui peut à son gré m'ôter la parole et disperser la réunion, je me demande s'il aura le sentiment de mon droit et de sa responsabilité, s'il sera seulement capable de me comprendre.

Je passe maintenant à cette grosse difficulté, à vos pénalités; ce n'est pas pour insister sur les 6,000 francs et les 10,000 francs d'amende, parce que cette énormité des peines saute à tous les yeux et n'exige de moi aucun développement; mais je retrouve là, Messieurs, une pénalité sur laquelle il m'est impossible de ne pas dire un mot : c'est la privation des droits électoraux, qui revient à présent dans toutes les lois qu'on nous apporte.

Je ne dirai pas, comme certaines personnes, que c'est une innovation ; non, je ne veux pas dire cela. Il est certainement un très-grand nombre de lois pénales qui comportent la privation en tout ou en partie des droits mentionnés en l'article 42. J'irai même plus loin, tant j'ai à cœur d'être impartial; je regarde comme une amélioration de limiter cette privation aux paragraphes 1 et 2 de l'article; cela vaut mieux, je le reconnais. Je me souviens même, c'est un souvenir qui pourra revenir à la pensée de M. le ministre d'État, que, dans une discussion de loi en 1848, mon très-cher et très-excellent ami M. Valette, étant monté à la tribune pour demander une plus claire explication de ce que l'on entendait par cette privation de tout ou partie des droits contenus dans l'article 42, et ayant ajouté qu'il ne s'agissait pas seulement des droits civiques, mais aussi des droits civils, M. Rouher, qui crut qu'il voulait ajouter, tandis qu'au contraire il voulait séparer, s'écria : « Ce serait par trop fort, en effet. »

La distinction que M. Valette et M. Rouher réclamaient il y a vingt ans se fait aujourd'hui *de plano;* le juge ne peut plus se promener dans les paragraphes de l'article 42, il est limité aux deux premiers.

Mais cette amélioration est bien rachetée par la prodigalité avec laquelle vous édictez partout la privation
des droits civils et politiques, par le sans-façon avec
lequel vous prenez prétexte de la condamnation la plus
minime pour donner ouverture à cette pénalité exorbitante, ce que je trouve intolérable, indigne, et je dirais
presque, en restreignant le mot à l'immoralité politique,
profondément immoral. (Approbation à la gauche. de
l'orateur.)

Dans un pays qui résolûment n'est plus un pays de
droit divin, où toutes les institutions reposent sur la
souveraineté nationale et le suffrage universel, s'il y a
un devoir sacré, c'est de répéter sans cesse que la possession du droit d'éligibilité est ce qui constitue le
citoyen, et qu'on doit y tenir avec une énergie invincible, comme on tient au droit le plus essentiel de la
dignité humaine. (Très-bien! sur les mêmes bancs.)

C'est notre devoir, c'est notre intérêt; et par conséquent toutes les fois que je verrai qu'à une condamnation de 50 ou de 100 francs d'amende on ajoute pour le
magistrat la faculté de prononcer la privation des droits
électoraux pendant cinq ans, je dirai qu'on perd le sens
de la pénalité, le respect du suffrage universel, et qu'on
fait involontairement comme une sorte d'attentat au
principe sur lequel toutes nos institutions reposent.
(Nouvelle approbation.)

Or, Messieurs, vous ne vous contentez pas d'édicter
légèrement de telles peines; vous nous en donnez des
raisons que je ne puis pas m'empêcher de trouver indignes de vous. « C'est, dit-on, par ambition qu'il a
péché, il est juste qu'il soit puni dans son ambition. »
En vérité, vous trouvez cela juste? C'est là votre philosophie du droit? Qu'est-ce que cette invocation de la
loi de Lynch, qui n'a rien à faire dans nos sociétés civilisées? Il ne s'agit pas de punir quelqu'un par où il a
péché; il s'agit de le punir dans la mesure où la puni-

tion est nécessaire pour que la justice soit accomplie.
(Très-bien! à la gauche de l'orateur.)

Est-ce que vous ne voyez pas que c'est là une pénalité d'une espèce particulière qui, pour le moindre délit,
va supprimer un candidat indépendant? Est-ce que vous
ne voyez pas que cette pénalité sans cesse rappelée et
sans cesse édictée ressemble de loin à une arme qu'on
voudrait se donner contre un adversaire trop dangereux? (Marques d'approbation sur les mêmes bancs.)

M. JULES FAVRE. Ce n'est que cela.

M. JULES SIMON. Cela va jusqu'à rendre suspecte la
loi, et cela irait jusqu'à rendre suspectes les intentions,
si nous ne connaissions pas les personnes.

Maintenant, ma troisième grosse objection, c'est la
suspension des réunions électorales dans les cinq derniers jours avant l'élection.

L'honorable M. Latour-du-Moulin nous faisait toucher au doigt tout à l'heure les inconvénients de cette
mesure. Vous avez tous l'expérience des affaires électorales, même ceux d'entre vous qui sont ministres. —
Je vois l'honorable M. Vuitry faire un signe de déné-
gation; mais il est homme à deviner ce qu'il ne sait pas
par expérience. — Eh bien, quand est-ce qu'on a surtout besoin de s'adresser aux électeurs? C'est la veille
de l'élection. Je sacrifierais le droit de faire quinze réunions électorales pendant les quinze premiers jours, si
vous m'accordiez la permission d'en faire une le ving-
tième. Ce que vous m'ôtez, c'est précisément ce dont
j'ai besoin : c'est au moment où j'ai le plus besoin de
parler que vous m'imposez silence. Il ne faut donc
pas dire que vous nous accordez quelque chose en matière de droits électoraux; parlez mieux, dites que vous
nous retirez quelque chose : voilà l'exacte vérité.

Je me reporte à un temps où l'on faisait aussi des lois
sur les réunions publiques, et où, dès que l'opposition
déclarait qu'on touchait au suffrage universel, le ministre

de l'intérieur, qui s'appelait Sénard, qui s'appelait Dufaure, montait à la tribune et s'écriait : « Si je pouvais croire que la disposition que j'ai proposée à la Chambre fût à un degré quelconque une atteinte à la liberté électorale, je remercierais ceux qui m'apporteraient une mesure plus libérale, tant le gouvernement a peur qu'on puisse dire de lui qu'il a vicié dans sa source l'autorité nationale dont la chambre est investie. »

Je vous recommande cette honnête pudeur et ces honnêtes scrupules.

Mais assurément, quand vous nous limitez comme vous le faites, et quand vous nous dites, pour unique apologie, que vous voulez laisser la conscience de l'électeur se rafraîchir, respirer à l'aise, entrer dans le calme...

M. ERNEST PICARD. En retraite électorale. (On rit.)

M. JULES SIMON... pendant les cinq derniers jours, je ne sais plus si vous traitez les amis des libertés publiques, les amis du suffrage universel avec le sérieux auquel ils ont droit.

C'est pendant les derniers jours qu'on est exposé aux grandes catastrophes. Il y a toujours un revirement pendant le cours de la période électorale; il y a telle élection qui commence avec une telle simplicité, une telle bonhomie, une telle aisance, que le candidat se dit : Comme il est facile de devenir député !

Cela dure huit jours, quinze jours, et le seizième, s'il y a un adversaire habile ou seulement un administrateur habile...

M. PAUL BETHMONT. C'est cela !

M. JULES SIMON. Le seizième apparaît l'anguille sous la roche, et l'on commence à voir sourdre certaines rumeurs, à entendre certaines calomnies, à découvrir certaines manœuvres dont on ne s'était pas douté la veille. Le malheureux candidat a combattu, il a parlé, il a harangué, il a déployé toute son éloquence

pendant quinze jours sans nécessité, et au moment où
il a besoin de se défendre, il est muet; votre loi lui dit:
Laissez parler, laissez écrire, laissez circuler les mauvais bruits, n'attentez pas au recueillement des électeurs. On vous a donné cette grande loi libérale, ce
couronnement de l'édifice; vous en avez usé pendant
quinze jours, aujourd'hui vous n'avez plus qu'à sortir
de la scène et à laisser le champ libre à votre ennemi.
(Très-bien! à la gauche de l'orateur.)

Je ne puis m'empêcher de dire que cela n'est pas
sérieux. Vous me répondrez que je suis garanti contre
une candidature *in extremis* par l'obligation imposée
aux candidats de déposer leur serment huit jours à
l'avance. C'est quelque chose, j'en conviens de bonne
grâce. S'il survient un candidat au dernier moment,
j'aurai trois jours de bons pour me retourner. Seulement, il me faudra dans la journée trouver mes sept
signatures, mon local clos et couvert; déposer le même
jour ma déclaration, demeurer coi le lendemain et parler enfin, mais une seule fois et dans une seule commune, le sixième jour avant l'élection. Voilà l'état où
vous me réduisez contre un candidat qui n'est peut-
être candidat que pour me susciter des difficultés. Je ne
voudrais pas dire qu'une telle loi a pour but de me
tendre un piége, mais je dis que cela y ressemble, et
de si près, que c'est par pure courtoisie que je m'abstiens de prononcer le mot. (Rumeurs.)

Maintenant j'arrive à l'agent ou plutôt j'y reviens.
Je vous assure que l'agent me cause les inquiétudes les
plus graves; je veux, à ce sujet, m'expliquer clairement devant la chambre, pour qu'on ne me prête pas
des intentions qui ne sont pas les miennes. Moi, Messieurs, je l'ai dit plusieurs fois dans cette assemblée, je
suis partisan de la liberté totale, mais compensée par
la publicité la plus complète. Ainsi, par exemple,
puisque nous parlons ici de réunions, et que ce sujet

touche de près aux associations, je vous dirai que je suis l'adversaire de toutes les sociétés secrètes et en général de tout ce qui est caché et secret; je demande la publicité partout, afin que partout l'autorité puisse être renseignée et la loi appliquée.

Quand donc je parle de l'agent, ce n'est pas que je veuille qu'on ferme la porte au représentant de l'autorité publique, cela n'aurait pas le sens commun; seulement j'ai la curiosité de savoir quel sera ce représentant. On nous dit : Un agent de l'autorité administrative ou judiciaire; mais je demande jusqu'où s'étend ce mot. Parlons net : un gendarme, un garde champêtre, un appariteur est-il l'agent de l'autorité administrative ou judiciaire qu'on pourra charger de surveiller ou, pour mieux dire, de régenter les réunions publiques?

J'ai quelque expérience à cet égard. J'assiste très-souvent à des réunions où il y a des agents de l'autorité. Je pourrais dire ce que je pense de certains agents que j'ai vus, et vus de très-près; je ne le fais pas, c'est inutile. Cependant, je puis dire que ces agents-là ne donnent à qui que ce soit, ni à ceux qu'ils surveillent, ni à ceux qui les emploient, aucune garantie d'une nature quelconque. (Très-bien ! Très-bien ! à la gauche de l'orateur.)

Or, si l'agent est trop infime, trop incapable, donne trop peu de garantie, je suis fort surpris du droit énorme que vous lui conférez. Comment! nous faisons une réunion... que pourrais-je bien supposer? qui pourrais-je mettre en scène? Si je mettais en scène un de mes amis de l'opposition, peut-être croiriez-vous, par une expérience journalière, qu'il n'y a rien de plus naturel que de l'interrompre... Je suppose qu'un de MM. les ministres donne sa démission, ce qui peut arriver, et qu'ayant donné sa démission, il ait l'ambition d'être député, ce qui est parfaitement naturel. Je suppose qu'un homme aussi considérable que M. le ministre de la justice, qui semble disposé à me répondre, soit candidat dans un collége électoral rural. Il fait sa réunion ; il y a un gendarme, un garde champêtre, agent de l'autorité, investi du droit de l'arrêter... (Oh ! oh !)

Messieurs, vous m'interrompez trop vite... Investi, disais-je, du droit de l'arrêter au milieu de son discours et de lui dire que, dans sa pensée à lui, gendarme, l'honorable M. Baroche, ou plutôt M. Baroche, qui ne serait plus alors l'honorable M. Baroche... (Exclamations et rires.)

Vous entendez bien, Messieurs, que je ne lui retranche que l'honorabilité de convention dont est décoré le député élu. Il y a là, dis-je, un gendarme qui déclare que, dans sa pensée, M. Baroche a abusé de son droit, et qui donne l'ordre à l'orateur de se taire et à l'assemblée de se disperser. En vérité, ne voyez-vous pas d'ici les abus énormes, scandaleux, plus que ridicules, grotesques, qui peuvent résulter d'un pareil pouvoir donné à un pareil agent ?

Et il faut que la réunion se sépare à l'instant, et il y a des pénalités sévères qui peuvent être prononcées non-seulement contre celui qui a parlé, mais encore contre le bureau, contre les signataires de la déclaration et contre toutes les personnes présentes. Or, dites-moi, de grâce, si vous avez la moindre confiance dans le jugement de cet agent chargé de décider sans appel si la question est politique ou religieuse, et si elle sort des limites tracées par la loi. Assurément, si l'on condamnait le président du Corps législatif à une amende de 6,000 francs et à un an d'emprisonnement chaque fois qu'un orateur, à cette tribune, s'écarterait de la question ou traiterait de matières qui ne sont pas à l'ordre du jour... (Rires et réclamations.) vous ne trouveriez plus de candidats à la vice-présidence ni même à la présidence du Corps législatif, malgré les avantages que

ces dernières fonctions comportent. (Très-bien! Très-
bien! à la gauche de l'orateur.)

J'ose dire que voilà des objections qui sont graves,
considérables, redoutables, et cependant il en reste une
qui est la plus forte de toutes. Vous savez ce dont je
veux parler. Depuis que vous avez le projet entre les
mains, l'article auquel je fais allusion est nécessairement dans toutes vos mémoires : c'est l'article qui donne
aux préfets le droit d'ajourner et au ministre de l'intérieur le droit d'interdire la réunion qui leur paraît dangereuse. Je résume la loi ainsi : il y a dans cette loi
quinze articles, les quatorze premiers donnent une
liberté, — quelle liberté! — puis vient le quinzième
qui la supprime. J'attends qu'on me réponde à cela.

Je suis un ancien professeur de logique, et je défie
qui que ce soit de prouver que ce n'est pas là le sens
exact de l'article 15. Oui, vous avez quatorze articles
pour organiser, tant bien que mal, une certaine liberté,
et suivant moi vous l'organisez aussi mal que possible,
et quand vous l'avez organisée, vous avez un quinzième
article qui la détruit. Comment le droit d'ajourner, le
droit d'interdire, comment cela s'appelle-t-il en français? Cela s'appelle le régime arbitraire. Il y a cette
différence entre l'état actuel et celui qui nous est offert,
que, dans l'état actuel, il faut que nous allions sa-
luer M. le ministre de l'intérieur et que nous lui disions : Ayez la bonté de nous permettre d'user de ce
droit sacré qui nous appartient par cela seul que nous
sommes des citoyens français ; — et que, quand la nouvelle loi sera votée, nous userons fièrement de notre
droit comme des gens qui n'ont plus rien à demander à
personne. Nous déposerons notre déclaration, la volonté
d'un citoyen libre; cela seul suffira. Nous rentrerons
alors chez nous, et nous y trouverons une lettre du
préfet ainsi conçue : « J'ajourne; » et le lendemain
nous recevrons du ministère de l'intérieur un télé-

gramme ainsi conçu : « J'interdis. » Voilà, Messieurs,
toute la différence. Et à présent, dites-moi, que vous en
semble?

J'attends de pied ferme celui qui me démontrera que
votre article 14 n'est pas l'arbitraire en propre personne, et qui établira qu'une loi qui se termine ainsi
ressemble de près ou de loin à la liberté. Je serai
charmé d'entendre son argumentation, et j'ose dire que
ce sera une nouveauté dans l'histoire des raisonnements humains. (Approbation à la gauche de l'orateur.)

Maintenant, Messieurs, je résume cette partie de ma
discussion de la façon suivante : ce qu'on nous donne
est à la discrétion du ministre, du préfet et de l'agent,
que j'appelle agent, ne sachant pas quel nom lui donner, gendarme ou garde champêtre. Quant à ce qu'on
ne nous donne pas, je vais avoir l'honneur d'en dresser
la liste.

J'ai à peine besoin de dire qu'on ne nous donne pas
le droit d'association, c'est bien entendu, et vous verrez
tout à l'heure que tous les raisonnements qu'on fait
pour ne pas donner complétement le droit de réunion
portent sur le droit d'association, et non sur le droit de
réunion; mais enfin je constate qu'on ne nous donne pas
le droit d'association.

Voici comment s'exprime à cet égard le rapport de
l'honorable M. Peyrusse, qui a un très-grand mérite, le
premier de tous les mérites, celui d'être franc :

« Le projet... n'a pas pour but de modifier les prescriptions des articles 291 et suivants du Code pénal, ni
celles de la loi du 10 avril 1834, qui atteignent les associations; il ne s'applique qu'aux réunions publiques se
produisant à l'état de fait accidentel et temporaire... »

Par conséquent, les associations publiques restent en
dehors de votre projet de loi, ainsi que les associations
secrètes, et même ces espèces d'associations qui n'ont
pas une existence parfaitement déterminée dans la loi,

et qui devraient en avoir une, qui ne sont ni des associations publiques, ni des associations secrètes, et que l'on appelle en France des cercles.

Donc on ne nous donne pas la liberté d'association, — vous savez que je la demande, et que je la demande absolue; — mais enfin elle n'a rien de commun avec la présente loi.

On ne nous donne pas non plus le droit de réunion électorale pour les élections du département et de la commune; on ne nous le donne pas du tout. Et même on nous allègue une bien singulière raison pour ne pas nous le donner, c'est que, pour les élections du département et de la commune, tout le monde peut prendre son parti sur les candidats sans avoir besoin de les interroger.

Voilà, je vous l'avoue, un triste raisonnement. Il y a tel citoyen qui tient autant à son conseiller général et à son conseiller municipal qu'à son député. Il y a tel citoyen qui a besoin, avant de donner son vote, de demander au candidat qui se présente : Sur telle ou telle question que pensez-vous? sur tel ou tel point du budget de la commune, sur l'honneur ou la dignité de la commune, quel sera votre vote?

Je trouve, pour le dire en passant, que vous traitez assez dédaigneusement, entre autres libertés qui ne vous sont pas chères, la liberté communale et la liberté départementale. Ce n'est pas parce que je représente une ville où cette liberté n'existe à aucun degré, où il n'y a ni conseil municipal, ni conseil général élus par le suffrage universel, que je vous dis cela; mais dans toute la France vous faites peu de cas d'un droit qui est consacré dans tous les pays libres de l'Europe, et qui n'importe pas moins essentiellement à la liberté que le droit de choisir un représentant de la nation. Et vous n'aviez jamais donné une preuve plus frappante de ce dédain que dans le rapport que j'ai sous les yeux. Dire qu'on n'a pas besoin de s'entendre et de se concerter pour nommer un conseiller municipal ou départemental, et qu'on se passera fort bien d'examiner et d'interroger les candidats, c'est dédaigner ou l'électeur ou la fonction. Je déclare avec regret que ce langage n'est pas sérieux et qu'une pareille raison ressemble absolument à la volonté de ne pas donner de raisons. (Très-bien! Très-bien! à la gauche de l'orateur.)

Il faut que vous expliquiez où vous prenez le droit de défendre ces réunions, qui seraient nécessairement pacifiques, car enfin on n'y discuterait pas les bases de l'ordre social, on y discuterait le budget d'une commune. Or, que craignez-vous? Quelle est votre peur? Je vois votre peur dans bien des endroits et de temps en temps je la comprends sans m'y associer; mais ici vous n'avez peur que d'un fantôme.

Ainsi, voilà encore une liberté qui n'est pas dans la loi, c'est la liberté électorale pour les élections de la commune et du département; elle n'y est à aucun degré, de votre propre aveu.

Maintenant on ne nous donne pas la liberté électorale pour les cinq derniers jours de l'élection des députés. Je n'insiste pas, parce que j'ai démontré tout à l'heure combien est grave cette atteinte aux droits du suffrage universel.

On ne nous donne pas le droit de réunion pour les matières politiques, et notez bien qu'on ne nous le donne pas davantage pour les matières sociales.

Quand mon honorable collègue et ami M. Glais-Bizoin prononçait tout à l'heure le nom de matière sociale, j'ai entendu des réclamations; on disait en face de moi : Mais non, ce sont seulement les réunions pour traiter de matières politiques et religieuses qui sont interdites. Je vous en demande pardon, c'est une erreur complète. Je pourrais vous dire que toute question politique touche aux questions sociales, et réciproquement,

et vous défier de faire de la politique sans toucher aux
questions sociales, ou de discuter une question sociale
sans mettre en jeu toute la politique. Mais qu'ai-je besoin d'argumenter? j'ai mon témoin, et c'est notre
honorable collègue M. Peyrusse, qui s'exprime de la
manière suivante à la page 7 de son rapport. Il faut lire
les termes, parce que beaucoup de gens pourraient s'y
tromper, et si le malheur veut que la loi passe telle
qu'elle est, je crois que je rendrai service à bien des
personnes en leur faisant connaître ce passage et en les
préservant ainsi de l'inconvénient de tomber sous les
pénalités des articles 9 et 10, quand elles croiraient le
plus innocemment du monde qu'elles font une réunion
autorisée par la loi.

Voici ce que dit l'honorable M. Peyrusse, et je réitère
le compliment de loyauté et de franchise que je lui faisais tout à l'heure, et qu'il mérite bien, comme vous
l'allez voir :

« L'attention de votre commission s'est portée sur ces
expressions : Matières politiques. Elle s'est demandé
si elles comprenaient les questions sociales, telles que
celles de la famille, de la propriété, de l'organisation du
travail et autres, agitées à des époques récentes. On
pourrait être tenté de soutenir que ces questions ne
touchent point à l'ordre politique, en ce sens qu'elles
sont étrangères à l'organisation du gouvernement, des
pouvoirs publics et de l'administration à ses divers degrés. Ce serait là une grave et dangereuse erreur, qui
rouvrirait l'arène au socialisme et à ces discussions
qui naguère mettaient l'ordre social en péril. » — Non,
ce ne sont pas les discussions qui mettent l'ordre social
en péril, c'est l'absence des discussions. (Exclamations
sur divers bancs. — Approbation à la gauche de l'orateur.)

« Dans notre pensée, continue M. le rapporteur,
l'ordre politique embrasse l'organisation de la société

tout entière, et les questions sociales rentrent, par la
nature même des choses, dans les questions politiques,
car les gouvernements, mandataires de la société, sont
institués par elle pour sa protection et sa défense.

« Votre commission n'a, à cet égard, conservé aucun
doute. S'il en eût été autrement, elle n'aurait pas hésité
à formuler clairement sa pensée dans un amendement
qu'elle vous aurait soumis. Ses propres études sur le
sens donné par la jurisprudence à ces expressions déjà
consacrées par les lois de 1819 et 1828 sur la presse, et
les déclarations qui ont été faites dans son sein par le
gouvernement, l'ont complétement rassurée à cet
égard. »

Ce passage du rapport m'autorise à dire qu'on ne nous
donne pas le droit de traiter des matières sociales. Cela,
je pense, est d'une évidence absolue.

Je ne veux pas passer outre sans faire une réflexion
importante.

Nous avons fait, il y a quelques années, une loi sur
les coalitions, et nous avons fait à la dernière session
une loi sur la coopération.

Quand la loi sur les coalitions est venue, que vous a
dit mon éloquent et cher collègue M. Jules Favre? que
vous a dit mon autre collègue, que je désigne de la
même façon, M. Picard? que vous ai-je dit moi-même?
Que vous a prouvé, avec son énergie ordinaire, mon
ami M. Garnier-Pagès? C'est que le droit de réunion
était indispensable à l'exercice du droit de coalition.

Voix à gauche. C'est évident.

M. JULES SIMON. Nous l'avons dit, nous l'avons démontré, je puis l'affirmer, et de telle sorte qu'à moins
d'être bien prévenu, il était impossible de nier que nous
étions dans le vrai.

Quand il y a une discussion sur les salaires entre patrons et ouvriers, il peut se faire qu'il n'y ait qu'un
patron, mais il y a toujours plusieurs ouvriers. Même

quand il y a plusieurs patrons, il est rare qu'ils soient
très-nombreux, tandis que, dans presque tous les cas,
les ouvriers sont une légion. Or, vous leur donnez le
droit, non pas de se retirer individuellement de l'atelier, ils l'ont toujours eu, mais de se retirer de concert
en fixant les conditions de leur rentrée. Ce concert, si
nécessaire à leurs intérêts d'abord et à toutes les espérances de conciliation, où s'établira-t-il? à l'atelier,
pendant que les métiers marchent? Personne, ayant le
sens commun, ne dira cela. Où donc? au cabaret, où on
les envoyait l'autre jour pour lire les journaux? à leur
Ordinaire, où ils se rassemblent par petits groupes pour
prendre leurs repas? Vous savez bien qu'il n'est ni bon
ni possible de délibérer dans de pareils endroits. Où
donc, encore une fois, délibéreront-ils? Dans une réunion; il n'y a pas d'autre issue, n'en cherchez pas. Si le
moyen de se réunir leur manque, savez-vous ce qu'ils
feront? Je vais vous le dire.

Dans une masse d'ouvriers, il y a nécessairement
certains esprits actifs et turbulents, qui ne sont pas
toujours les meilleurs ouvriers, qui peut-être ne deviennent agitateurs au dehors que parce qu'au dedans
ils ne font pas de bon ouvrage, et qui peut-être aussi
sont des hommes déclassés, nés pour l'éloquence et la
politique, et condamnés par la destinée à s'épuiser sur
un établi. En l'absence d'assemblée régulière, trois ou
quatre de ces meneurs suffisent pour imposer leur volonté aux autres, et souvent une volonté déraisonnable.
Un mot d'ordre court de bouche en bouche, sans qu'on
sache au juste qui l'a donné. Le plus grand nombre
trouve qu'on s'est trop hâté de se mettre en grève, que
les conditions imposées sont trop dures; mais que faire?
A la première réclamation, on passerait pour mauvais
camarade. Vous avez beau les raisonner. Ils sont les
premiers à vous dire : Nous demandons trop. — Alors
pourquoi le faites-vous? — Oh! c'est que cela a été réglé

ainsi. — Par qui? — Par ce pouvoir occulte, anonyme, que vous organisez vous-mêmes... (Oui! oui! très-bien! à la gauche de l'orateur.) Oui, que vous organisez vous-mêmes si vous empêchez les plus sages de se faire entendre et si vous laissez la masse à la merci des turbulents qui la conduisent et la gouvernent.

Si, au contraire, vous permettez des réunions, qu'est-ce qui arrive?

J'admets que les moins sensés, pourvu qu'ils soient habiles parleurs, prendront d'abord le haut du pavé; soyez sûrs pourtant que quand viendra un brave homme, intelligent à sa façon, ne parlant peut-être pas très-bien, mais ayant une force à laquelle vous ne vous fiez pas assez, et qui est simplement la plus grande force du monde, celle de la raison, soyez sûrs que quand cet honnête homme viendra prononcer une parole de bon sens, il se fera mieux écouter que les autres. (Rumeurs.)

Ne le croyez-vous pas? Avez-vous peur de la réunion des hommes à ce point que vous pensiez que toutes les fois qu'ils seront assemblés ce sera l'erreur et non la vérité qui dominera? Pour moi, c'est dans la vérité que j'ai confiance; c'est avec elle qu'est le droit, c'est elle qui réussit à la longue; il n'y a ni sophismes, ni passions, ni colères qui résistent devant le froid et sévère langage de la vérité. (Marques d'approbation à la gauche de l'orateur, dénégations sur divers bancs.)

Voilà pourquoi, lorsque vous avez donné le droit de coalition, vous auriez agi sagement, si vous vouliez donner un droit utile et non pas un droit dangereux, en y ajoutant à l'instant le droit d'association et le droit de réunion, car l'un ne pouvait aller sans l'autre. (Nouvelles marques d'approbation à la gauche de l'orateur.)

Qu'est-il arrivé? Je puis prendre un exemple dans les faits récents... Je me reprocherais cependant de ne pas vous rappeler d'abord qu'il y a eu à cet égard une déclaration formelle du chef de l'État, qui a très-bien senti la nécessité dont je vous parle, et qui, dans un discours adressé aux Chambres, a déclaré que du moment qu'on avait donné le droit de coalition il fallait donner le droit de réunion. Je veux, disait-il, que les ouvriers puissent en user largement.

Vous voyez que nous ne sommes pas seuls de notre avis. Seulement nous faisons ici une réserve que nous faisons toujours : la permission donnée ou le droit reconnu, cela fait deux, non-seulement parce que le droit est le droit et, que quand vous me donneriez toutes les permissions que le droit contient, je trouverais que vous ne m'avez rien donné... (Très-bien ! Très-bien ! à la gauche de l'orateur.) mais parce qu'involontairement toutes les fois que vous retenez la manutention d'un droit, ce que vous ne devriez jamais faire, il vient un moment où ce droit vous embarrasse, où, après l'avoir laissé aller, vous le retenez; vous faites alors une double injustice, et vous augmentez le mal que vous vouliez prévenir.

C'est ce qui est arrivé pour une coalition qui a duré longtemps, qui est restée célèbre, — je ne veux la juger ici d'aucune façon, — celle des ouvriers tailleurs.

Quand ils se sont mis en grève, — et je n'irais pas loin pour trouver leur avocat, — en hommes intelligents, ils ont été dire au préfet de police : « Nous voulons nous mettre en grève; il nous faut nous concerter, nous entendre, réfléchir sur les conditions de la grève.» Et alors le préfet de police, en homme intelligent aussi, leur a dit : « Vous agiriez à l'aveugle si vous ne discutiez pas, si vous n'agitiez pas les conditions mêmes de votre grève; il faut que vous puissiez vous réunir : réunissez-vous ! » Et ils se réunirent une, deux, trois fois. Ils me faisaient à moi-même l'éloge de l'administration, qui leur donnait toutes les facilités désirables. Il y a même eu un moment, si j'en crois des récits qui m'ont été faits, où on leur aurait donné autre chose, s'ils n'avaient pas été trop sensés et trop fiers pour y consentir. Il est contraire à tous les principes d'intervenir ainsi dans une grève; s'il y a des secours du dehors, l'expérience vraie du marché ne se fait pas. C'est par les ouvriers laissés à eux-mêmes et par les patrons laissés à eux-mêmes que la lutte devient quelque chose de significatif et de philosophique, si je puis le dire, parce que cela prouve l'état du marché; si on est aidé d'un côté ou de l'autre, ce n'est plus qu'une lutte, une bataille. (Marques d'assentiment à la gauche de l'orateur.)

Mais tout à coup, l'esprit public étant vivement préoccupé de la situation, les ouvriers se virent retirer inopinément une permission qu'on leur avait jusqu'alors prodiguée. On la retira sans dire pourquoi, et non-seulement on la retira, mais on exerça des poursuites. Comment voulez-vous qu'on se retrouve dans une conduite pareille? Aujourd'hui permission, faveurs, encouragements; demain refus et, après ce refus, poursuites. Non! cela ne vaut rien.

M. LE GARDE DES SCEAUX. On a poursuivi le délit d'association; il y avait une association, des statuts écrits et signés.

M. JULES FAVRE. Il n'y avait pas d'association pour les cochers, et vous les avez poursuivis. (Bruits.)

M. JULES SIMON. Je prie qu'on me laisse passer sur ce point, parce qu'un incident fait perdre l'ensemble des raisonnements; je ne demande pas mieux que d'accepter toutes les rectifications, puisqu'il ne s'agit ici que d'un exemple destiné à rendre ma pensée plus claire et non d'une discussion rétrospective sur une affaire à présent terminée. Je dis seulement que plus vous donnerez la liberté de réunion, plus vous rendrez utile et raisonnable votre propre loi sur la coalition. Je n'ai pas voté cette loi, mais j'en ai de grand cœur admis le principe, comme j'admets de grand cœur le principe du projet de loi actuel, que je ne voterai pas davantage, au moins dans les termes où il nous est proposé. Il faut savoir faire ce qu'on fait. Il y a des cas où une liberté ne peut être féconde qu'à la condition d'être complète.

J'ai encore un exemple plus récent à vous citer dans le même ordre d'idées.

Vous ne pouvez pas vous dissimuler que vous avez vous-mêmes amené les ouvriers à s'occuper des questions sociales. Je ne vous le reproche pas; je suis au contraire prêt à vous en féliciter. Oui, vous avez vous-mêmes engagé les ouvriers par vos lois, par vos actes, par vos paroles, à s'occuper des questions sociales. Eh bien! ils s'en occupent; et, à présent qu'ils s'en occupent, vous avez créé une situation dont il faut que vous teniez compte. Il faut que vous en compreniez les conséquences, que vous accordiez toute la liberté qu'elle comporte. Si cette liberté est accordée, je dirai : C'est très-bien! c'est le fait d'un gouvernement qui veut aller de l'avant; mais si, ayant créé cette situation nouvelle vous cherchez à la gouverner par les routines anciennes, je vous accuserai de n'avoir pas su ce que vous faisiez, d'avoir créé des difficultés inextricables pour les ouvriers et pour vous, et d'avoir joué avec des problèmes dont la portée vous dépasse.

Je dis que les ouvriers veulent aujourd'hui s'occuper de questions sociales, et que s'ils le veulent, c'est que le gouvernement lui-même les y a provoqués. En effet, n'est-ce pas le gouvernement qui, à l'occasion de la dernière exposition universelle, les a engagés à nommer entre eux des délégués chargés d'étudier, au profit de tous les autres, non-seulement les procédés de travail, mais les questions commerciales, industrielles et sociales? Les ouvriers ont cédé avec empressement à l'impulsion qui leur était donnée; des réunions se sont formées, et elles ont sans doute donné les bons résultats que vous en attendiez, je le crois, et vous le croyez aussi, puisque vous les laissez subsister.

Cependant il y a eu au mois d'août de l'année dernière une tentative faite par les propagateurs du mouvement coopératif pour réunir à Paris les personnes les plus compétentes en cette partie de la science économique. Je pourrais citer, parmi les adhérents de ce congrès pacifique, plusieurs noms illustres dans toute l'Europe : M. John Stuart Mill, député de Londres, M. Schulze-Delitzsch, membre du parlement prussien. Le congrès devait se réunir à Paris; cela honorait la France; cela honorait le gouvernement; cela voulait dire : en même temps que le gouvernement fait une exposition universelle au Champ de Mars, il permet la discussion des idées qui occupent le plus les travailleurs, et Paris devient un centre où s'agitent les plus grandes questions de l'époque.

Une première démarche faite par les organisateurs du congrès auprès du préfet de police demeura sans résultats. On crut, bien à tort, que c'était la présence de mon ami M. Horn à la tête du bureau, qui en était la cause; il se retira. M. Béluze prit sa place, fit une nouvelle démarche, même refus. On alla au ministère de l'intérieur, sans plus de succès. Nous eûmes alors le spectacle de ces hommes distingués, de ce membre du parlement anglais, de ce député prussien, déjà en route pour venir en France, et se retirant chez eux. Et même l'un d'eux, M. Schulze-Delitzsch, écrivit à cette occasion une lettre, dans laquelle je relève cette phrase.

S. Exc. M. Rouher, *ministre d'État*. Lisez la lettre tout entière.

M. Jules Simon. Je vais en lire la seule phrase qui importe à ma discussion : « Transférez le congrès en Belgique, ou mieux encore en Allemagne, à Heidelberg, à Mannheim, à Coblentz, à Cologne, à Francfort,

n'importe où vous voudrez. Personne ne vous gênera
chez nous, en Allemagne, je vous le garantis sur mon
honneur. Pour moi, je ne vais point en France. Je veux
discuter librement, ou point. » (Très-bien ! à la gauche
de l'orateur.) C'est une fière et noble lettre que celle
de M. Schulze-Delitzsch.

M. JULES FAVRE. C'est humiliant pour nous. (Oh !
oh !)

M. JULES SIMON. Oui, c'est humiliant pour nous ;
nous en avons eu l'humiliation alors et nous la gardons ;
c'est humiliant pour notre pays, pour notre législation
et pour le gouvernement, qui, après avoir contribué à
mettre toutes les questions sociales à l'étude, tout à
coup, en face de l'Europe, alors qu'il n'y avait aucun
danger, a retiré à un homme comme Schulze-Delitzsch,
qui est un organisateur par excellence, à un homme
comme Stuart Mill, qui est l'honneur de la science économique, les moyens de jeter une vive lumière sur une
des questions les plus vitales de notre temps.

A-t-il eu peur ? En vérité, la peur est partout ; il
semble que la peur trouble tous les esprits.

M. JULES FAVRE. Très-bien !

M. JULES SIMON. La peur ! c'est le pire des sentiments qu'on puisse écouter en politique. Cependant
c'est le sentiment que je trouve dans vos lois chaque
fois que j'en ouvre les pages.

Maintenant, Messieurs, j'ai une question à vous faire.

Je viens d'énumérer toutes les libertés que vous ne
nous donnez pas et que vous devriez nous donner dans
une loi sur le droit de réunion. Il y en a une dont je ne
sais en vérité que dire : c'est la liberté d'enseignement. (Ah ! ah !)

Je me demande si on pourra enseigner librement en
se conformant aux prescriptions de votre loi ; si un
professeur, avec l'appui de sept citoyens domiciliés,
donnant leur signature, et de trois auditeurs bénévoles

siégeant au bureau, c’est-à-dire en tout de dix personnes prêtes à affronter votre article 9 et votre article 10, pourra, sans aucune autorisation, enseigner
l’histoire, la littérature, l’agriculture. Je ne parle pas,
et pour cause, de la philosophie. Je ne le sais pas; rien
ne me l’annonce; cependant, j’aime à le croire. Il y a
un mouvement dans ce pays pour la propagation de
l’instruction primaire, mais ce mouvement serait entièrement manqué si nous ne faisions à côté un mouvement pour la propagation de l’enseignement supérieur.

Vous pouvez m’en croire, moi qui ai, pendant longtemps, appartenu à l’enseignement supérieur en France,
et je m’en fais honneur; moi qui ai occupé pendant
douze ans la première chaire de Paris et peut-être la
première chaire du monde, — l’illustration de la Sor-
bonne me permet de parler ainsi.

Là, je dois le reconnaître, j’ai constamment obtenu du gouvernement une liberté entière; il est vrai
que le ministre était presque toujours mon ami; ne
l’eût-il pas été, c’était alors le principe de l’administration de l’instruction publique de laisser aux professeurs et à l’enseignement la liberté la plus absolue.
Mais, quelque liberté dont on jouisse dans une chaire
de l’État, une liberté concédée n’est pas la liberté.

Combien de fois ai-je senti, alors que j’enseignais des
doctrines auxquelles j’adhérais de toute mon âme, — et
je n’ai pas besoin de dire à mes adversaires politiques
ou à mes ennemis, si j’en ai, que je suis incapable de
prononcer un mot qui ne soit pas écrit, pour ainsi dire,
au fond de mon cœur, — combien de fois ai-je senti
que mon influence n’était pas complète, parce que mes
auditeurs pouvaient croire que ma liberté ne l’était pas,
et que si, au lieu de penser ce que je pensais, j’avais
pensé le contraire, je n’aurais pas eu la possibilité de
le dire.

Croyez-moi, Messieurs, il n'y a d'autorité véritable que par la liberté.

S'il y avait eu, à côté des chaires officielles, des chaires rivales, où nos doctrines auraient été discutées, contestées, condamnées, notre enseignement aurait conquis aussitôt une force contre laquelle rien n'aurait pu prévaloir. (Très-bien! sur divers bancs.)

Vous parlez souvent du matérialisme, et quelquefois, pardonnez-moi de le dire tout haut, sans savoir ce que c'est. Pour moi, j'ai été et je suis encore un professeur de spiritualisme; et c'est parce que je le suis, que je demande, que j'appelle de toutes mes forces la contradiction. Je veux la liberté, par respect pour ma doctrine; je la veux, par respect pour la vérité, qui n'a pas besoin d'être défendue; je la veux par respect pour le principe de la liberté de penser, qui est le premier et le plus nécessaire de tous les principes, la source, la seule et unique source désormais de l'autorité. (Nouvelle approbation sur les mêmes bancs.)

Si donc vous voulez que le haut enseignement de la France produise tous les effets qu'il peut produire, il faut l'émanciper sans restriction. C'est là la vraie doctrine, la vraie doctrine scientifique, la doctrine de la raison, la doctrine de quiconque a réfléchi sérieusement sur les matières philosophiques; et qui ne l'a pas, n'est pas digne de penser. (Marques d'assentiment.)

Si vous ne donnez pas en France la liberté absolue de l'enseignement supérieur, je déclare que le génie de la France va décroître... (Très-bien! à la gauche de l'orateur.)

M. Eugène Pelletan. Il a déjà décru!

M. Jules Simon. Je voudrais donc être sûr que la liberté d'enseignement est ici. Mais, hélas! où vais-je m'égarer? Si elle y est, comment y est-elle? Qu'est-ce que cette liberté d'enseignement qui exclut la philosophie, la religion, la politique, le socialisme? Quoi donc?

la liberté d'enseigner l'agriculture ou l'histoire naturelle, est-ce là ce que je demande? O loi équivoque, loi fausse, loi impuissante, qui ne répond à aucun besoin, qui ne sait rien faire ni pour la politique ni pour la science! Je le dis avec un sentiment de profonde douleur, la liberté de penser n'existe pas dans notre pays. (Assentiment à la gauche de l'orateur.)

S. Exc. M. Rouher, *ministre d'État*. La liberté de penser et la liberté de propager sa pensée sont deux choses différentes.

M. Jules Simon. J'entends M. le ministre d'État faire une différence entre la liberté de penser et la liberté de propager sa pensée!

Je ne fais point cette différence; je ne sais pas ce que c'est que la liberté de penser, avec l'obligation de penser pour soi et non pour les autres. (Approbation à la gauche de l'orateur.)

Ce que j'appelle, ce que le monde appelle avec moi la liberté de penser, c'est la liberté d'exprimer sa pensée. La pensée, sans la propagation de la pensée, n'est qu'une humiliation, ce n'est que l'esclavage de la pensée. (Nouvel assentiment sur les mêmes bancs.)

Au moyen âge on avait la liberté de penser, à condition de ne pas dire ce qu'on pensait; si on laissait échapper son secret, on était brûlé : aujourd'hui on est emprisonné; la différence est là, elle n'est pas ailleurs. La loi est moins sauvage; elle n'est pas plus libérale.

Messieurs, je ne veux pas dire que le secret de votre loi est dans des préoccupations électorales; non, je ne veux pas le dire. L'honorable M. Latour du Moulin, parlant de moi dans son discours, m'attribuait une sorte d'indulgence, que je suis loin d'avoir, pour les candidatures officielles. Tout ce que j'ai jamais dit à ce sujet, c'est qu'aimant la publicité et la vérité, je n'en veux en aucune façon au gouvernement, quel qu'il soit, quand il dit : « Voilà le candidat que je préfère, voilà celui que

je repousse. » J'aime cela, pour ma part ; et quand le
gouvernement me fait l'honneur de me dire qu'il ne
veut pas de moi, je lui en sais quelque gré ; je commen-
cerais à me plaindre s'il disait le contraire. (Rires et
approbation à la gauche de l'orateur.)

Encore une fois, je ne veux pas faire à la Chambre
l'injure de croire que ce soient des préoccupations électorales qui ont donné son caractère au projet de loi que
nous examinons.

Vous êtes députés, vous avez discuté toutes les
lois, vous les avez votées au scrutin public ; vos votes,
comme vos paroles, sont connus ; s'il est resté quelque
obscurité, c'est malgré vous ; vous ne pouvez avoir
qu'un désir, c'est de vous trouver en présence de vos
commettants et de leur rendre compte de vos actes et
de vos paroles, sans restriction ni réserve. Vous voulez
donc la liberté, vous la voulez complète ; c'est votre besoin et votre droit.

D'où viennent donc toutes ces entraves accumulées ?
Quelle est la cause de cette timidité étrange qui vous
empêche de regarder le droit de réunion en face ? Cette
cause, je la connais : c'est le spectre rouge. Je l'ai
trouvé partout, dans l'exposé des motifs de l'honorable
conseiller d'État et dans le rapport de l'honorable
M. Peyrusse. C'est toujours le spectre rouge, la société
troublée, ébranlée dans ses bases, la famille mise à mal,
la propriété saccagée, si seulement nous pouvons nous
réunir paisiblement et sans armes, en nous conformant
aux lois existantes.

Mais quand M. le conseiller d'État et M. le rapporteur entrent dans le détail de leurs craintes, de quoi
parlent-ils ? Des clubs, des associations permanentes,
des réunions politiques, de tout ce que vous ne nous
donnez pas, de tout ce qui n'est pas dans le projet de
loi.

M. GRANIER DE CASSAGNAC. Vous le demandez !

S. Exc. M. Rouher, *ministre d'État.* C'est là ce que vous demandez par votre amendement.

M. Jules Simon. Les clubs de 1791, les clubs de 1848 avaient une organisation, une caisse, des affiliations; ils faisaient des placards, des convocations; ils avaient une autorité; ils ont quelquefois disposé des ministères.

M. le ministre d'État. C'est ce que vous demandez. Tout votre discours a cette portée-là.

M. Jules Simon. Permettez-moi, Monsieur le ministre d'État, de faire une distinction. Vous n'attendrez pas longtemps, vous allez l'avoir aussi nette que possible.

Il a été établi, dans le préambule de votre loi, dans l'exposé des motifs et dans le rapport de la commission, qu'il s'agissait du droit de réunion et non pas d'autre chose. A cela nous avons répondu : Vous nous donnez le droit de réunion dans les points qui nous importent moins, et vous nous le donnez en si petite dose que c'est comme si vous nous attachiez les jambes et que vous nous disiez ensuite de marcher. Nous avons aussitôt présenté un amendement qui demande le droit total, le droit absolu de réunion. Mais ce n'est pas le droit total d'association.

Vous dans votre loi, nous dans notre amendement, nous parlons du droit de réunion et de lui seul. Ce droit, dans vos mains, est défiguré; il est complet, absolu dans les nôtres; mais, ici et là, c'est toujours le droit de réunion. C'est aussi du droit de réunion que j'ai parlé dans tout mon discours. Je n'ai pas même parlé du droit d'association. Vous, au contraire, dans cette loi où le droit de réunion est seul en jeu, dès que vous argumentez, dès que vous essayez de justifier vos refus, vos restrictions, ce n'est pas du droit de réunion, dont il s'agit, que vous parlez, c'est du droit d'association, dont il ne s'agit pas. J'ai le droit de vous le reprocher, et je le fais.

Mais, après l'avoir fait, j'y ajoute aussitôt la distinction que je vous ai promise. Si je ne parle pas du droit d'association, ce n'est pas que je l'abandonne. Je demande la liberté d'association totale, comme je demande la liberté de réunion totale. Je ferai cette revendication à mon heure. En ce moment, je ne sais pas pourquoi je me laisserais aller à la même confusion que vous. Au surplus, je le repète, et je ne saurais trop le répéter : Il n'y a qu'une chose au fond de vos arguments et de votre rhétorique, et c'est la peur. (Rumeurs.)

Oui, c'est la peur. S'il s'agissait de demander l'ordre dans la société et de repousser des doctrines qui transforment les associations en pouvoirs rivaux des pouvoirs réguliers de l'État, je serais le premier à le faire. Jamais je n'ai demandé pour une association ou pour une réunion, une autorité extérieure : sous le régime du suffrage universel, l'autorité est aux élus du suffrage universel, à eux seuls. La domination de la commune de Paris, celle du club des Jacobins, n'étaient pas autre chose que l'anarchie et la révolte.

En tremblant aujourd'hui devant ces sanglants souvenirs, c'est d'une ombre que vous avez peur. Nous, libéraux, nous ne voulons ni du despotisme ni de l'anarchie.

Je puis subir un maître, parce que je ne suis qu'un homme; mais je n'en accepterai jamais, qu'il s'appelle la tyrannie ou l'anarchie, parce que je suis un homme. (Rumeurs en sens divers.)

S. E. M. ROUHER, *ministre d'État.* Ce sont des mots; ce ne sont pas des arguments, ce ne sont pas des idées.

M. JULES SIMON. Ce sont des vérités.

M. LE MINISTRE D'ÉTAT. Est-ce qu'il peut y avoir une société sans lois et sans règles?

M. Eugène Pelletan. Et l'Angleterre, et la Suisse, et la Belgique?

M. Jules Simon. Vous dites que ce ne sont que des mots. C'est là une injure, ce n'est pas une réponse, je ne puis l'accepter; c'est manquer à un député qui discute son opinion; c'est le droit de la tribune qui est compromis. (Bruits divers.)

M. le président Jérôme David. Permettez-moi de vous faire observer, Monsieur Jules Simon, que votre insistance à répéter au gouvernement qu'il a peur est nécessairement mal acceptée par ses représentants dans cette Chambre. (Très-bien! Très-bien! — C'est vrai!)

M. Jules Favre. Nous ne sommes pas ici pour nous faire des compliments.

M. Jules Simon. Je demande des raisons, et je ne puis pas trouver bon qu'on dise que mes arguments ne sont que des mots.

M. le président Jérôme David. Le gouvernement de son côté peut être blessé qu'on dise avec insistance qu'il a peur.

M. Paul Bethmont. Mais c'est le président qui interrompt au lieu de présider! (Murmures et cris : A l'ordre! sur divers bancs.)

M. le président Jérôme David. Je préside comme il convient, sinon à votre gré. (Très-bien! Très-bien!)

M. Jules Simon. C'est un incident sans importance.

M. le ministre d'État. Je déclare à l'honorable M. Jules Simon que je n'ai entendu ni son observation ni les interruptions qui l'ont suivie; elles se sont perdues dans le bruit, et je ne puis y répondre.

Quand j'ai dit, à propos de quelques-unes de ses paroles : « Ce sont des mots et non pas des arguments, » ce n'est pas une injure que je lui adressais, c'est une appréciation que je faisais de son raisonnement.

M. Jules Simon. Peu importe! je n'attache pas d'importance à cela. J'ai dit un mot qui était tombé et tout était fini ; mais ce mot a été relevé et est devenu la cause de l'incident.

Tout ce que je désire, c'est que vous vouliez bien répondre à l'argumentation que je viens de faire, et je verrai et on verra aussi par la réponse si cette argumentation ne contient que des mots ; ou si, par hasard, elle contenait des faits. Pour moi, je crois qu'elle contient des faits, et je suis convaincu que, si la loi passe telle que vous la voulez, cette argumentation reviendra plus d'une fois à l'esprit de ceux qui la liront. (Vive approbation et applaudissements à la gauche de l'orateur.)

FIN

TABLE DES MATIÈRES

Préface. 1

I. — Séparation de l'Église et de l'État.

Note préliminaire. 41
La séparation de l'Église et de l'État. 45

II. — Liberté de la Presse

Note préliminaire. 77
Discussion générale de la loi de 1868 sur la Presse. 82
De la Prescription en matière de Délits de Presse. 105
Responsabilité de l'Imprimeur. 121
De l'Outrage à la Morale publique et religieuse. 141
Liberté de la Librairie. 159

III. — Abolition des Armées permanentes.

Note préliminaire. 179
Discussion de la loi de 1868 sur l'Armée. 183
Organisation démocratique de l'Armée. 213
Interdiction du remplacement dans la garde nationale mobile. 231

IV. — LES ÉCOLES.

Note préliminaire.. 251
L'Emprunt des Écoles.................................... 255
De l'Instruction obligatoire............................. 285

V. — DROIT DE RÉUNION ET D'ASSOCIATION.

Note préliminaire.. 303
Sur le Droit de Coalition................................ 305
Les Associations coopératives........................... 331
Droit de Réunion.. 357

FIN DE LA TABLE

2258 — PARIS. — IMPR. L. POUPART-DAVYL, RUE DU BAC, 30.